READ & RIOT

読書と暴動

プッシー・ライオットの
アクティビズム入門

ナージャ・トロコンニコワ

野中モモ＝訳

READ & RIOT

Published by arrangement with Creative Artists Agency acting in conjunction with
INTERCONTINENTAL LITERARY AGENCY LTD through Tuttle-Mori Agency, Inc.

読書と暴動　目次

凡例

書籍、映画、アルバムの題名および新聞、雑誌、ウェブサイト
等のメディアは『 』、曲および記事の題名は「 」、アート作品の
題名は《 》で示した。
訳者による註は〔 〕で示した。
引用部分は既出の日本語訳があるものについても基本的に新た
に訳出した。

文化労働者としてのアーティスト
——日本版のためのまえがき

　どうしてプーチンのロシアは私を刑務所送りにしたのだろう。世界最大の専制国家の政府に、この私がいったいどんな危険をもたらすことができたというのか。私は当時、無一文の22歳で、3歳の女の子の若い母親だった。家父長制の世界に生きる女性アーティストで、ディオゲネスと行動の哲学とクィアのアイデンティティについての卒論を書いている学生だった。

　あの頃、私は寄宿寮に住んでいた。持っているものといえば、200〜300冊の本に派手な色の目出し帽〔バラクラバ〕を10枚、30分ごとに熱暴走して固まる太古のHPの中古ノートパソコン１台だけ。私の敵、すなわちプーチンと彼の取り巻きは地球上で最も金持ちで強力で危険な男たちだ。どうして彼らは私なんかのことを気にするのだろう。どうしてダビデにはゴリアテとの戦いに勝利する見込みがたとえほんのわずかでもあるのだろう。

　どうしてプーチンのロシアはつい最近〔2023年11月16日〕、33歳のアーティストであり、LGBTQ+活動家であり、メンタルヘルスの擁護者であり、オープンなレズビアンであるサーシャ・スコチレンコになんと７年もの懲役を科したのだろう。サーシャはロシアによるウクライナへの全面侵攻が始まったばかりの時期に、サンクトペテルブルクのスーパーマーケットで値札を反

戦ステッカーに貼り替えるごくささやかなアート・アクションをおこなった。この小さなアクションは、戦争を支持していないけれど圧政によって沈黙させられている何十万人ものロシア人たちに声を与えた。この「ミクロな」アクションはマクロな政治の深くに波紋を広げ続けており、憎悪と莫大なドルによって煽り立てられたロシアのプロパガンダが躍起になって目指しているものを完全に台無しにする。プーチンはロシアが一様に彼と戦争を支持し、同性愛者を蔑んでいるのだと世界に納得させようとしているが、ことごとくしくじっている。LGBTの人々に「過激派」とレッテルを貼ったばかりの国に生きるレズビアンのアーティスト、刑務所送りになったサーシャ・スコチレンコが、プーチンが間違っていることを証明したのだ。

　アートは——正しくおこなわれれば——現実に大きな影響を及ぼす。ベルトルト・ブレヒトの言葉を借りれば、アートとは現実を映し出す鏡ではなく、それをかたちづくるためのハンマーだ。アーティストが自分自身の直感に波長を合わせていれば（そしてまた十分な幸運に恵まれれば——これはすごく重要な要素だ）、そのアートには歴史の新しい章の到来を知らせる魔法の力が備わるかもしれない。アートは汚いプロパガンダやディープフェイクや荒らしを突破して、王様は裸だと暴き、何百万もの人々に真実を伝えることができる。だからこそ権力者たちには、聖なる愚者を黙らせ、いじめ、磔刑に処してきたこんなにも豊かな歴史がある。アーティストはそうした愚者たちの特別な一群なのだ。

　アートは社会を団結させる可能性を秘めている。なぜならアートは人々に共有される意味を生み出すことができるから。宗教も同じことをしているじゃないかという主張もあるが、個人

的には――ロシアにおける教会と国家の腐敗した結びつきを批判して2年を監獄で過ごした身としては――宗教は対立の火種を冷まして消すよりもむしろよく燃えるよう煽っていることの方が多いのではないかと思う。

アートは社会に対して、社会がそれ自体について気づいていなかったことを知らせる。人間は強力な種だけれど、ものすごくめちゃくちゃで未熟で危なっかしい。自分たちを核攻撃で全滅させないためにも、私たちには共通の理想が必要なのだ。そして理想的には優秀な心理療法士も。

「哲学（フィロソフィー）」の語源は古代ギリシャ語の「知恵の愛」にあるという。ギリシャ人は自分たちが知恵を「所有」できると主張するほど傲慢ではなかった。できるのは、ただ知恵を愛し、台座に乗せ、近づくことだけ。私たちは人間であり、神々ではない。しかし、理想を共有することで、ある意味で神のような存在になる。共通の理想とは、共同体をまとめ、混沌のなかから秩序を生み出す力だ。

包摂性（インクルーシヴィティ）、平和、正義、機能する市民社会、民主主義――これらを単なる言葉でしかないと思っている人々もいるだろう。でも、私にとっては命を賭する価値のある理想なのだ。プーチンやドナルド・トランプのような冷笑的な権力の掌握者たちは、人間や社会はそもそも堕落しやすいものだと言って、人々がこうした理想を追求するのを思いとどまらせようとするだろう。「なんでそんなことわざわざ気にするんだ」みたいな調子で。この倫理的相対主義は人類の生存にとってきわめて危険だ。

アーティスト、すなわち私としては文化労働者（カルチュラル・ワーカーズ）と呼びたい

人々は、不正や不道徳や憎悪や戦争犯罪に対する集団的感性を微調整するうえで重要な役割を担っている。「戦争は秘密裏に始まるだろう」──ジェニー・ホルツァーの作品は私の人生を変えた。ひょっとしたらあなたも彼女に人生を変えられたひとりかもしれない。アーティストは善良な妖精として機能し、社会のあらゆる層に浸透し、混沌とした世界に意味を見出して、何十人、ときには何百万人もの人々に、朝起きて善き人でいる理由を与える。アーティストは──哲学者、倫理学者、アクティビストと並んで──人類の神経系を紡ぐ。サーシャ・スコチレンコと反戦ステッカーを用いた彼女のアートアクションは私のアートとアクティビズムの実践に計り知れないほどの刺激を与え、懲役7年を言い渡した検察官と裁判官に対する彼女の穏やかで友好的な態度は、私をもっといい人間になろうという気持ちにさせる。そう、感じのいい人でいることは、私みたいな不機嫌でくたびれ果てたアクティビストにとって大変なことなのだ。

アートインスティテューション〔美術館や研究機関などの組織や施設、およびそれらと共にある制度を指す〕の役割は、果敢にアーティストについて行き、彼らに耳を傾けることにある。古いやりかたに囚われることなくアーティストの熱望や要求に応じ、彼らがどこへ行こうと真実や意味を探し求めるのを支援しなければならない。

ロシアで暮らし、創作していた私には、アートインスティテューションに支援されるということがどういうことなのかわからなかった。ダーシャ・ジューコワ〔不動産・投資業、フィランソロピスト。ロシアの石油王アレクサンドル・ジューコフの娘。元夫のロマン・アブラモビッチとモスクワにガレージ現代美術館を設立〕のガレージ現代美術館もロシアのほかのアートセンターも、決してプッシー・ラ

イオットの作品を紹介しようとはしないだろう。だから私はできるところで自分のアートをやった。路上で、あるいはインスティテューションの外で。逮捕されてモルドヴィアの流刑地で1日16時間の刑務作業に取り組んでいる最中には、MoMA〔ニューヨーク近代美術館〕とかグッゲンハイム美術館のワッペンのついた防弾服の特殊部隊が私を救出しにやって来るというファンタジーが魅力的に思えた。でも、そんなことは起こらなかった。2007年以降、積極的に作品を発展させてきたにもかかわらず、私は概ね依然としてアート界のアウトサイダーと見做されている。アクティビストあるいは良心の囚人〔信念や信仰、人種、発言内容、性的指向などを理由として囚われている人々をアムネスティ・インターナショナルが認定してこう呼ぶ〕だった人として見られていて、アーティストとして認識されることはめったにない。

　1970年代にジュディ・シカゴが《ディナー・パーティー》を制作したとき、ほとんどのアートインスティテューションは彼女から目を背けた。幸運にもジュディはその後何十年にもわたって作品を制作し続け、然るべき評価を得ることができた。アーティストは自らの命を懸け、自分自身を傷つきやすい立場に置く者である。もし勇気を持ちあわせているのであれば、インスティテューションはアーティストを信じて支援するだろう。

　強く挑戦的なアートを生み出すことは、人類にとっての実存的責務である。そうしたアートがなければ、残念だが、人類は21世紀の課題に立ち向かうだけの強靭な精神を持てはしないだろう。

ナージャ・トロコンニコワ

2024年1月

イントロダクション

準備書面

　14歳の頃、環境汚染と気候変動について書いた文章を片手に地元の新聞社を訪れた。彼らは私に「君はほんとに感じのいい女の子だし悪い書き手じゃないけど、動物園について書いた方がいいんじゃない？」と言った。私の住む町の悲惨な環境汚染の記事は結局掲載されずじまい。やれやれ。

　あれ以来、逮捕され監獄で過ごした２年間を含め、私の人生にはたくさんのことが起こった。けれど、深いところは何ひとつ変わっていない。私は不愉快な質問を投げかけ続けている。あちらでもこちらでも、あらゆるところで。

　こうした問いは、常に答えがあるとは限らないにもかかわらず、常に私を行動へと導いてきた。自分はどうやら生涯かけてずっとアクションをしてきたように思える。友達と私が公共空間を取り戻そうとして政治的な抗議活動を始めたのはもうはるか昔、2007年のことで、まだみんな面白おかしく気楽な17歳か18歳だった。プッシー・ライオットが結成されたのは2011年10月だけれど、それまでにアクショニズムというジャンルの形式的かつ実質的な研究がぎっしり詰まった５年間があった。警官からの逃げかた、お金をかけずにアートを作る術、フェンスの跳び越えかた、火炎瓶の調合法についての５年にわたる教育課程だ。

(!)

私はベルリンの壁が崩壊する数日前に生まれた。当時の人は、冷戦構造はじきに消え、人類はみな平和に暮らしてゆくだろうと考えていたかもしれない。はてさて……だが実際私たちが目の当たりにしたのは、不平等の宇宙的拡大、国際的なオリガルヒ〔少数の者に権力が集中する寡頭制（オリガーキー）の支配者。特に旧ソ連の資本主義化に伴って台頭した新興財閥・富豪〕の権力増大、公的な教育と医療への脅威、加えて命を脅かしかねない環境危機だった。

　ドナルド・トランプが大統領選に勝利したとき、人々は深く衝撃を受けた。**2016年11月8日に吹き飛ばされたのは社会契約だった。つまり自ら真剣に政治に取り組まなくとも快適に生きていけるというパラダイム**だ。自分の自由が守られるためには4年に一度投票するだけでいい（あるいはまったく投票しない。つまりあなたは政治を超越している）という考えかた。そういう信条はずたずたに引き裂かれた。公的機関は私たちを守り面倒を見るために存在するのであって、汚職やロビイストや独占によってむしばまれたり、企業や政府に個人情報を管理されたりしないようこれらの公的機関を守るのに私たちがわざわざ手をわずらわせる必要はない、という考えかただ。低賃金労働と戦争をアウトソーシングしているのと同じように、私たちは政治闘争をアウトソーシングしている。

　現行のシステムは市民へ解答を与えることに失敗し、人々は主流の政治の領域の外側に目をやっている。こうした不満は現在、右翼的で移民排斥主義で日和見主義で腐敗した冷笑的な政界関係者たちに利用されている。これらすべてを生み、煽り立てるのに手を貸した張本人たちが、いまや救いを差し出している。それは彼らのゲームだ。自分たちにとって都合の悪い計画や監視機関の財源を削り、そうして成果を上げていないのを、それらを廃止するべきであるという根拠として持ち出すのと同

じ戦略だ。

　もし国粋主義的な侵略行為、国境閉鎖、例外主義などが本当に社会のためになるのだとしたら、北朝鮮は地球上で最も栄えている国になっているだろう。それらがうまくいった試しはないのに、私たちは受け入れ続けている。それゆえに私たちはトランプ、ブレグジット、マリーヌ・ルペン、オルバーン・ヴィクトルなどなどに見舞われたのだ。ロシアではプーチン大統領もまたこれと同じゲームをプレイしている。彼は1990年代の経済危機とマキャベリスト的民営化および規制緩和によって引き起こされた、ロシア市民の複雑に絡み合う怒りと痛みと貧困化を巧みに利用しているのだ。

(!)

　私は大統領でも議員でもない。お金も権力もたいして持っていない。しかし、20世紀を振り返って見れば、国粋主義と例外主義は控えめに言ってマジでキモい、と伝えるために、私は自分の声を使おう。

　いま、私たちが置かれている状況を生み出した政治家やオリガルヒ、既得権の所有者たちから権力を取り戻すことが、かつてなく求められている。私たちは自分たちが地球上の最後の種になる者であるかのようにふるまうのをそろそろやめるべきだ。

　未来は明るいとか進歩しているとかは決して約束されているわけではない。事態はますます悪化しているかもしれない。2012年以来、私の国は悪化の一途をたどっている。プッシー・ライオットが収監され、プーチンが大統領に三選した年から。

(!)

プッシー・ライオットがとてもラッキーだったことに疑いの余地はない。刑務所の壁によって沈黙させられていたあいだも見捨てられ忘れ去られてしまうことはなかったのだから。

　取締官たちはひとり残らず、私たちに (a) 諦め、(b) 黙り、(c) ウラジーミル・プーチンが好きだと認めるよう勧めてきた。「おまえの末路なんて誰も気に留めちゃいない。誰にも気づかれないままこの刑務所で死んでゆくんだ。バカはやめろ──プーチンが好きだと言え」。それでも私たちは、彼が嫌いだと主張した。そしてたくさんの人々がその頑固さを支持してくれた。

　私は人々がプッシー・ライオットに与えてくれた支援の大きさにしょっちゅう後ろめたさを感じてしまう。それはあまりにも大きすぎた。ロシアではたくさんの政治犯が収監されており、不幸なことに、状況は年々悪くなっている。彼らの件は然るべき注目を集めていない。不幸なことに、政治活動家の懲役刑は人々の意識下でごく普通のこととして捉えられている。**悪夢が毎日起こると、私たちはそれに反応するのをやめてしまう。**アパシーと無関心が勝利する。

　私にとって、苦しみや失敗はアクティビズムをやめるほどの理由にはならない。そう、社会的および政治的変化は一直線には進まないのだ。ごくささやかな成果のために何年にもわたって努力しなければならないこともある。しかしときには、反対に、秒で山がひっくり返ることだってあり得る。どう転ぶかはわからない。私は控えめに、しかし粘り強く、革新的な変化をもたらすためにがんばり続ける方を選ぶ。

私たちはスーパーパワー

　近年のアメリカでは、ロシアについての議論が喧しい。しかし実際のところロシアがどんな感じなのかを知っている人はそれほど多くない。ものすごくぶっとんだ創造的で情熱的な人々

でいっぱいの危険なほど美しい国と、その泥棒政府はどう違うのか。絶対的な権力を持つ、女嫌いで独裁主義の男が定めたルールのもとで暮らすのはどんな感じなのか。この本でその世界をほんの少しお見せしよう。

(!)

露米関係はそれこそ複雑怪奇だ。私は奇妙なマゾヒスト的刺激を感じながら、これらふたつの帝国の影を進む自らの旅路を楽しんでいる。私の存在はこれら巨大な帝国主義の機械たちのあいだのどこかできらめいている。

(!)

私は国境なんて気にしない（気にしてくるのは国境の方だ）。私はお金や地位よりも人々のことを気にかける者たちによる、国際的で包摂的でインターセクショナルな結びつきに力があることを知っている。

(!)

私たちは、テレビと相互不信によって分断され、怯えさせられているだけのちっぽけな存在ではない。家やiPhoneという独房に隠れて他人や自分自身への怒りや恨みを発散するだけの孤立した個人を超えた存在だ。誰もが売りに出され公益が無視される世界で生きるのなんてまっぴらごめん。私たちはこの冷笑的なやりかたを軽蔑する。反撃する準備もできている。さらに言えば、私たちはただ抵抗しているだけではなく、先制しているのだ。私たちはいまこの瞬間、自分たちの価値観に従って生

きている。

(!)

　私がもっと全体的な国際政治への取り組みについて語る言葉を見つけようとしたり、各国の野望や富よりもこの惑星全体の未来について考えようと提案したりすると、どうしても物知らずで理想主義的に聞こえてしまうことが多いらしい。しばらくは私のコミュニケーション能力が低いせいだろうと考えていた。それが問題の一端なのだろうと。しかしいまなら、こうした言葉の失敗はより大きな何かを示している兆候なのだとわかる。**私たちはひとつの大きなシステムとしての地球の幸福を話し合うための言葉を練り上げてこなかった。**私たちは、人をどこから来たのかによって識別する一方で、人をもっと大きな人類という種の一部として語る術を学んでいないのだ。

　人類はキューバ危機をはじめ、あれやこれやといくつもの核危機を生き延びてきた。そしていま、私たちは喜々としていにしえの冷戦構造に後戻りしつつある。『原子力科学者会報』は世界終末時計の針を午前０時の２分半前に設定した。世界戦争の脅威は1980年代のスターウォーズ計画以来で最悪の状況だ。人々は、自分たちの対抗勢力、つまり外部の敵をふたたび非難できることに興奮している。

(!)

　長いあいだ争い合っているふたりの人間は、お互いどんどん似通ってくる。あなたはあなたの敵の鏡であり、彼女／彼と見分けがつかなくなることだって遅かれ早かれいつでも起こり得る。それは終わりなきものまねゲーム。あなたの敵が人格者なら幸運かもしれないが、それが帝国間の関係となると、その結

果はたいてい醜いものとなる。

　ロシアに新たなクソ法を導入する必要に迫られると、プーチンはアメリカの手続きを参考にする。ロシアの警察は抗議者たちに対して暴力的にふるまうのを容認される際にこう言う。「どうして不満を言うんだ？　アメリカを見ろよ。あそこでそんなふうに抗議していたらとっくに警官に殺されてるぞ」。私が刑務所改革のために声を上げ、医療を奪われたり拷問されたりしていい人間は誰もいないと言うと、ロシアの役人たちは「グアンタナモを見ろよ、あそこはもっと酷いだろう！」と言う。プーチンは崩壊しつつあるインフラを整備する代わりに軍産複合体にどんどんお金を注ぎ込み、「NATOを見ろ！　ドローンを見ろ！　イラクの爆弾を見ろ！」と言うのだ。

　そう。恐ろしくもそのとおりだ。私の疑問は、おそらくこうだ——この最悪を真似しようと決めたのはいったい誰なのか。そしていつなのか。

　ロシア政府が私を殴り緑色の苛性水薬で目を焼こうと暴漢を雇ったとき、彼らは言った。(a)「反ロシアのビッチめ」、(b)「おまえの目標はロシアを崩壊させることだ」、(c)「ヒラリーに雇われてんだろ」、(d)「アメリカへ帰れ」。そしてアメリカで権力に歯向かい、当局が定める筋書きに異議を唱えようとする人物が現れると、その人は反アメリカであるとレッテルを貼られる。ノーム・チョムスキーが言う（そして知っている）ように、「ソ連においては『反ソビエト主義』があらゆる犯罪のなかで最も深刻とされているのと同じく（略）私が知る限り、アメリカ合衆国は自由社会でこうした考えかたをする唯一の国である。（略）『アメリカ主義』そして『反アメリカ主義』そして『非アメリカ主義』（略）これらは『アウトサイダー』を一掃し『調和』に従う発想である」

　それは憂鬱な見世物だ。それはあなたに、政治は退屈で役に

立たず、どうせ何も変えられないのだから参加する必要なんて
ないと思わせる。しかし、私たちはそうした考えを一掃できる。
ただ血の通った人間の言葉を使えばいい。単純明解な話——た
とえば医療、教育、検閲のない情報へのアクセスをよこせ。ド
ローンや大陸間弾道ミサイル、ひどく窃視症的な諜報機関に私
たちの資源を費やすのをやめろ。働く人たちに金を払え、私た
ちは奴隷じゃない。これらは権利であり、特権ではない。これ
らはすべて達成できる。私たちが思い込まされているよりもず
っと簡単に変化は起こせるのだ。

　プーチンはいまもなお権力を握っている。しかしそれは人々
が彼の統治を気に入っているからではない。自分たちがどんど
ん貧しくなる一方でプーチンと彼の仲間たちがどんどん金持ち
になっていることに私たちは気づいている。しかし（常に「し
かし」だ）、どうすればいいのだろう？　あなたと私には何がで
きる？　私たちには何ひとつ変える力がない——そう彼らは言う。

　敵を指し示さなければならないとしたら、私たちの最大の敵
は無気力だ。どうせ何も変わらないという考えかたに囚われな
ければ、私たちはすばらしい成果を上げられるだろう。

　私たちに欠けているのは、公共機関はもっとうまく機能する
はずであり、私たちがもっとうまく機能させられるはずだとい
う自信である。人々は自分たちが持っているにもかかわらず使
っていない巨大なパワーの存在を信じていないのだ。

(!)

反体制派でありアーティストにして劇作家のヴァーツラフ・
ハヴェルは、その政治的見解に対する罰としてソビエトの捕虜
収容所で5年を過ごし、ソビエト連邦崩壊後、チェコスロバキ
アの大統領になった。ハヴェルは、『力なき者たちの力』(1978)

と題した、輝かしく刺激的な文章を書いている。このエッセイは奇跡的に私の人生にやってきた。

2年の実刑判決を受けたのち、私はロシアで最も厳しい強制労働収容所のひとつ、モルドヴィアに移送された。きわめて不快な強制労働を4週間経験しただけで、私は生気を失い無気力になってしまった（目の前にはまだ1年半以上の刑期が待ち受けていた）。私の精神は壊れていた。絶え間ない虐待、トラウマ、心理的プレッシャーのせいで従順になっていた。私は考えた。この全体主義の機械に対していったい何ができるというのだろう？ すべての友達と仲間から引き離され、絶望的にひとりきりで、ここから出られる見込みもない自分に何が？ 私は刑務所を統べる人々の手のうちにあり、彼らは受刑者たちの負傷と死に関して責任を負わない。彼らは文字どおり私たちを所有しているのだ。彼らにとって、私たちは話す言葉も持たず生きる価値もない奴隷、いつでも切り捨てられる、夢遊病者の影にすぎない——人間の残骸の影だ。

しかし私はラッキーだった。

なぜなら『力なき者たちの力』を見つけたから。私はそれを読んで、看守たちから隠した。それから喜びの涙が流れた。その涙で自信を取り戻した。私たちは自分で自分自身が壊れるのを認めるまでは壊れていないのだ。涙によって私は勇気を取り戻した。

ハヴェルはこう書いている。

> ポスト全体主義体制の本質の一部は、あらゆる人間を権力の領域内に取り込むことにある。人々が自分自身を人間であると自覚するのではなく、人間としてのアイデンティティを体制のアイデンティティに引き渡し、そうして体制全体の自動作用（オートマティズム）の担い手となり、その目指すところのしもべ

となるように。（略）

　それだけではない。彼らは快くそれに関与していくように
なり、まるで自然で避けられないことであるかのように
共感し、したがって——外から要請されることなく——関
与しないことを異常、傲慢、自分たちに対する攻撃、社会
からの脱落として扱うようになる。全員をこの権力構造に
引っ張り込むことで、ポスト全体主義体制は、全員を相補
的な全体性、つまり社会の自発的全体主義の道具にしてし
まうのだ。

　言葉はパワフルだ。ハヴェルのエッセイは東欧に深く影響を
与えた。労働運動のアクティビスト、ズビグニェフ・ドゥウバ
クは述べる。

　このエッセイは1979年、ウルススの工場で行き詰まりを感
じていた私たちのもとに届きました。KOR（労働者擁護委
員会）に触発された私たちは、工場の作業現場で声を上げ、
人々に語りかけていました。集会に参加し、この工場、こ
の国と政治の真実について語ろうとしました。だがいつし
か人々は私たちが狂っていると思うようになりました。ど
うしてこの活動をやっているのか？　なぜここまでのリスク
を負うのか？　具体的な成果はすぐには見えず、私たちは自
分たちがやっていることの意義を疑いはじめていました。
ほかの方法、ほかのやりかたを考えるべきではないのか？
　そんなときに出会ったのがハヴェルのエッセイでした。
それは私たちの活動に理論的な拠りどころをもたらしまし
た。私たちの精神を支えたのです。私たちは決して諦めま
せんでした。そして１年後の1980年８月、党組織と工場の
経営者たちが私たちを怖れていることが明るみに出ました。

私たちは無視できない存在だったのです。

行動が揺らいだとき、人は自分を鼓舞する言葉を見つける。
だからあなたのチェックリストにこれを加えて——自信を奮い
立たせるのを忘れないこと。あなたにはパワーがある。ひとつ
のコミュニティとして、あるいはひとつのムーブメントとして、
私たちは一緒に奇跡を起こすことができるし、そうするのだから。

言葉、行動、ヒーロー

　以下に続く章で紹介するのは、私がこれまでの人生で役に立
つと思ったいくつかのルール、戦術、戦略だ。あなたはあなた
自身のやりかたを見つけなければならない。けれど、私がどう
やって自分のやりかたを見つけたのかのうちに、何か面白いも
のを見つけてもらいたいと願っている。

　私は理論と実践が、あるいは言葉と行動がひとつに結びつく
と信じている。はじめに言葉ありき、しかしすぐに行動が続く
のだ。誰もが知っているとおり。この原則は私の人生にもあて
はまる。なので、私を触発する、または落ち込ませる、あるい
は激怒させる作品について書いた。この本のなかでも、私は自
分の信念に基づいて行動する。この方程式の両側——行動と言
葉——は成長し、より強くなって互いに光を当てるのだ。した
がって、本書における各ルールの構成は以下のとおり。

1．言葉
2．行動
3．ヒーロー

　ご用心——ときどき**魔法の箱**が現れることもある。
　魔法、魔術、奇跡は正義のための闘いに欠かせない。重要な

民衆運動は、まるで宇宙それ自体と同じく、単純な一直線の論理で動いているわけではない（１ドルあげるから正義をひとつちょうだい、とはいかないのだ）。そのことを理解すれば、あなたは広い心を持っていられる。ものごとに驚き、あてどなく歩き続け、すべての経験に感謝できるだけの無知の力を保ち続けられるだろう。懲役刑も含めてすべてだ。こうした社会運動の非線形の論理はアクティビストたちに、注意深く、繊細で、感謝の気持ちと広い心を持った生きものでいることを要求する。彼らは海賊たちであり魔女たちなのだ。彼らは魔法を信じている。

海賊になれ

既存の境界線や決まりごとをぶっとばす真実を探し求めよ。自らの直感に従えば、あなたはこの世に広く行きわたっているルールをそれは美しく破ってみせるチャンスを掴むだろう。そのうえひょっとしたら新たな基準、新たなパラダイムを確立することになるかもしれない。凍りついたままでいて完璧なものなんて存在しないのだ。

我は故国にありてなお異郷にあり
強くあれども力を持たず
すべてを手にして敗者のまま
夜明けにおやすみを告げ
横たわりつつ転落を恐れる

————フランソワ・ヴィヨン

自分が何者であるのかを正確に知ることが必要だとは思わない。
人生と仕事において重要なのは、初めとは別の人間になることだ。

————ミシェル・フーコー

独立こそわたしの幸福であり、わたしは物事をありのままに見る。どんな土地だろうが人物だろうが関係ない。わたしの

国はこの世界であり、わたしの信仰は善をおこなうことだ。

——トマス・ペイン『人間の権利』

●言葉
海賊人民共和国

　ミシェル・フーコーは言う。「自分が何者であるのかを正確に知ることが必要だとは思わない。人生と仕事において重要なのは、初めとは別の人間になることだ」

　もしあなたが自分の古いアイデンティティを食らい、それを肥やしに誰か別の人間になりたいと願うなら、あなたは燃え上がって、その肉片はこの惑星じゅうに猛然と飛び散り、小鳥たちがあなたの内臓をついばむだろう。だがそれは報いられる。あなたは灰からよみがえり、新しく、若く、美しく生まれ変わるのだ——永遠に。

　私は自分の人生を強烈にしたい。人生の密度を最大限まで高め、一生のうちに九生を生きたい。これは生の追求であって、経験値を高めたいわけではない。私からしたら、経験値を求めるのはダイエットコーラみたいなもの。一生に九生を求めることのゼロカロリー版だ。「人生はそういうものだから」と言われたからって、初期設定（デフォルト）のまま生きている暇はない。私はそれを説得力のある意見として受け取りはしない。

　パンクカルチャーは、穏健で控えめな態度でいるのはしばしば間違った選択であるということを私たちに教えてきた。あなたの直感が節度を置き去りにすべきだと告げているのなら、心のままに進むべし。

海賊行為の国際水域

　私はこれまで自分に課されてきたあらゆる制限を疑っている。

性別、国籍、人種、髪の色、私の声質、ファックのやりかた、あるいは歯の磨きかた。

　もし私がなんらかのかたちで役に立つことができるとしたら、特にロシア的または中国的、あるいはアメリカ的というわけではなく、自分自身のやりかたで息を吸い、生きようとしているひとりの人間の視点を提供することによってだろう。

　ひとりの海賊の視点だ。

　海賊としてある私は、船乗りであり冒険家だ。しかし海賊の私は、自分のコミュニティを持つことがいかに重要かもよくわかっている。すなわち、必要とあらばゲリラの道をともに歩くほど深く身を捧げる、信頼できる人々の存在だ。私の家は私の心のうちに、そしてそうした仲間たちの心のうちにある。

パンクを定義しようとするなかれ

　パンクでいることは、常に意外であり続けること。髪をモヒカン刈りにして一生そのままでいることではない。**パンクでいることは自分自身のイメージを計画的に変えてゆき、得体のしれない存在であり続け、文化的・政治的な作法をサボタージュすることだ。**

　パンクはひとつの方法にほかならない。私のパンクが主に影響を受けているのはバッハとヘンデル。固定的なイメージに縛られているパンクのサブカルチャーは好きじゃない。パフォーマンスアーティストのアレクサンダー・ブレナーは、引き裂いたスキニージーンズを穿くだけで自分が死ぬほどパンクだと思っている人間を批判した。パンクはそれだけじゃ足りない。1日目にジーンズを引き裂き、次の日には盗んだルブタンの靴を履いて、3日目に頭を剃っ

　私のもうひとつの仕事は、人生と政治権力の調査員になるこ
と。私のアートは自分の精神を研ぎ澄ませ、目をはっきりと見
開いていること。私は批判的であり続けようと胸に誓った。そ
して必要とあらば冷徹な分析や解剖をおこない、潜り込む心づ
もりをしておこうと。同時に私は、愛を忘れず広い心を持ち、
人とつながり続けることを自分に課している。この世界にしっ
かりとチューニングを合わせることに心踊らせ、自分が生きて
いる時代に共振することを願い、把握しきれないほど多様な弦
の響きによって奏でられる宇宙のハーモニーと音楽に耳を澄ま
したいと切望している人間にとっては、共感と思いやりだけが
真に頼れる友である。
　「バカーニア〔特に17世紀にカリブ海でスペインの船舶や植民地を襲撃
した海賊〕としての知識人──それは悪い夢ではない」と、哲学
者のペーター・スローターダイクはパゾリーニの『海賊評論』
について書いた。「われわれはこれまで自分自身をそのように
考えたことがほとんどなかった。バカーニアは固定的な立場を
とることができない。なぜなら彼は常に変化する前線のあいだ
を動き続けているからだ」

深い。私にはさっぱりわからない。国家の敵がどうだとか
外部の敵がこうだとか、そういう空虚なおしゃべりが理解
できた試しは一度たりともなかった。例を挙げれば尽きる
ことはないけれど、たとえば……

露助	メキシコ人
アカ	魔女
アンクル・サム	レズビアン
ムスリム	プッシー・ライオット
ヤンキーの豚	

_____＜左にあなたの名前を挿入

_____＜左にあなたのお母さんの名前を挿入

　真実を知り、真実を語りたいとき、あなたは既知の（初期設
定の）領域を離れることになる。したがってあなたは滑稽に、
ときにはバカみたいに見えてしまい、まったく敬意を払われな
いに違いない。そしてあなたは自分の失敗の数々を愛さなけれ
ばならない。それらはあなたが崇高に至る道のりの一部を構成
しているからだ。知られざる者たちの国際水域へ入っていこう。
そこでは海賊でいることが唯一の務めだ。

　凍りついたものは完璧ではない。クィアで、流動的（リキッド）な世界こ
そリアル。ここはいい感じだ。そうでなければ何があるという
のだろう？　犬派は犬派と結婚し、猫派は猫派と結婚するべき
という信念？

　液体（リキッド）のあなたはどんなかたちにもなれるし、ほかの液体と混
ざり合うこともできる。氷でいるのはつまらない。それより私
は水でいたい。革新的な問いに人を引き込み、自ら引き込まれ
ろ。

●行動
国境なし

　私はノリリスクで生まれた。きわめて工業的できわめてシベリア的な都市だ。シベリアは巨大なちんぽのかたちをしている。私の故郷はその先っぽに位置している。毎年夏になると祖母のところへ行った。ちょうどタマのあいだにあり、飛行機で4時間かかる。

　ノリリスクの空気は重金属とほんのちょっとの酸素から成る。ロシアのほかの地域に比べて平均寿命は10年短く、がんのリスクは2倍だ。

　私は粘り強く、自立した、意志の強い大人たちのそばで育った。私の母はマキシマリスト〔最大限綱領派。妥協せず最大限の要求をする人〕で、途方もない労働倫理の持ち主だった。彼女の夫、つまり私の義父も同じだった。母が犬を指差してあれは猫だと言ったら、あなたは彼女を信じるだろう。彼女には人を説得し動かす才能があるのだ。父は私の人生にもたらされたあらゆる神聖な狂気の源だ。彼は作家、アーティスト、皮肉なロマン主義者、禁欲主義者、ノマド、冒険家……そしてもちろん海賊でもある。彼は私のことをこう書いている。「4歳のとき、ナージャははっきりと、意識的に、厳格に、そしてビジネスライクに私にむかって言った。『パパ！　私に何も押しつけないで』。どんな状況だったのかは覚えていないが、私はすぐにそれが独立宣言なのだと理解した。そして私は決して『彼女に何かを押しつける』ことはなかった。彼女のやる気を促しただけだった。何かをやりたいという彼女の内面の意志が私の出発点だった。まるでクロッカスが花開くように、彼女が内側から育つよう促したのだ」

　私の父親はいわゆる宗教的な人間ではないが、超越的体験について語る文化と言語の重要性を理解している。私が幼い頃に

は、一緒にカソリック、プロテスタント、正教の教会、モスク、シナゴーグ、それにハレクリシュナの催しにまで足を運んでみたものだ。父は私にいかなる教義も押しつけることはなかった。私たちは自由に楽しく、戯れるようにしてそれぞれの感想を語り合い、その一部を書き留めた。

　私はどこからやってきたのだろう？　私はこの惑星で最も汚染された町からやってきた。私は銀河からやってきた。私はロシア文学と日本演劇からやってきた。私は私が闘ったあるいはファックしたあらゆる都市からやってきた。私は監獄からやってきて、私はホワイトハウスからやってきた。私はパンクのレコードとバッハの楽曲、ターコイズとコーヒーと大音量の音楽への執着からやってきた。

(!)

　10代でロシアの革命詩人ウラジーミル・マヤコフスキーに恋したら、あなたは完全にいかれてしまうだろう。早かれ遅かれ政治に行き着くのだ。そのとき私は14歳で、全宇宙で最もクールなのは調査報道をすることだと思っていた。

　「大きくなったら何になりたい？」と、親の友人たちが尋ねてくる。私はこの質問そのものが気に入らなかった。まるで自分が何者になるのかいまこのときにきっぱり決めなければいけないみたいで。「哲学を勉強したい」と私は答えていたはずだ。

　「そんなのどうかしてるよ。君が哲学者になるのに誰がお金を払うわけ？　哲学者なんて働き口は存在しないからね」。どっちにしても自分自身を定義することを拒否しているわけだけど、いったいどうしたら私が金銭的な理由で肩書きを与えられたがっていると思えるわけ？　私は自分に自分をきらきら光る包装紙にくるんで売りに出す準備ができているとは思えなかった。

その頃、私は左派の本を読んでいたわけではなかった。しかし10代の直感は大抵、純粋に左に寄っているものだ（そしてそれは正しい）。自分が夢見がちで世間知らずに見えることはわかっている。だけど、それについて謝るつもりはない。**純な心は結局のところ、おそらく私の人生で最高のものを私にもたらしたのだから。**

「そんなの関係ない。私は哲学を勉強する」

「どうして？」

「だって、哲学は私を幸せにするからかな」

高校の卒業証書を手にすると私は秒でシベリアの故郷の街を後にした。私はモスクワ行きの飛行機に飛び乗った。

10代の海賊でいるのは大変だ。自分探しに苦しみ、ルールに縛られて、指示とアドバイスの爆撃を浴びせられる。しかし私はほかの誰かに自分が何者であるかを決めてもらうつもりはなかった。それは私の仕事だ。だから、自分で取り組んだ。

●ヒーロー
ディオゲネス

シノペのディオゲネス（またの名を皮肉屋ディオゲネス、あるいは犬のディオゲネス）は紀元前5世紀、およそ2400年前に生まれたギリシャの哲学者である。貧しく簡素に暮らし、権力に対して真実を説き、他人に自分がどう思われるかはお構いなしだった彼から、いまを生きる私たちが学ぶべきことは多い。彼は「正直な人間」を探して、真っ昼間にランタンを持ってあたりを歩き回ったそうだ。

ディオゲネスはそこらじゅうを走り回るネズミに感化されたと言われている。隠れ場や贅沢な食べ物を求めているわけではなく、ただネズミでいる姿に。ディオゲネスはケープをかぶって気の向くまま好きなところで眠り、誰にでも話しかけ、大き

なワイン樽の中に住んだ。彼は「犬の哲学者（犬儒派）」「シニック（皮肉屋）」と呼ばれた。これはギリシャ語の *κυνικός*——キュニコス、「犬のような」に由来している。

　ディオゲネスは同時代人のプラトンが好きではなかった。伝記作家ディオゲネス・ラエルティオスは、自信満々にディオゲネスの講義に割り込んできたプラトンをディオゲネスが批判した話を書き残している。プラトンの罪は哲学を純粋な理論に変えてしまったことにある。一方、ソクラテスとディオゲネスにとって哲学は常に理論と実践が組み合わさったものだった。それは現実の生活だった。哲学の父ソクラテスは、その生涯でたった1行すら書かなかった。ディオゲネスと同じく、ソクラテスは歩き回り飲み喋るのを好んだ。プラトンとアリストテレスは、哲学を紙に書かれたものとする現代の私たちの考えかたを生んだ張本人だ。しかし、哲学にはそれとは別の分岐も存在していた。すなわち哲学者が実例を示し、自らの生きかたによって教える実践哲学が。そう、言葉でなく行動、である。

(!)

　私は18歳のとき、レポートを書く代わりにアクションをおこなうことで試験に合格させるよう、モスクワ大学の哲学部の教授たちを説得しようとした。結局お互いに歩み寄り、私は行動哲学についてのレポートを書いた。

(!)

　劇作家・風刺作家のルキアノスによれば、ディオゲネスは「世界市民」という語を最初に使った人物だ。ディオゲネスはどこの出身かと尋ねられ、「あらゆるところ……私は世界市民だ」

と言った。きわめつきの反体制派ディオゲネスは、自分は理念の世界に属する者であり、あらゆる人為的政治的主体には与しないと言っていた。ディオゲネスは安定した社会的アイデンティティを持たない男であり、卓越した亡命者であり、はみだし者だったのだ。

彼は伝説的征服者のアレクサンドロス大王すら特別扱いしなかった。プルタルコスによれば、アレクサンドロス大王がペルシャに対する軍事行動を宣言したとき、ギリシャの政治家やほかの高名な哲学者たちは彼のご機嫌取りにうかがったという。しかしディオゲネスは違った。アレクサンドロス大王がディオゲネスを探しに行くと、彼は日向ぼっこをしているではないか。大王が何か欲しいものはないかと尋ねると、ディオゲネスは、はい、そこで私の陽射しを遮るのをやめてもらえますかと言った。幸いアレクサンドロス大王は気を悪くしなかったようだ。彼は別の機会に、もし自分がアレクサンドロスでいなくてもよかったらディオゲネスになりたかったとまで語ったという。

ディオゲネスは自分を侮辱した人間におしっこをひっかけ、劇場で脱糞し、公共の場で自慰をした。こうした不作法について、彼は「おなかを撫でるだけで飢えを消すことがそれぐらい簡単にできればよかったのだが」と述べている。

ディオゲネスにとっては、犬と呼ばれるのもまんざらではなかったらしい。彼は（ディオゲネス・ラエルティオスが引用したところによれば）、犬のように、「私は私に与えてくれる者たちにひれ伏し、拒絶する者たちに吠え立て、悪党どもに歯をむく」と言った。

ディオゲネスの意志を継ぐ私たちも犬のようにふるまう。公の場でものをむさぼり、愛し合う。裸足で歩き回っては、バスタブや交差点で眠る。

彼はお金にも地位にも興味がなく、見せかけの快楽を求めて

生きてもみじめになるだけだと考えていた。しかし快楽を拒否する実際の行動のうちに快楽を見出すことは可能だ。だからディオゲネスは拒絶されることに慣れるため彫像に金を無心した。彼は夏に暑い砂の上を転げ回り、冬に冷たい彫像を抱きしめて自分を鍛えようとした。彼がくつろぐことを自分に許すとき、それは彼が求める最も単純にして自然な快楽となるのだ。

　「世界で最も美しいものは何かと尋ねられ、ディオゲネスは『言論の自由』と答えた」と、ディオゲネス・ラエルティオスは述べている。

　ディオゲネスもまた彼の思うまま、海賊のように死んだ。90歳に近づき、彼は自ら息を止めることで自らを殺した（もしくは悪くなったタコを食べたか犬に噛まれたという説もある——もしそうなら犬の哲学者として皮肉すぎる話だ）。彼はアレクサンドロス大王と同じ日に死んだと伝えられている。

ドゥ・イット・ユアセルフ

何かを変えたいのなら、ものごとの仕組みを理解しなくちゃならない。アクティビストならなおのこと。あなたは実践しながら仕組みを学んでゆく。誰があの象牙の塔に隔離された人間になんかなりたいって？ 試せ。勝て。失敗せよ。さまざまな役割、仮面、ペルソナを身にまとえ。指示されるのを待つな。自分で選べ。ドゥ・イット・ユアセルフ。

パンクの倫理といえばドゥ・イット・ユアセルフのことだった。そして僕はその言葉に忠実だった。ガキの頃は特にね。そんなの誰でもできるとぼやく連中もいたけど、そいつらにはこう返してた。「オーケー、それこそ僕さ」って。

——マイケル・スタイプ

統治されるということは、そうする権利も知恵も徳も持たない生きものらによって監視され、取り調べられ、スパイされ、監督され、法に縛られ、番号を振られ、規制され、登録され、洗脳され、説教され、管理され、チェックされ、評価され、価値を見積もられ、非難され、命じられるということだ。

——ピエール・ジョゼフ・プルードン
『19世紀における革命の一般理念』

無政府状態（アナーキー）は権力を持たない法および自由。

専制は自由のない法と権力。

野蛮は自由と法のない権力。

共和制は自由と法を伴う権力。

――イマヌエル・カント『実用的見地における人間学』

●言葉
DIY精神（エートス）

　ドゥ・イット・ユアセルフの精神は、自分の頭と手を使うのはいいことだと教えてくれる。DIY精神はあなたに正気を保たせる。それはあなたを疎外から救い出す。DIY精神は夢遊病者のように人生を歩むのはつまらないと告げる。それは尽きることのない可能性の扉を開く。あなたは独学の喜びを知る。DIY精神は誰もがアーティストだと告げる。DIY精神はあなたを幸福にする。

　人が疎外感を覚えるのは、大局を掴めていないとき、システム全体の仕組みがわからないまま、課された務めを機械的にこなしているときだ。DIY精神はものごとをより深く探索するようあなたを促す。この世界にあなたの理解力の及ばないものはない。もちろん専門家がいらないというわけではない。特定の分野の専門家が必要になる場合もある。けれど、DIYの原則は教えてくれる――問題に取り組めるのは専門家だけではないのだと。

　日々の生活を自分でコントロールできるようになること、すなわち自由を獲得することは、私たちの永遠の課題だ。最も美しく、人生を一変させるようなものごとは、大きな機関の論理とは無関係に存在しているのだということを、DIY精神は思い出させてくれる。たとえば愛、雷、夜明け、誕生、死。DIY精

神は現実認識のありかたを脱企業化する。自分は自分のあらゆる瞬間の所有者でありその管理人なのだと理解したとき、あなたはなかなか危険なアナキストハイジャック犯になっているだろう。

(!)

　私たちがプッシー・ライオットを結成したのは、ライオット・ガール〔90年代初頭、米ワシントン州オリンピアやワシントンD.C.から世界各地に広がったフェミニズムとDIYパンクの運動〕のパンク・ジン〔自主制作出版物〕に触発されたからだ。

　2010年のプーチン政権下に暮らす20歳のロシアの女の子が、どうして1990年代にアメリカで始まったライオット・ガールのムーブメントに深く共感したかって？　さあね、でもそれが私に起こったこと。それはまぎれもなくアートが秘める謎とパワーの顕現だった。

　アートは血縁、国家、あるいは領地を基盤としないつながりと絆を創り出すのだ。

ジャンク・ポリティクス

　ジャンク〔廃棄物・くず〕といえばまずジャンクフードのことだと思われているけれど、ジャンク音楽やジャンク映画だってある。そしてもちろん、ジャンク政治（ポリティクス）も。

　ジャンク文化は私たちに、自分を殺傷するゴミ屑を面白く愉快なものと捉えるよう仕向けてくる。**強酸性で有害なグレーの粉末から製造されているコーラも、卑劣な偏見と憎しみそのものから生まれたトランプも、同じ論理で動いている。**アメリカに暮らす無数の疲弊した労働者たちはこの論理のもと、人類史上最も危険な団体すなわち共和党に票を投じ続けている。

ジャンクを最小化させること、喜びと理解を最大化すること、これらは私にとって名誉に関わる問題だ。あるときあなたは、こんなのやってられるか、自分たちの方がもっとうまくやれる、と悟るはずだ。そこでDIYの原則が役立つだろう。それによってあなたは分析し、疑問を抱き、別の道(オルタナティヴ)を見出す。さあ、ゼロから始めよう。

(!)

　バーニー・サンダースは『私たちの革命』でサウスカロライナ州での経験について記している。彼はマクドナルドで働いている若い黒人男性と話していた。「彼が教えてくれたのは、彼とその友人たちが、政治を自分らの人生とはまったく関係ないものだと思っているということだった。彼らにとって政治は気にかけもしないし、話題にさえのぼらないものだったのだ」。共和党が支持されている州のほとんどがそうであるように、サウスカロライナ州はアフォーダブル・ケア・アクト〔医療費負担適正化法〕によってもたらされるメディケイド〔低所得者向け医療費補助制度〕の拡大を退けた。人々は医療にアクセスできないまま、なんとか生きながらえたり死んだりしている。それでも彼らは政治参加が自分たちの生（と死）に直接的に結びついていることを認めようとしないのだ。そこでバーニーはこう書く（シンプルかつ至言だ）。「実際のところ、この政治意識の欠如こそ、この国の支配階級が求めているものだ。コーク兄弟〔コーク・インダストリーズの社長と副社長。世界長者番付常連で、共和党の有力な資金提供者〕は金持ちと権力者を代弁する候補者を選出するために巨額の金を注ぎ込んできた。彼らは政治の重要性を理解している」。コーク兄弟とプーチンの仲間たちは政府の助成金その他の利権に関して、彼らがその政治的影響力を使って私たち納税者から

盗んだお金で何をしているかチェックされたくないのだ。それはもっともだろう。

　政治的議論の質はクズ<ruby>同然<rt>ジャンク</rt></ruby>になった。コーク兄弟とプーチンのお友達はさぞかし安心しているだろう。私たちが愚かな言動に気を取られている隙に、彼らはいかがわしい取引を続けることができるのだから。

(!)

同じような政治動向が世界中の至るところで、性感染症のように広がっている。

　ロシアに本物の政治は存在しない。私の国は悪党どもが牛耳る領土であり、彼らはそこで好き勝手にふるまっている。彼らは公の議論にも実際の世論にも興味がない。都合のいい世論はいともたやすくでっち上げられると知っているのだ。ロシアで世論調査をするのは簡単だ。政権は好きな数字を選んで、国の管理下にあるメディアを通して発表するだけ。というわけで、この国では質の高い議論は期待できない。しかしだからといって、私たちがロシアにおける政治の議論を自らの手でふたたび創り出そうとしていないわけではない。

　まともな選挙がおこなわれている国では、あらゆることが私がロシアで見てきたものとはまったく違っていて、もっとずっと複雑で、私にはとても理解できそうにないとかつては考えていた。たとえばアメリカの学生たちの前で政治について語るとき、私には自信がなかった。それもトランプが現れて（アメリカと私にとっての）すべてが変わった。彼はアメリカの政治をめぐる言説のレベルを引き下げた。それも思いっきり。

　それまでアメリカ合衆国に関する事実や細部に注意を払っていた私も、トランプの登場以後、そうした意欲はすっかり消え

うせてしまった。怠惰になったとも言える。ロシアのニュースすら毎日読む必要を感じなくなってしまった。なぜなら、すべてはもうはっきりしているからだ。すなわち利己的な悪党どもが権力を握り、私たちの国をふたたび独裁主義にしようとしている。そして、彼らがそうするのは、すこしでも多くの利益をせしめて自分のポケットに収めるためなのだ。

　トランプ現象は政治的対話を犯罪的なまでに単純化した。大統領候補討論会のレベルの低さには心が荒んだ。言葉と行動を常に近づけよ、曖昧なことはやめて筋を通せ、デタラメを言うな（私はバカに見えるかもしれないが、そうじゃない）、市民に仕えよ、透明性を保て——さもなくば、くたばっちまえ。選挙で選ばれた議員は公共財なのだ。それが嫌ならもう一度くたばれ、そして政治に近寄るな。あるいは、ノーム・チョムスキーが言うように「権力には立証責任が課されており、もしその責任が果たせない場合は解体されるべきである。それこそがアナキズムの真髄であると私は理解している」

**　パンクスが政治家たちに労働倫理とプロ精神を要求することになってしまっているこの状況は、笑えるのと同時に悲壮な話じゃない？**

　私たちの政治にもっとDIY精神が必要なのは間違いない。政治におけるDIY精神というのは、つまりもっと直接民主主義を、ということだ。市民が自分たちで決められる、そして決めるべき問題はいろいろある。

反逆の手引き

　ある時期、私はモスクワで万引きの上級者クラスを受けもっていた。

スーパーマーケットなら2人組でやると作業が捗る。商品をカートに入れたら、店内で安全な場所を見つけ、自分のバッグのなかに入れる。肉やチーズみたいな高価でコンパクトな製品の方がバッグに収めやすい。おなかに入れるならベルトの下に押し込むのがいい。そのあとは、食パンかオートミールの箱を棚から取ってレジへ。食パンかオートミールの代金を支払う。

店を出て角を曲がったら、盗んだ品をキャンプ用のリュックにしまう。ショルダーバッグは次の店のために常に空っぽにしておくこと。取ってきた品を入れたまま次の店に入ってはだめ。でないと、見つかって拘束されたときに、盗品一覧に加えられてしまうから。

レディ・シンプリシティ──貧しいアート

アートはミニマルで、純粋かつシンプルなものであってほしい。私はこのアート観をシンプルな生活の技術（アート）として考えたい。

アートはいまや過剰生産となり、洗練されすぎている。アートのマーケットは自らの怖れゆえに作品を過剰生産する。マーケットの怖れは単純だ。つまり、十分な数が売れなかったらどうしよう？ というものだ。

まだマーケットに本格的に参入しているわけではない若いアーティストたちが過剰生産を目指してがんばっている姿には胸が痛む。彼らは自分自身を去勢し、自らのアートを薄めてしまっている。マーケット主導のアート業界のもと、鼻先に札束を吊された状態で、芸術の道を歩き出すよう強いられている。彼らはアートそのもの──陰影、音、色彩──について考える代わりに、もっとたくさんの作品を作り、より多くのお金を吸い

上げることができるのはどこなのかについて考えなければならない。

　こうした若者たちは、彼らには必要のない機材に何万ドルも費やす。ソニーやタイムワーナー社にREDのカメラやプロ仕様の照明が必要なのは理解できる。エンタテインメント産業は産業だ。つまり、それは工場であり、大量生産されるファストフードアートだということ。マクドナルドのためのろくでもないハンバーガーを作るには工場が必要で、ろくでもないアートを作るには巨大で高価な設備が必要なのだ。だから、なぜソニーにCGIが必要なのかはわかる。だけど、企業とつながっていない私たちアーティストがなぜ企業的な美学を再生産しなければならないのかはわからない。

　それなのに、自分自身の画期的に新しい道筋を切り拓こうとするのではなく、死ぬほど機械的で過剰生産的な美学をコピーしているアウトサイダーたちがますます目につくようになってきた。もしビデオ作品を1本作るのに何千ドルも必要だと思っているなら、それはつまりあなたは騙されているってこと。大切なのはアイデア、ヴィジョン、感性、そして誠実さ。お金があろうとなかろうと。

　アートに必要なのはアイデア、あるいは技術、情熱、勇気、徹底的な正直さであって、キラキラも特殊効果も一切いらない。無駄なかっこつけや高価な機材はゼロでいい。アートは地獄のような集中力と自己鍛錬を要求するもので、それは完全にあなた次第だ。ああしろこうしろと指図する者は誰もいない。安全ベルトはない。保険も保障もない。しかし、そこが最前線なのだ。

マネー・アクション!

1．自分のお金で投票せよ。 何かにお金を払うたびに、私たちはその何かがこの世界に存在することに1票を投じている。何かを購入することは、その製品とそれが環境に与える影響、その製造過程を認めていると市場にメッセージを送ることにほかならない。お金はパワーであり、そのパワーには責任が伴う。もし自分たちのお金をいまとは違うところに払えば、私たちは世界を変えられる。

2．収入に応じた暮らしをせよ。 稼げる範囲内で暮らすことは安心感をもたらす。またそれはあなたが強欲な消費者ではないということを証明する。

3．借金を避けよ。 クレジットカードにご用心。銀行は基本的に私たちに信用取引をさせたがるが、それは私たちを縛り付けておくのにいい方法だからだ。借金に気をつけて。

4．お金の30日間実験。 購入するものすべての記録をつけて1ヶ月過ごしてみよう。月の終わりには、出費を家賃、食費、電気代、飲酒代、コーヒー代、ランチ代などに分類し、それから12倍にして、それぞれの項目が1年間でいくらになるかざっと計算してみよう。細かなものでも積もれば1年でかなりの額になる。つまり、普段のお金の使いかたをちょっと変えれば、かなり倹約できる。

5．出費について再考せよ。 いまよりすこし出費に注意深くなって賢くお金を遣えば、労働を減らせるかもしれない。労働時間を減らすことを考えよう。たとえ減給しても労働時間がもっと短い方がいいと思っているにもかかわらず、週40時間の仕事に囚われている人がたくさんいる。このことによって、人々は消費過剰のライフスタイルに縛られている。オランダには、従業員が労働時間を減らすよう雇い

●行動

セクシストを殺れ

　私たちは混乱のなかからプッシー・ライオットを生み出した。あるとき、友達のカットと私は講義をするよう招かれた。主題は「ロシアにおけるパンク・フェミニズム」になるだろうと主催者に伝えていた。前夜にいざ講義の準備を始めてみると、ロシアにはパンク・フェミニズムが存在しないことに気がついた。フェミニズムはあったし、パンクもあった。けれどパンク・フェミニズムはなかった。講義までもう時間がない。**解決策はたったひとつ。パンク・フェミニズムを発明すること。そうすれば、話す事例ができる。**

　私たちの最初の曲は「セクシストを殺れ（Kill the Sexist）」（2011年10月）だった。

セクシストを殺れ
うんざりするほど臭いソックス

パパの臭いソックス

夫も履くことになる臭いソックス

一生履くことになる臭いソックス

ママは汚れた皿に埋まってる

汚れた皿と臭い食事

焦げたフライドチキンみたいに床掃除

ママは監獄に生きてる

監獄で、クソみたいに便器を掃除

監獄に自由はない

地獄の生活、男性の支配

路上へ出よ、女性を解放せよ！

てめえのソックスを嗅ぎやがれ

おさらばするんだ

げっぷ、嘔吐、暴食、糞

うちら喜んでレズビアンになる！

さあ行け、カス野郎、自分のペニスでも羨んでろ

そのビール腹にぶら下がる長いペニスを

くだらないTV番組に映る長いペニスを

クソが天井にぶつかるまで

フェミニストになる、フェミニストでいる

世界に平和を、男に終末を

フェミニストになれ、セクシストを破壊せよ

セクシストを殺れ、やつらの血を洗い流せ！

フェミニストになれ、セクシストを破壊せよ

セクシストを殺れ、やつらの血を洗い流せ！

私たちは誰ひとりとして楽器を持っていなかった。それで、

あるイギリスのOi! パンク〔70年代後半、ロンドンの労働者階級の文化から生まれたパンクのサブジャンル〕の曲を一部まる写しすることにした。ヴォーカルを録音しようと、ディクタフォン〔ボイスレコーダー〕片手にトイレに籠もった。だけどカットのお父さんに追い出されて、私たちは外に出た。秋で午前３時だった。雨が降っていた。児童公園にある遊具の家に逃げ込んだ私たちの頭が天井にぶつかった。近くのベンチにはヤク中たちがたむろしていた。

「うんざりするほど臭いソックス……喜んでレズビアンになる」私たちの歌声がプレイハウスから鳴り響く。

窓からヤク中たちが口を出してきた。

「お嬢さんたち、何吸ってんの？ 俺らもやってるけど、君らほどハイにはなれなくてさ。ちょっと分けてくんない？」

「ほっといて、忙しいから」

2011年の秋、プッシー・ライオットはモスクワにある教会の地下室で練習を始めた。ちょうど建築工事がおこなわれており、私たちがレコーディングをしているすぐ横で、削岩機を持った作業員たちがうろついていた。

ひとつの曲を徹底的に、長い時間をかけて練習した。ライブハウスで演奏するパンクバンドとは違い、私たちは音楽に加えて、機材をすばやくセッティングしたり片付けたりする術も覚えなければならなかった。練習中、私たちは歌うだけでなく、警備員や警官に脚を掴まれ引きずり出されそうになっても演奏と歌唱を続けるやりかたを学ぼうとしていた。

月日が流れ、地下室の修復工事が終わった。教会はそこを店舗として貸し出すことに決め、私たちは路上に放り出されてしまった。歩行者用の地下道で練習するようになったが、何度も何度も追い出された。

しかし２〜３ヶ月もすると厳しい冬が訪れて、屋外では練習

できなくなった。私たちはタイヤの廃工場に練習用のスペースを作り、年末年始の休暇じゅう毎日そこに通った。2012年1月1日、宴を終えて国中が眠りにつき、国会議員たちがマイアミで日光浴をしていた頃に、私たちは練習を始めたのだ。

　工場の入口にいる警備員たちはいつも同じ質問をしてきた。「お嬢ちゃんたち、うちでじっとしてられないのかい？」

「なんで私たちがうちにいなきゃなんないの？」とカットは驚いて尋ねた。

「パイを焼いてスープを作るためさ」

　こうした疑問への回答として、フェミニズム運動の歴史についての講義を数度にわたってみっちり聞かされた結果、警備員たちはつべこべ言わずに黙って私たちを中に入れるようになった。そうこなくっちゃ。

　当時、ジャーナリストたちは私たちにいささか怖じ気づいていたようだ。週刊紙『モスクワ・ニュース』の記事にはこう書いてある。「プッシー・ライオットを見つけるのは容易ではない。この個人集団のメンバーは電話番号を明かさず、練習場所をちょくちょく変えている。私はインターネットを介してどうにか彼女たちに連絡を取ることができ、地下鉄の駅のそばで会うことになった。待ち合わせの時間、背の高い男性が近づいてきた。彼は名前を明かさぬまま、静かに私を案内した。私たちはまもなく路地を曲がり、ぼろぼろの地下室に降りていった。たったひとつの電球が部屋全体を照らしていて、その下にマスクを被り、派手な色のタイツと丈の短いワンピースを身につけたふたりの若い女性がいた」

(!)

　プッシー・ライオットのライブを1回やるのにいくらかかる

か？　答えは無料だ。マイク、ケーブル、アンプ、ギターといった機材はパンクの友達から借りる。ワンピース、タイツ、帽子はカラフルなものが好きな知り合いの女の子たちから。ライブの撮影は写真・映像ジャーナリストの友達に頼む。ビデオの編集は、海賊ソフトをダウンロードして自分たちでやる。食費はパン1斤と水1本分。捕まって一晩警察に拘留されるかもしれないから、この食糧は常に携帯すべし。

　それなりにパワフルな車載用スピーカーもわずかなお金で手に入れることができた。私たちは市場で見つけてきたアルミ材でスピーカー用の台を組み立てた。

　DIYスピーカーの電源は車のバッテリーからとっていた。あるときライブに向かっている道中、背中で何かが流れ落ちて燃えている気配がした。バックパックから液体が漏れていた。バッテリーから流れ出た酸がゴム引きの底を腐食し、液化させていたのだ。私にはなす術がなかった。バッテリーを投げ捨てるのは無理な話だ。だから私は前に進むしかなかった——バックパックの中身がゆっくりとパンツに落ちてくるのを感じながら。

　活動を始めた頃に発見したことだが、マスクをかぶっているとちょっとスーパーヒーローみたいな気分になって、自分が強くなったように感じられる。とても勇敢な気分になり、自分にはどんなことだってできると、この状況を変えられると信じられるようになる。私たちはスーパーヒーローごっこをした。バットウーマンもスパイダーウーマンも、ヴィランから私たちの国を救うためにやってくるのだ。けれど私たちは、自分たちの姿を見て爆笑した。猫におしっこをひっかけられた、目に細いスリットの入った毛皮の帽子、壊れたギター、酸を漏らす自家製バッテリーを搭載した音響システム。

**　それでもバラクラバをかぶったあの瞬間——初めてパフォーマンスをしたときの異様な興奮たるや——私はこれこそが至高**

と理解した。特別な瞬間に足を踏み入れた瞬間というのは、はっきりとわかるものなのだ。

政治的フェミニスト・パンクバンドを作る──基本編

　哲学者がそうであるように、アーティストは批判的思考の<ruby>批判的思考<rt>クリティカル・シンキング</rt></ruby>中毒者だ<ruby>中毒者<rt>ジャンキー</rt></ruby>。そして彼らは、自らの分析的活動の成果に文化的なかたちを与える術を知っている（ということになっている）。

　一部の人々は、プッシー・ライオットがその他の人々をいらだたせるまさにその部分に触発されている。直接性、率直さ、恥知らずのディレッタンティズム。私たちが作る音楽はひどいって？ そのとおり。私たちは意識的に悪い音楽、悪いテキスト、悪いリズムというコンセプトにこだわっている。全員が音楽を勉強したわけじゃないし、演奏のクオリティを優先事項にしようと思ったことは一度もない。パンクの真髄は爆発だ。それは創造的エネルギーの最大放出であり、いかなるテクニックも必要としない。

　では、どうして派手な色を使うのか？ そこには本当にしょうもない理由があった。つまり黒いバラクラバをかぶったテロリスト集団だと思われたくなかったのだ。**私たちが望んでいたのは、人々を怖がらせることではなく、楽しませることだった。**道化のような格好はそうして決まった。

●ヒーロー

D.A.プリゴフ

　私はD.A.プリゴフをプッシー・ライオットのゴッドファーザー〔名付け親・後見人〕と呼んでいる。あるいはフェアリーゴッドマザー〔おとぎ話で主人公を救う妖精、魔法使いのおばあさん〕かも。D.A.プリゴフはどう呼ばれようと気にしなかった。また逆も真なり。彼は他人からどう呼ばれるかを楽しんだが、そのさまざ

まな定義で曲芸をやってのけるのが好きなのだ。

　誰かがD.A.プリゴフを画家と呼んだとする。すると彼はこう言うだろう。「いや、違う違う、私は詩人だ！」。詩人と呼ばれたら、彼はこう応答する。「君は誤解しているね。わたしは彫刻家だ！」。そしてもし誰かがD.A.を彫刻家と言ったら、彼は音楽家だと主張するだろう。彼は実際、それまでの肩書きから逃れるためにバンドを組んで、音楽活動を始めたこともあった。彼らはセントラル・ロシアン・アップランド〔中央ロシア高地〕という偽のコンテンポラリーアートバンドを結成した（プッシー・ライオットが路上で違法なパフォーマンスを始めた頃、私たちは彼のバンドからマイクを借りていた——すごくありがたかった）。D.A.プリゴフはパフォーマンスアーティストでもあり、小説家およびノンフィクション作家、政治コラムニストでもあって、ビデオアートも作った。彼は俳優として数本の映画に出演もしている。

　D.A.プリゴフは、コンテンポラリーアート作品として自分自身を作り上げた。彼が演じる役柄はそのどれもが思慮深く、独創的だった。彼の人生まるごとが彼の作品なのだ。ひとつのDIYプロジェクトだとも言えるだろう。全人生をひとつのアート作品として築き上げるには、たくさんの内省と人一倍の自己管理能力が求められる。D.A.プリゴフはそれを成し遂げた。DIYとは自分を甘やかすことではない。むしろ真逆。DIYは自分自身にものすごく多くを課すことなのだ。常に自らの原則に従え、とD.A.プリゴフが言うように。

　1990年代が始まったばかりの頃、彼は2000年までに２万4000篇の詩を書くと決めた。なぜ２万4000なのかというと、彼はその後に来る2000年のひと月ごとに１篇の詩を作りたかったからだ。プリゴフは１日あたりいくつの詩を書けばいいのか計算し、宗教的にその計画を実行していった。彼は１日たりとも飛ばさ

なかった。そしてなんと、投げ出したのだ！ 常に己の原則に従え。

　ドミトリー・アレクサンドロヴィチ・プリゴフをファーストネームとラストネームで呼ぶ人は誰もいない。彼はいつもミドルネームのアレクサンドロヴィチをファーストネームと一緒に使ってほしがった。彼は自分の人生まるごとをアート作品として扱った。その作品が《ドミトリー・アレクサンドロヴィチ・プリゴフ》だったのだ。

　私が14歳のとき、地元の小さな町にD.A.プリゴフが講演をしにやってきた。

　私は彼の講演が開かれるそのフェスティバルに出かけていった。そこには彼の作品が展示されていた。彼が猫に話しかけ、「ロ・シア」と言わせようとするビデオがあった。私の解釈では、これはすべてを消尽するロシアの例外主義と帝国主義についての実に見事な批評である。私たちが呼ぶところの「家庭の台所国粋主義」、ロシア例外主義は、ものすごくバカでかいものなのだ。

　そこにはD.A.プリゴフの別のビデオ作品《警官と人民は新たなロシアの顔を鋳造している》も展示されていた。そこでは警官と半裸の男がふたりで何かの生地をこねている。当時はウラジーミル・プーチン政権の第1期、彼が突然手にした権力をどう扱うかを見極めようとしていた時期だった。プーチンとその取り巻きは、彼の新しいロシアのためにさまざまな異なる顔を試した。もっとも手っ取り早いもののひとつは間違いなく、ネオ・ソヴィエト／冷戦／警察国家型帝国主義への後戻りだった。

　D.A.プリゴフは講演で、プーシキンの詩を読みはじめた。なぜならプーシキンは常日頃から自分が圧制的国家のイデオロギー装置として利用されるのを苦々しく思っていたにもかかわらず、ソビエト時代およびプーチン政権下において、ロシア詩壇

のきらめく光、まさに太陽として褒め称えられていた人物だからだ。太陽やらなんやらと聞いて、すぐに投げ出したくなるのも無理はない。あなたがその太陽の詩を学校で大量に習わなきゃならない子どもだったらなおのこと。だからこそ、D.A.プリゴフはそこでプーシキンの詩を読んだのだ。けれど、それがあの愛らしい詩人のものだとわかるまでには時間がかかった。彼は一篇の詩をまるで仏教のマントラのようなやりかたで、中国の、ムスリムの、キリスト正教のスタイルで読んでいたのだ。彼はまるで奇妙な魔獣のように歌い叫んでいた。それはまったく新しいプーシキンだった。

その2〜3年後、私はD.A.プリゴフに会いに行った。彼は64歳で、私は17歳だった。それは一大事だった。私は彼の弟子になって、床掃除をしたかった——ただ彼の近くにいたかったのだ。私がアドバイスを求めると、彼はこう言った。「嘘の内側に生きるな」。のちに刑務所で異議申し立ての文学を読んでいたとき、私はそれがD.A.プリゴフ自身の言葉ではなかったことを発見した——ヴァーツラフ・ハヴェルの言葉だったのだ。しかし17歳の私にそれを知る由はなかった。「嘘の内側に生きるな」をプリゴフから聞いた私はただただ嬉しく、すぐに酔っぱらってヨハネの黙示録を大声で読み上げ、雪のなかで寝落ちした。

6ヶ月後、私たちは一緒にアクションをすることになった。私とパフォーマンスアーティストの仲間たちは、キャビネットに入って自作の詩を読んでいるD.A.プリゴフをビルの20階まで運ぶ計画を立てた。私たちはそれを自分たちの手で持ち上げ、階段をのぼらなければならなかった。DIYの実践。私たちが言いたかったのは、アーティストはソファに寝転がっていてはだめだということだ。アーティストは厳しい肉体労働を排除することなく、ほかの誰よりも勤勉に働かなければならない。D.

A.プリゴフは、彼を天へと連れ戻す新世代のアーティストたちについての素敵な預言者的テキストを書いていた。そして彼は死んだ。私たちのパフォーマンスへと向かう道中で。心臓発作だった。

喜びを取り戻せ

抵抗の行為としてほほえむべし。ほほえみながらファック・ユーと言え。自分を監視するやつらを前にして笑え。死刑執行人をこちらの信念に引き入れろ。刑務所長を仲間にしてしまえ。悪党を支持するやつらの心を掴め。こちら側につくよう警官を説得しろ。軍が抗議者の集団への発砲を拒否するとき、革命は勝利を収めるのだ。

われらは愛と笑いと共に生きる

いまは取るに足りないわれら

そして支払うべき代償を決して悔いることはない

　　　　　——ラルフ・チャップリン「労働連合」1918年

　　　　　　（世界産業労働組合の組合員たちのために）

笑い以上に価値があるものはほかにない。笑い、自分自身を捨てることは強さであり、光になることだ。悲劇は最もバカげている。

　　　　　　　　　　　——フリーダ・カーロ

●言葉
私たちは愛と笑いのうちに生きるだろう

これはあなたが見つけることのできるあらゆる種類の喜びに

捧げられた章だ。世俗的な喜びと浮世離れした喜び、その両方に。喜びこそ私の究極の資本である。しかしそれは私の内側にあるもので、銀行にはない。私は自分のアートに喜びを見出す。それは野蛮で原始的な政治的キャバレーだ。楽しそうには見えないかもしれないけれど、私はそこから喜びを得ているのだ。刑務所の中ですら、私は密かにつかの間の楽しみを見つけ出した。

(!)

刑務所にいると、誰が自分を苦しめる人かはすぐに見分けられる。自由世界で十分に快適な生活を送っている場合はそうでもない。どちらにせよ、人を苦しめるやつらは必ず存在する。たとえば学生たちに数兆単位の借金を背負わせておきながら、億万長者には税制上の優遇措置を用意する社会システムを取り仕切っている連中がそうだ。やつらは公共の土地を売り払って、自然保護地区を破壊する。やつらはすべて承知のうえで、1パーセントの人々を金持ちのまま、99パーセントの人々を（比較的）貧しいままにさせている。やつらは戦争を始めて、都市を立入禁止区域に変える。そう、政治ってやつだ。

権力の座にある者たちに挑み、彼らが引きずり下ろされた暁には祝おう。抵抗せよ、そして意味ありげにほほえむのだ。

世に広く伝播しているひとつの誤解がある。すなわち、政治闘争はいまだに退屈なものだと思われている。週に5分間だけ暗い表情で仕方なしにやるもので、あとはできるだけ距離を置いておくべきだというように。けれども、それは朝の歯磨きのようなもの——すごく楽しいわけではないけれど、誰もがしなくてはならないものなのだ。

退屈なオフィスに通い、それから休みを取り、そこでようやく本当の人生が始まる——人々は政治的な行動をすることをそ

ういうものだと考えている。実際はまったく逆だ。あなたに必要なのはその喜びに気づくこと。力を合わせることの底知れない喜びを理解する術を発見することだ。実際、私もときどき自分のことが心配になる。というのも私は、自分が政治に関与しているという感覚の中毒になっているかもしれないからだ。私はアクティビズムのジャンキーなのだ。

ダダ

政治的な憂鬱がバカバカしくも愉快に立ち現れるのがダダである。「バカバカしさなんてちっとも怖くない」と、ダダの思想家トリスタン・ツァラは1922年の『ダダに関する講演』で述べている。「もっと高い視点からすれば、人生におけるすべてがバカバカしく見えてくる」

ダダイストたちは波乱の時代、ふたつの世界大戦のあいだを生きた。産業革命以来、西洋社会は進歩という概念にひどく取り憑かれていた。進歩が神に取って代わっていた。しかし第一次世界大戦の戦中から戦後にかけて、事態は混迷の様相を見せはじめた。人々は毎日16時間労働し、子どもたちは毒まみれの工場で働かされ、目や手を失っていった。多くの場合、人々が殺し合いをするための武器をもっと大量に製造するために。これはもちろん喜ばしいことではなく、大勢の人々が騙されたと感じていた。

ダダ運動を組織することになったアーティストたちは、そうした俗物根性および機械と進歩の理想化に対して本気で憤っていた。当時は荒れ模様で物騒な、一筋縄ではいかない時代。つまり第一次世界大戦の後、ドイツでヒトラーが台頭する前だった。彼らは直感的に見抜いていた。

真のアートとは、精神分析医に語るにしてもあまりに支離滅裂な、あのぼんやりした夢のことだ。コラージュ、レディメイ

ド、パフォーマンス作品において、ダダは大衆意識のサラダを作りあげた。

　それは単なる政治活動には収まらない。いつだって政治を超えるのだ。とりわけアートの場合には。また、ダダは新たな非線形物理学にまつわるものでもあった。それはニュートン力学による世界モデルがきたした大破綻への応答だった。

　ニュートンは世界の仕組みを説明する法則をいくつか考えついた。けれどもそれらの法則は、実在性の本質についてどんどん増えてゆく疑問を解決できるようには見えなかった。とりわけ彼は、光は粒子なのかそれとも波動なのかに関心を寄せた。当時の人々は混乱したはずだ。その後、光は粒子と波動のど・ち・ら・で・も・あ・り・得・る・ことが明らかになった。な・ん・だ・っ・て・？　原子は宇宙を構成する根源的な要素ではないし、この世界の最小単位でもないという新たな発見が、議論の俎上に上がってきた。こうした物理学の課題は、のちに量子力学やひも理論などを生み出した。

　ダダイストたちは近代主義的すぎる社会の論理や現実を拒否した。日々の生活は彼らの目の前でばらばらに崩つつあった。彼らはナンセンス、不条理主義、ふざけたコラージュ、サウンドアート、彫刻といった創作活動に身を投じていった。

　レーニンはチューリヒのキャバレー・ヴォルテールを訪れたことがあると伝えられている（キャバレー・ヴォルテールはアーティストたちが集ったナイトクラブで、ダダイズム発祥の地だ）。ロシア革命の計画を近くのアパートで練っていたレーニンは、よくチェスをしにこのクラブに立ち寄ったという。

　ダダの面白さはどこにあるのか。それは芸術的な勇敢さ、自由なありかた、そして創作術というだけでなく、おそらく世界それ自体の捉えかたにまつわる新しい手法の導入という点にあるのだろう。ひと昔前、文学におけるポストモダン的手法やハ

イパーテキスト、ロラン・バルトが提唱した「作者の死」の概念がずいぶんと大げさに騒がれていた。けれど、ダダイストたちはずっと前からこうしたメソッドを掲げていたように思う。彼らはコンセプチュアルアーティストの先駆けだった。

ダダイストたちは絵筆と絵の具よりもハサミと糊をよく使い、メディアが送り出すイメージを通して現代生活についての見解を表現した。私にとって、ダダのコラージュ術は美しく、反体制的で、遊び心にあふれ、からかい上手でコケティッシュだ。その基盤はレディメイドのモノを集めることにあり、したがってはっきり現実を反映していると主張できる。収集や分類といった作業をしているとよくあることだが、メタデータ（ほかのデータについての情報をもたらし記述するデータ）はデータそのもの以上に、それらの意図や傾向についての情報を教えてくれる。

現実を芸術的に分類していく行為はいつでも私のいちばんのお気に入りだ。なぜならその不条理と狂気を通して、どんなかたちであれものごとを順序立てていく工程には最初からバイアスがかかっている、という単純な事実が明らかにされるから。情報をランダムに分類する芸術的な試みとしてのコラージュは、私たちがほかのタイプの分類、つまり男らしいふるまい／女らしいふるまい、自由世界／非自由世界、学識のある／学識のない、といったくだらない線引きを標準化し、慣れてしまわないための助けとなる。

カットアップはコラージュに似ているけれど、画像でなく言葉で用いられる。プッシー・ライオットはこのテクニックを大々的に使っている。バンドを結成しようと決めた当初は、詩を書くのがとにかく嫌だった（コンセプチュアルアート出身の私たちは詩というものに懐疑的だったのだ）。それでも曲のための歌詞を書かなければならなかった。最終的に私たちは、お気に

入りの哲学者の言葉とニュースの見出しの引用から歌詞を組み立てた。

　トリスタン・ツァラは、彼のカットアップの技法を「弱い愛と苦い愛に関するダダ宣言」(1920) で説明している。

ダダ詩のつくりかた

新聞紙を手に取れ。

ハサミを手に取れ。

その新聞から君が作りたい詩と同じ長さの記事を選べ。

その記事を切り取れ。

次にその記事を構成する言葉を注意深く切り取りすべてを
袋の中に入れろ。

優しく振れ。

次に切り取ったものをひとつずつ次々に取り出せ。

それらを袋から出た順番にしっかりと写せ。

その詩は君に似ているだろう。

ここに君あり──魅力的な感性を持った限りなく独創的な
著者だ。たとえ大馬鹿どもには真価を認められなくとも。

　人生が粉々に砕かれるとき、こうしたカットアップはその寄る辺なさと絶望へのひとつの応答だった。フーゴ・バルは1916年のマニフェストでこう書いている。「ジャーナリズムっぽいもの、ウジ虫、感じがよくて正しいものすべて、目隠しされた、道徳的な、ヨーロッパ化された、弱まったあらゆるものを一掃するにはどうしたらいいのか？ ダダと言うのだ」

●行動

　プッシー・ライオットはどうだろう？ 常に手法と媒体を変え続けている理由は？ 違法ライブ、寄稿と著作、スピーチ、

ドローイング、ポスター、ミュージックビデオ……ほかには？それは実践的なアートプロテストの多様化にほかならない。このアーティストはたびたび同じところを狙っているわけではないが、いつでも耳を傾けている。私は新しい媒体に手を出す用意がいつでもできていて、だからこそ失敗は避けられない。アマチュアに、偽アーティストに、偽ミュージシャンに、偽役者になるのだ。

「反国家のアーティストとして私たちは同じレベルにいる」と、アーティストでアクティビストのアイ・ウェイウェイは私に言った。

「そしてもうひとつ。『偽アーティスト』としても」と私はつけ加えた。

「まさに！」彼は興奮して言った。「反国家で偽のアーティストだ」

プッシー・ライオットはコンセプチュアルアーティスト集団である。だからこそ私たちは、ほとんどのミュージシャンより音楽に対して自由でいられるのかもしれない。ミュージシャンのあいだでは、特定のジャンルにとどまり続けるのが重要だという考えかたが主流になっている。私はそうする必要を感じない。一緒に曲をレコーディングしたいと思って新しい人々に会うと、彼らは「どんな曲にしたい？」と尋ねてくる。私は、これまでにやったことのないことをやりたいと言う。今日がコーデッツの影響を受けた曲なら、明日はハードロック、その次の日にはクラシカルなピアノバラードを作るだろう。どの曲もてんでばらばらなら、人々はそれが同じアーティストのものだとは思わない。それはコンセプチュアルアートがもたらす類の自由だ。技巧にそれほどこだわらなければの話だが。「自分にできるか、できないか？」という問いは存在しない。もしあなたがやりたければ、あなたはできる。そしてこの完全な自由には

喜びがある。

もしガキどもが団結すれば

それでも、自らの声とパワーが増幅し、より大きなものに育ってゆくのを見ること以上の喜びはない。ここには人々の運動が生み出す、奇妙で、ファンタスティックな、非線形の数学がある。声1＋声1＋声1は声3かもしれないが、声1＋声1＋声1は、ときにまったく新しい社会的および文化的パラダイムにもなり得る。それは1960年代に起こり、「ウォール街を占拠せよ」運動でも起こった。

私はときどきアクティビスト鬱に陥る。この自己疑念のハリケーンから脱出する助けとなるのは、具体的な良いアクションだ。あなたはカエルから美しい王子へ、クラゲから戦士へと変身する。「プーチンは小便を漏らした（Putin Has Pissed Himself）」という曲を演奏するために楽器を担ぎながら屋根の上にのぼっていると、もう脳内でうだうだやっている暇はない。オーディエンスと自分のギターのことを考え、警官たちが駆けつけてくるまで何分あるか把握しようとするのだ。この感じは喜びに満ちていて値段がつけられない。それは純粋で神々しいオーガズムである。超自然的に頭が冴えわたり、千里眼にでもなった気さえしてくる。

人生において投獄、難病、貧困といった本当に困難な状況を体験した人たちから私が学んだのは、彼らはしばしば「順風満帆の」人生を送っている人たちよりすばやく喜びの価値に気づき、それをより深く理解しているということだ。人生には終着点がある。だとしたら、嘆きと哀しみから喜びに満ちた1分1秒を取り戻さなくてどうするのか。私の場合、この考えかたが刑務所でばっちり役に立ったのを覚えている。

いまや友達からこう訊かれるようになった。「ねえ、あなた

は頼りない泣き虫で、電話は苦手だってぶつぶつ言わないと電話の一本もかけられなかったのに。どうやって刑務所で生き延びられたの？」。理由は単純明快。刑務所で頼りない人間でいることは不可能なのだ。危険はそこにある現実だ。あなたは人生のために戦わなければならない。自分の人生のために笑顔で戦うのだ。幸せを取り戻すために。さもなくば死んでしまう。肉体的に、あるいは自分自身の無気力に埋もれて。あなたは状況を明晰に把握しておかなければならない。政府は私からこの年月を奪おうとしている。オーケー、そういうことなら私には何ができるだろう？　人間の一生はあっという間だ。私は早いうちに（14歳かそこらで）悟った――ただ生き延びるだけなんてまっぴら、そうではなく生きたいのだと。エーリッヒ・フロムの言葉で言えば、私は所有するより存在したいのだ。

　だから私は、刑務所でも充実した人生を生きようと決意した。楽ではなかったが、それが私のフルタイムの仕事だった。私はあの刑務所で過ごした年月のなかで、自由の身で過ごせていたら得ていたであろう以上のものを得た。もっと学び、もっと感じ、もっと行動すること。そして、より大きな変化を起こすのだ。人生を充実させ、毎日を情熱と美しい細かなことに満ちたものにしたいか、それともそうでないのか――それはあなたの決断次第だ。

　私が自分の意識や現代文化、人間関係、権力のヒエラルキーに関する最も重要な啓示を得たのは、独房に座りっぱなしだった公判前の勾留の頃だったと言っても嘘にはならないだろう。自分の体についての理解も深まり、腕立て伏せとストレッチをたくさんした。明日自分の身に何が起こるかわからなかったのだ。私には囚人作業キャンプでの７年の懲役が待ち受けていた。私は毎日、それが人生最後の日であるかのように過ごした。私は日々のあらゆる瞬間を噛みしめていた。食事の一回いっかい

を、お粥の一杯いっぱいを、パンのかけらの一つひとつを。自分の心と体のなかで起こっている変化に自覚的になり、自分自身のバランスを取ろうとしていた。幸福な戦士であり続けようと誓った。

　私は気遣いをすることや、注意深くあるとはどういうことかを学んだ。ひと夏のあいだに30分程度だけ緑の葉を見ることができた。週に数回、10分間だけ鉄格子のあいだから日光を浴びることができた。太陽を見る機会に恵まれるたび、宗教的な熱意をもって陽を浴びた。珍しく雨粒を受けたときには喜びの涙がこぼれた。キラキラ光る雨が美しかったから。

　監房にはいつも刑務所の青白い照明が点灯していた。夜間もつけっぱなし。看守に囚人の姿をしっかり視認させ、囚人に見張られていることを常に意識させておくためだ。週に一度、友好的な女性看守のシフトがあり、彼女はこっそり私たちの監房の照明を消してくれた。それは思いがけない連帯の瞬間、心からありがたいと思えるひとときだった。窓の外に目をやると、光でいっぱいの刑務所全体が見えた。暗闇という贅沢を味わっていたのは私たちだけだった。人生であのときほど幸せに感じたことはない。それは世俗的な特権の極みをも超える特権だった。私は何もせず、灯りのついていない監房に座っていた。素っ気ない白色をした刑務所の照明なしに夕焼けを迎えいれ、モスクワの暮れゆく夏の空の淡い光を抱きしめた。私たちは座ったまま、口を開くことすらしなかった。この息を呑むような魔法に水を差したくなかったのだ。私たちは黄昏を、その繊細な色合いを呑み込んだ。

　あらゆる既存の権力機構は、喜びを享受するには対価を払うか従うかしなければならないという前提のうえに築かれている（もちろんそれは自明の理であるかのように示される）。したがって究極の転覆行為とは、対価の支払いや服従を拒絶すること

を楽しみ、根本的に異なる価値観のもとで生きる行為のうちに喜びを見出すことだ。それは剥奪や禁欲ではない。神への誓いとも違う。それは与えられた境界線を越える喜びを明らかにする行為なのだ。これこそが進むべき道であり、自分たちのやっていることに人々を引き寄せる方法なのだ。そもそも禁欲の政治に興奮できる人なんている？

抵抗という行為に喜びを呼び戻せ。ここ数十年はどういうわけだかおかしな理由によって、政治的アクションと楽しさは基本的に切り離されてきた。原因は政治の専門化にある。私たちは、自分たちの存在や個人的に心に訴えてくるものと政治とのつながりを失ってしまったのだと私は考えている。1960年代に起こっていたことを振り返ってみよう。その頃の人々は、自分たち人間の根幹となる部分と政治をどう結びつければいいかを知っていた。おそらくこれこそが、当時、ラディカルな政治が政治体制に関して多くを変えることができた理由だろう。当時のすばらしく勇敢で美しい人々は、情熱的な人生の生きかたを知っていた。彼らは政治的アクションを人生における最もエキサイティングで喜びに満ちた恋愛として扱う術を知っていたのだ。

政治は退屈だと文句を言ったり、うんざりするから参加する気はないとただ座ってぐずぐずしたりしているだけでは何も変わらない。政治のかたちを作り直せるかどうかは私たち次第だ。政治を取り戻せ。ストリートに、クラブに、バーに、公園に政治を呼び戻すのだ。私たちのパーティは終わらない。

●ヒーロー

1968年

ひとつの時代はヒーローになり得るか？ 私は完全になり得ると思う。1968年には、人々が自らの想像力をかきたて反乱の

新しいやりかたを見つけさせてしまう空気があった。この年のことを考えるといい気分になる。人々は社会正義、平和、そして機会平等についていかに夢見るかを知っていた。各地に労働組合があり、ロシア、フランス、日本、エジプト、チェコスロバキア、アメリカに人権運動があった。言葉と行動は新しく画期的なやりかたでひとつになっていた。

今日の世界は1968年に起こった出来事から多大なる影響を受けている。

1968年５月、パリ

それは、いまこそ保守的で時代遅れの世界に反逆すべきときだと誰もが悟った年だった。彼らは、当時支配的だった美学、政治体制、公式の文化体系はもはや自分たちを代表していないと感じていた。

1968年にはシャルル・ド・ゴールがフランス大統領だった。彼はあの父権的で家父長制的なリーダーたちのひとりだった。当時、女性は職場でズボンを履くことを許されていなかった。既婚女性が銀行口座を開くには夫の許可が必要だった。中絶は違法、同性愛は犯罪とされていた。労働者に権利はなく、それに不満を抱く者はすぐさま解雇された。教育システムは柔軟性がなく、保守的だった。フランスにはテレビのチャンネルはひとつしかなく、あらゆる情報は政府の検閲を受けていた。

ベビーブーム世代の若い人々は、ユートピアを、つまりもうひとつの世界は可能だということを信じるだけでは満足しなかった。彼らはユートピアを経験し、そこに生きたいと願っていた。

それは学生たちによる一連の抗議と占拠から始まった。彼らが掲げたアジェンダは反消費主義、アナキズム、想像力の肯定など……学生たちはソルボンヌ大学を占拠し、いまやここは「人

民の大学」なのだと主張した。

　そこに労働者たちが合流した。当時フランス経済の至るところで山猫（ワイルドキャット）ストを起こしていた労働者たちが学生たちに加勢したのだ。参加者は最大で1,100万人——当時のフランス人口のほぼ4分の1にあたる巨大な数字だ。このストライキはフランス史上最大の規模で、2週間にわたって続いた。

　山猫ストで、労働者たちは警告なしに職場から立ち去った。多くの場合そこには組合の支援も承認もなかった。この意味においては彼らは「非公式」だった（ところでこの「山猫ストライキ行動」って最高の名称じゃない？）。山猫ストは合衆国では1935年以来（もちろん）違法とされていた。しかし1968年には、山猫ストは抵抗する労働者たちの主たる戦術になっていたのだ。

　労働者たちの要求はまっとうかつ構造的なものだった。彼らは仕事の仕組みと管理運営における変化を求めていた。それは革新的なアジェンダだった——より良い賃金と労働条件を求めるのではなく、政府とド・ゴール大統領を追い出し、自分たちで工場を経営する力を持とうという計画だった。労働組合のリーダーが最低賃金の3分の1にあたる賃上げ交渉を始めると、工場を占拠していた労働者たちは仕事に戻ることを拒否した。それではまだ足りなかった。それは裏切り（セルアウト）にほかならなかった。交渉が成立すると、組合員は自分たちのリーダーを裏切り者として扱いはじめた。

　「それは先進工業国の経済を麻痺させた史上最大のゼネストであり、史上初の自然発生的な山猫ゼネストだった。相次ぐ革命的占拠、そして直接民主制の萌芽。2週間近くにわたって国家権力はほぼ完全に崩壊していった。（略）以上がフランスで1968年5月に起きた運動の要点であり、それ自体がすでに本質的な勝利である」と、「ひとつの時代の始まり」と題された記

事は主張している（『アンテルナシオナル・シチュアシオニスト』12号［1969年9月］）。この記事は、1968年はそれまでのイデオロギーや古いやりかたへのあらゆる批判をひとつにまとめたと続ける。それは新しい世界だった——誰もがあらゆるところを家と思えるなら、財産という概念は不要になる。1968年の参加者たちがお互いに出会った自由で開かれた空間には、心からの対話、完全に自由な表現、同じ苦しみを共有する真のコミュニティがあった。

（!）

74〜75ページのスローガンを見てほしい。これらは1968年、パリで革命的なできごとが起こっていた最中に、グラフィティやシュプレヒコール、ポスターとして現れた。私には、これらが反逆的な集合意識を完璧に表しているように見える。それはまさしく体制側をいらつかせるような集団アクションだ。

自分にとっての完璧な詩がどんなものか説明しようとすると、私の頭にはこれらの言葉が浮かぶ。

これらは（a）集団的努力の成果、（b）コラージュの技法で作られた折衷的なもの、（c）作者不明、である。きわめて野心的で、既存の社会の根幹に疑問を突きつけているが、どれも個人的な野心を表した言葉ではない。これらのスローガンが発せられたのは、ただラディカルぶるためでもなければ、（今日のように）Tシャツを売るためでもなかったということに誰も異論はないだろう。そのすべての狂気と不可知性ゆえに、これらは革命の匂いを放っている。この精神は定量化できず、したがって売りさばかれることもない。

これらのスローガンを読んでもうひとつ心を打たれるのは、そのまとまりと一貫性だ。異なる作者たちによって生み出され

たはずの言葉も、まとまってひとつの頑丈な力強いアート作品に見える。誰かと共同でものを書くのがいかに難しいかは誰もが知るところだ。とりわけ大きな集団だった場合には。集団執筆（コレクティブ・ライティング）はときに、作者それぞれの芸術的感性を破壊してしまう。エンタテインメント産業によって作られた生気のないモンスターたちを見てみてよ。**1968年のスローガンの数々は、集合的な書きものにはそれとはまた別の、奇跡的なかたちがあるということを教えてくれる。自らの文化において革新的かつ詩的な変化を達成しようと本気で意識を集中させたとき、群衆は共同のストリートポエトリーを書きはじめるだろう。**

禁止すること禁止

想像力に欠ける者は
何が欠けているのかを
想像できない

政治は路上にあり

音楽は私の
ホット・ホット・
セックス

想像力に力を

収容所、刑務所、
その他の施設の
門を開けろ

禁止することを
禁止する

私は恒久的な
幸福状態を宣言する

横柄な態度は
新たな革命的武器

現実的であれ、
不可能を要求せよ

バリケードは
道路を閉ざすが、
道を開く

詩は路上にあり

ボスはきみが必要だが、
きみはボスを
必要としていない

幸せは買えない。
盗め

試験＝隷従、
社会的昇進、
階級社会

われわれは何も要求しない。
われわれは何も主張しない。
われわれは手に入れ、占拠する

これまで
教わってきたことは
すべて忘れよ。
夢見ることから
はじめよう

1968年のパリと関係ないスローガンを３つ見つけよ

退屈は反革命

すべての権力は
腐敗する

生きる権利を乞うな。
手に入れろ

行動は反応で
あってはならない。
創造であれ

絶対的権力は
絶対的に腐敗する

想像力は
贈りものではない。
それは獲得されなければ
ならない

我買う、
故に我あり

幸せは
新しいアイデア

人びと自らに
仕えさせよ

希望は
絶望からしか
生まれない

革命とは、
夢から現実への
活発な移行である

誰もが自分自身の
主人になれば、
いい主人を持てる

自由はすべての犯罪を
内包する犯罪。
それがわれわれの
最終兵器だ

敷石の下は
砂浜だ

現実主義者であれ、
不可能なことを
要求せよ

私を解放しないで
——自分でやるから

あなたの体は
戦場

尋問されたら、
質問で答えろ

答えは271ページ

1968年が大いに希望をもたらしたゆえに、その後の数年には革新的な理念の広がりを食い止めるできごとが世界中で起こった。政府の変化をいくつか見るだけでも……ニクソンはこの年大統領に選出され、1972年に再選。1973年にはチリのアジェンデ大統領の失脚と死があり、1976年にはアルゼンチンで右翼クーデターが勃発。1979年にはマーガレット・サッチャーが英首相に就任し、それ以降もレーガン（1980、1984）、ブッシュ父子（1988、2000、2004）、そしてご存じのとおりプーチン（2000、2012）、トランプ（2016）と続く。

　オーケー、ジャーナリストのクリス・ヘッジズは、あなたがいま開いているもしくはスマホで読んでいるこの本で、ニクソンはアメリカ合衆国最後のリベラル大統領だったと述べている（207ページ）。クリスが言っているのは、人々が圧力をかけない限り何も変わらないということだ。女性参政権運動家エメリン・パンクハーストもこの本でまったく同じことを指摘している（161ページ）。それは普遍的な事実なのだ。セザール・チャベスやドロレス・ウエルタ、またはマーティン・ルーサー・キング・ジュニア、W・E・B・デュボイス、マーガレット・サンガーに聞いてみるといい。

　圧力には継続的な点検が必要となる。なぜなら権力者たちは強大で、負けることに慣れていないからだ。たとえ社会が良い方に変わってきたのだとしても——その多くは1968年のおかげだ（人種差別は違法となり、投票権は守られ、言論の自由は法制化された）——1868年頃の（正確には奴隷解放宣言を目前に控えた1862年の）社会へ戻ろうという回帰運動は勢いを増している。

　これこそが、50年の時を経てなお、私たちが1968年のことを覚えておかなければならない理由だ。一度手に入れたものがずっと保証され続けるとは限らない。

1968年に獲得されて以来ずっと影響を及ぼし続けているのは、世界中に広がった、もし政府が聞く耳を持たないのなら、人々にはその声が聞き入れられるようにする権利と義務があるという信念だった。 それはパリで起こった。プラハの春のチェコスロバキアで起こった。人々は路上に出て自分たちの政府の改革を支援し、ソビエト連邦は大々的な侵攻をおこなった。それはアメリカ各地の大学のキャンパスでベトナム戦争への抗議として起こった。シカゴでは民主党全国大会に合わせたデモを沈静化するために警察と州兵が送り込まれた。それは東京で、ベルリンで、メキシコシティで起こった。状況は変わっているかもしれない。それでもまだ世界は1968年がそうだったような潜在的な可能性を秘めている。あとは火をつけるだけ……。

政府をびびらせろ

権力者たちは恐怖のうちに生きなければならない。人々への恐怖のうちに。本章のメインキャラクターはこちら──権力、勇気、笑い、喜び、信念、リスク。加えてもしかすると、インスピレーション、公正さ、苦闘、異端者、魔女、尊厳、信頼、仮面、いたずら。

120年前に遡って考えてみましょう。この国の労働者たちが週7日、毎日14時間働かされていた頃。（略）子どもたちのことを考えてみましょう──まだほんの10歳か11歳の子どもたちが工場で指を失っていたとき、この国の働く人々はなんと言ったのか。申し訳ないが、私たちは人間だ。積み荷を運ぶ家畜ではない。私たちは労働組合を結成して契約交渉をおこなう。

──バーニー・サンダース
カリフォルニア州カーソンでのスピーチより
2016年5月17日

だからこそ、ニューディール政策が実現したのは、高いところから下々に富を手渡す気前のいいエリートたちだけのおかげではなく、そうしたエリートたちが下からの大きな圧力を受けていたからでもあると覚えておくことが重要なのだ。

●言葉
体制に疑問を突きつけろ

あなたの仕事は厄介な質問をすることだ。

ソクラテスはそれをやった。彼は奇妙なヒゲをはやして、街角で人々に「人生とは何だ？　尊厳とは？　愛とは？」と尋ねてまわった。しごく真っ当な問いにもかかわらず、政府はソクラテスがそうした行動をとることを許しておきはしなかった。**政府が思索と呼ばれるこの種の危険な反体制的行動を承認することはめったにない。**誰かが自由人のようにふるまうと、政府はいつも疑いの目を向けてくる。ソクラテスは死刑宣告を受け、強制的に毒を飲まされることとなった。

シンプルな問いかけには力がある。親愛なる大統領様、あなたがそんなに力を持っていてお金持ちで賢いのだとしたら、なぜあなたの国の人々は貧しい生活をしているんですか？　どうして私の故郷の町の雪は黒いんですか？　環境汚染について報道したジャーナリストたちが殴り殺されるのは妥当なんですか？

彼らが目指しているのは、現在の体制を維持するのがいちばん自分のためになるとあなたに信じさせることだ。あなたが目指しているのは彼らを怖がらせること。彼らの手にあるもの——権力、資本、自然資源の管理権——を、あなたと分かち合わせよう。

エリートたちは抵抗を喜ばず、怒りと復讐で反応する。彼らのルールを受け入れないことによって、私たちは向こうがこっちに仕掛けてくる復讐よりもっと大きなダメージを彼らにくらわせる。なぜなら、あなたの身近な人たちみんなが、王様は裸だと気づきはじめるのだから。

私たちは政府に盗まれた言葉と理想を取り戻さなければならない。政府の関係者は自分たちこそ「真の愛国者」だと主張するけれど、彼らは嘘をつき、ズルをし、盗みをはたらく。宗教を大事にしていると主張しながら、あらゆる戒律を破る。国民を代表していると言うけれど、自分たちの富のことしか気にかけていない。彼らは審判し、糾弾し、殺人をおこなう。「たとえあらゆる国家的象徴を掲げていようと、専制政治は 愛 国 (パトリオティズム)とは違うのだと考えることが重要です」と歴史家でイェール大学教授のティモシー・スナイダーは言う。

　プッシー・ライオットが政治的パンクをやりはじめたのは、私たちの国家システムが硬直化していて、閉鎖的で、同族集団によって支配されていたからだ。ロシアでは、現在、政策の大部分が一握りの役人に関係する限られた企業の利権に左右されている。そうした空気が私たちを傷つけ、まるで皮膚を剥がれたかのように感じてしまうほどだ。

　私たちが求めていたものは本当の誠実さと単純さであり、私たちはそれらを自分たちのパンクのパフォーマンスに見出した。情熱、率直、そして純朴は、偽善や欺瞞や見せかけの謙遜に勝る。人生があなたをどこへ導こうとも、子どもじみたアナーキーな自由を手放してはならない。行き先がストリートでも、埃っぽい監獄の独房でも、その自由を連れてゆけ。ユーモア、悪ふざけ、不適切は真実に到達するのに良い手立てになる。真実にはさまざまな側面があり、さまざまな人々がそれを主張するだろう。**政府版の真実を疑い、あなた自身の真実を語れ。そしてできることなら、その結果なんて気にするな。**

●行動
赤ちゃん言葉 (ベビートーク) はお断り

　自分たちの周りを見回してみても、自己犠牲をいとわず、謙

虚でいて、なおかつ攻撃的に闘おうとする意志はちっとも見当たらなかった。こうした極端で相反する状態の組み合わせが存在しなかったら、人間はサナダムシとたいして変わらなくなってしまうだろう。私たちはアート界を検証した。そこになら狂気と純粋性の追求があるはずだと期待していたのだ。私たちが見つけたのは、快適な生活を送っているだけの大勢の人々だった。彼らは真のボヘミアンにならずにボヘミアンぶることのほかに何をすればいいかさっぱりわかってなかった（真のボヘミアン性がその人の内面の異議、苦悩、現実認知の鋭さで測られるものだとした場合の話）。

　それが存在しないのなら、自分たちがアートの世界に求めていたものにほんの少しでも似ている何かを自分たちで創り出そうとするまでだ。

　以下はプッシー・ライオット最初期のアクションの例である。

ホワイトハウス襲撃　2008年11月７日
場所：ロシアのホワイトハウス〔ベールイ・ドーム。ロシア連邦行政庁舎・首相官邸〕
投射された骸骨の大きさ：60×40メートル

　ロシアにもホワイトハウスがある。それはモスクワ川のほとりに建っている。2008年、当時首相だったプーチンはホワイトハウスに、つまりロシア政府の中枢に力をふるっていた。私たちは目標を設定した。革命記念日の11月７日、60×40メートルの巨大な海賊旗を、レーザー砲でホワイトハウスに投射する。それから私たち一団は、高さ６メートルのフェンスをよじ登ってホワイトハウスを急襲する。

　私たちは３秒で車の下に転がり込んで警察から逃れるやりかたを覚えた。逃走中に大型ゴミ収集箱に飛び込み、一瞬にしてゴミの中に隠れることもできた。私たちはいつでも不測の事態

に備えていた。官邸を囲む6メートルのフェンスをよじ登れば、高圧電流でしびれてしまうかもしれないのだ。

予行演習の8時間ほど前になって、参加者のほとんどが怖気づいていた。下痢を起こす人がいれば、生理になった人もいた。泥酔している人もいた。意気地なしたちに代わる誰かを見つけなければならなかった。私たちはいくつかのグループに分かれて街中を探しはじめた。

私は現代美術を教えるロトチェンコ写真・マルチメディア学校の学生たちに頼むことにした。この学校に行くのはそのときがはじめてだった。私は階段でお茶を飲んでいる学生たちに近づいた。

「今日私たちと一緒にホワイトハウスを襲撃しにいかない？」

「何をすればいいの？」

「ホワイトハウスに行って、髑髏印を投射し、それからフェンスをよじ登って越えるの」

「それって当局の許可は得てるの？」と、ある女子学生が尋ねた。

「もちろん得てない。そこが重要なところ」

学生たちは沈黙したまま、お茶をちびちび飲み続けた。私はコートをさっと羽織ってドアの方へ向かった。

「一緒に行くよ。いつどこで待ち合わせればいい？」と、ひとりの学生が突然私に近寄ってきて言った。弾んだ足どりは野生動物のそれのようで、彼に肉体的な鍛錬とスタミナがあることを示していた。

「ついてきて」

私たちはロトチェンコ美術学校を後にした。私はローマという名のこの青年とホワイトハウスへ向かった。その夜、私たちは彼に「ボマー」という新しい名前を与えた。彼はあの夜に高さ6メートルのフェンスを越えた3人のうちのひとりで、首相

官邸の敷地をダッシュで横切ったのち、首尾よくモスクワの中庭と広場のどこかに消えた。

　朝の4時、ホワイトハウスの暗い外壁（キャンバス）には、モスクワ川の対岸正面にあるホテル・ウクライナの屋上から発せられた緑の光線があふれ、髑髏印が浮かび上がった。突撃隊は首相官邸のポーチを横切り、6メートルの高さから飛び降りて、現場から逃走した。

　数分後、がっしりした政府の警備員たちがホワイトハウスの敷地に現れ、長距離照射サーチライトで周辺を捜し回る様は、まるで何十本もの光の柱が建物周辺を動き回っているかのように見えた。

ファシストレストラン「オプリーチニク」の閉店　2008年12月
場所：プーチン支持の超保守系ジャーナリスト、ミハイル・レオンティエフが所有するモスクワのレストラン「オプリーチニク」

　オプリーチニクというレストランがモスクワで開店した。私たちはすぐさま、金属板を正面ドアに溶接してこの店を閉店させるという目標を定めた。どうしてか？

　16世紀のこと、イワン雷帝はロシアで自らの政策を前に進めるためにオプリーチニナ制を利用した。すなわち彼は政敵を刺し、叩き切り、首をくくり、熱湯を注ぎかけたのだ。イワンと彼のオプリーチニクたちは熱々のフライパン、オーブン、トング、ロープを使った。この恐怖政治がオプリーチニナと呼ばれる。ロシアにおいてレストランをオプリーチニクと呼ぶことは、ドイツでナイトクラブにアウシュヴィッツと名付けるようなものなのだ。

　私たちは戦車が散らばるモスクワのヴィクトリー公園の裏通りでドアを溶接する練習をした。12月の凍えるような空の下、ガレージと雪の吹き溜まりで、何人かの人々が日に日に溶接技

術を習得していった。

　私たちアクティビスト集団は二手に分かれた。

　ひとつめは工場労働者たち。私たちは肉体労働を担当した——山ほどの金属を見つけてきて、レストランのドアに溶接する。さまざまな市民たちがいた——アナキスト、社会民主主義者、フェミニスト、トランスジェンダーの権利の支持者、ただ単純にウラジーミル・プーチンへのいらだちを共有している人々など。数年後にわかったのだけれど、奇妙なことに、これら反プーチン活動家のうちのひとりは実のところ超保守派で、彼はプーチンが十分にタフではないと考えて不満を抱いていたのだった。まあ、そんなことも起こる。

　グループのもう半分はおとり担当だ。彼らの役目はレストランに入って酔っぱらいの集団を演じ、警備係の注意を引くこと。このアクションは12月の終わり、大晦日近くに予定されていたから、おとり部隊はバニーガールや子猫ちゃんやサンタクロースの仮装をしていた。私たちは歌の練習をした。溶接作業が始まったときに仲間が合唱する歌だ。すごい大声で歌わねばならなかった。そうでなければ警備係が溶接の音に気づいて止めに来るだろうから。

　最終的にアクティビストがもうひとり参加することになった。モスクワのLGBTQプライドのオーガナイザーとして有名な彼は、レストラン付近の道の角に立ち、通りがかった人たちにLGBTQの権利についてのステッカーを手渡す。秘密警察あるいはそれほど秘密でもない警察の注意をそらすことが彼の任務だった。

　そして、そう、私たちはやり遂げた。まんまとあの恥に満ちたレストランを閉店させることに成功したのだ。アクションから数時間経って、夜になってから私たちは現場に戻った。彼らが溶接された金属板を剥がしてドアを開けようと奮闘している

ところをひと目見に。

　現在レストランは完全撤退している。ときどき私はあの通り
を歩いて、閉店には私たちのアクションが関係していたのだろ
うか、それとも別の理由があったのだろうかと思いを巡らせる。

アート・イン・アクション

　都市空間はアートの展示会場として著しく過小評価されてい
る。地下鉄、トロリーバス、商店、赤の広場。こんなにカラフ
ルで絵になるステージがほかにある？

　プッシー・ライオットは公共の交通機関を巡るツアーでデビ
ューした。公共交通機関でパフォーマンスをするのに最適の時
間帯は朝と夕方のラッシュアワーだということを発見した。私
たちはソビエト地下鉄のアーチの下とトロリーバスの上で演奏
した。機材（ギター、マイクスタンド、アンプ）を全部背負っ
て、地下鉄の駅と駅のあいだの電球を交換するために設置され
た足場をよじ登った。

　曲の途中で私が枕を引き裂くと、地下鉄駅構内に羽根が降り
注ぎ、それから電車が地下のトンネルを通るたびに生まれる空
気の流れによって何度もふわりと舞い上がった。私は色とりど
りの紙吹雪が詰まったクラッカーをパンツから引っ張り出し
（演奏を止めてバックパックの中をあさるのでなく、ライブ中
にさっと取り出さなくちゃならないんだから、ほかにしまって
おけるところなんてある？）、紐を引いた。カラーホイルと紙
片の層が呆然とした通行人たちを覆い、彼らは携帯の録画ボタ
ンを押して私たちを指差した。

　たいていのライブは、私たちが足場を降りて拘束されたとこ
ろで終演を迎えた。

　警察署内での私たちの見た目はとにかく異質だった。派手な
色をしたびりびりのパンストに白い編み上げのドクターマーチ

ンという格好で、巨大なハイキング用バックパックからはケーブルの束が突き出ていた。退屈した警官たちは机を離れて私たちを眺めにやってきた。

　あるとき私たちが「プーチンは小便を漏らした」を練習していると、スピーカーが燃えて煙を出しはじめた。それはまるで彼が本当に小便を漏らしたという天からの報せのようだった。

プーチンは小便を漏らした

反逆者たちの隊列がクレムリンへと向かう

FSB〔ロシア連邦保安局〕の窓は爆発する

赤い壁のうしろでクソ野郎どもが小便を漏らす

暴動は要求する、すべてのシステムを断ち切れ！

男性的ヒステリー文化への不満

野蛮な指導者主義（ヴォジュディズム）は人民の脳を壊す

ペニスを硬くした正教

服従を呑み込めと迫られる患者たち

路上に出ろ

赤の広場に生きろ

自由を見せろ

市民の怒りの自由を

くたばれセクシスト

　2011年の11月と12月、私たちは反魅惑ライブツアー「くたばれセクシスト、くたばれ順応主義者（アンチグラマー）」に出た。私たちは金持ちのプーチン支持者と順応主義者が集まるところ、たとえばジャガー自動車の屋上、バーのテーブル、高価な服と毛皮の販売店、ファッションショー、カクテルパーティなどでパフォーマンス

した。演奏したのは1曲だけだった。なぜなら逮捕されるまでに1曲分の時間しかなかったからだ。それは「クロポトキン・ウォッカ（Kropotkin Vodka）」と呼ばれる曲で、ロシアにクーデターをというかけ声が入っている。「クロポトキン・ウォッカが胃でちゃぷちゃぷ／あんたはいい気分、だがクレムリンのクソ野郎どもは違う／野外便所の反乱だ、汚染は死に至る」と私たちは歌った。

前回のパフォーマンスでは古い羽根枕を引き裂いたが、このときは小麦粉を使うことにした。女性たちが毎日接しているもの、日常生活のかけらをパフォーマンスで反復するという狙いだった。私たちは小麦粉で武装してファッションショーへ向かった。入り込むのは簡単ではなかった。ショーは招待制で、観客の中には保守派でプーチン支持のアート界のエリートたちがいた。

「BBCラジオの取材班です」と警備員に言った。私たちは緊張した面持ちのまま、軽快な足どりで部屋に入り込んだ。痩せた、脚の長い若い女性たちが、美しい体をカーテンで巻かれてキャットウォークを出たり入ったりしている。

ステージによじ登ると私たちは演奏を始めた。

「くたばれセクシスト、くたばれプーチン主義者！」私たちは叫んだ。

モデルたちは部屋の隅で身を寄せ合っている。私たちは小麦粉の袋を掴むと、その中身を空中へ放り投げた。白い小麦粉がステージじゅうに広がった。突然、何かが爆発した。マシンガンが火を吹いた。風船が騒々しくはじけ、私たちは火柱に囲まれた。私たちのバラクラバは煙でいぶられた。熱かった。私たちはすべてを捨てて逃走することはできなかった。ファッションショーで演奏するチャンスはこの先もう二度とないだろうから。

空中の小麦粉はかなり引火性が高く、それが火災の原因だと知ったのは後になってからだった。ファッションショーのキャ

ットウォークはロウソクに囲まれており、放り投げた小麦粉に引火したのだった。しかし、小麦粉が燃えた原因を気にしている暇はなかった。私たちはすでに次のパフォーマンスへ向かっていたからだ。

「監獄に死を、抗議に自由を！」　2011年12月14日
場所：モスクワ第一拘置所

　大規模な反プーチン抗議活動のあとに警察が同志のアクティビスト1,300人を逮捕し、私たちはものすごく頭にきていた。私たちの親戚、友人、仲間たちは収容施設に入れられた。怒っている状態が常に悪いというわけではない——怒りはやる気を起こさせる。私たちは1日で曲を書き上げ、急いで練習を始めた。翌日、私たちは収容施設へ向かった。

　私たちは「監獄に死を、抗議に自由を！（Death to Prison, Freedom to Protests!）」を演奏するべく収容施設の屋根の上に現れた。政治犯たちのためのライブだ。

　会場に着くと、機動隊バス、交通警察バス、私服警官たちを乗せた車が収容施設を取り囲んでいた。それでも私たちはパフォーマンスの続行を決めた。この拘置所ライブではプッシー・ライオットの新メンバー、戦闘的フェミニストのセラフィマがデビューを飾った。

　「警官がいようがいまいがやるしかない」と、彼女は即座に言った。

　「抗議に自由を！」の旗を取り出して、収容施設をぐるりと囲む鉄条網の上に広げた。私たちは施設の屋根によじ登った。驚いた職員たちが窓から身を乗り出す。これまでこの場所でライブが催されたことはなかったようだ。警官が背後の庭から私たちに近づいてきて、降りるよう要求してきた。数人の私服警官が同じ方向からやってきて、成り行きをカメラで撮影した。

　私たちが「監獄に死を、抗議に自由を！　政治犯を釈放しろ！」と合唱するうちに、いつのまにか受刑者たちがそれぞれの監房の窓から外を覗いていた。彼らはすぐに私たちのスローガンを覚え、収容施設は彼らの叫びで震えた。鉄格子が震えた──囚人たちが素手でガタガタ音を鳴らしていたのだ。曲が「警官どもは自由に仕えよ（略）マシンガンはすべて没収だ」のところまで来ると、ふたりの警官は屋内に戻ってゆき、いらついた様子で背中のドアを閉めた。

　パフォーマンスは終わりに近づき、私たちは「プーチンを石鹸にしろ！」、そして「連帯する人民は決して負けない！」と歌った。歌い終えると魔法の折りたたみ梯子を使って穏やかに屋根から降り、近くの街路に身を隠した。ビデオカメラを持っていた警官たちは最寄りの店でドーナツを買うために持ち場を離れたようだった。私たちは静かにその場を去った。

●ヒーロー
マーティン・ルーサー・キング・ジュニア

　政府をびびらせるのに武力はいらない。マーティン・ルーサー・キング・ジュニアは、1955年のアラバマ州モンゴメリーでのバス・ボイコットを皮切りに公民権運動を率いた。この件で最高裁は公共交通機関での人種分離に違憲判決を出し、彼は1968年に暗殺されてしまうまで、世の中を変えるために平和に

闘い続けた。

　ニーナ・シモンはキングが殺された後にこう歌った。

　　かつてこの地球に
　　いやしい生まれの男がいた
　　仲間のために愛と自由を説いた

　　平等を目指して
　　あなたと私、みんなのために
　　愛と善意に満ちて、憎しみは退けて

　　彼は乱暴な男じゃなかった
　　ねえ、わかるなら教えて
　　なぜ、なぜ彼は撃ち殺されてしまったの？

　キングのリーダーシップについての信条は、1963年、ひとき
わ厳しい人種分離が実施されていたアラバマシティで抗議活動
をおこなって投獄された際に書かれた「バーミンガム刑務所か
らの手紙」に詳しい。キングは彼のアクションを批判した白人
聖職者に返信を書いた。彼はそこにいて、書いた。なぜならそ
こに不正があったから。「私はアトランタでのんびりしてはい
られませんでした。バーミンガムで起こっていることを心配せ
ずにはいられませんでした。いかなる場所での不正も、すべて
の正義を脅かすものです。私たちは逃れることのできない相互
関係のネットワークに囚われており、ひとつながりの運命に縛
られています。ひとりの人間に直接影響することは、間接的に
あらゆる人々に影響するのです」

　キングは神に仕える牧師であり、実際に聖書の教えに従った。
「弱者を虐げる者は造り主を嘲る。造り主を尊ぶ人は乏しい人

を憐れむ」箴言14章31節。「自分はちゃんとやっている」と気分がよくなるためだけに教会に通う人がなんとたくさんいることか。キングにとって、最悪の敵はクー・クラックス・クランではなく、正義より秩序を好む白人の穏健派たちだった。彼が書いたところによれば、南部教会は彼の信念を支援せず、現状を肯定していた。原始教会の信者たちは身を捧げる覚悟があったものだが、キングの周りには彼の信念に続く支援者はいないも同然だった。

　ベーシックインカムの保障を求めた1968年の呼びかけで、キングはレイシズム、貧困、軍国主義、物質主義を私たちの主な敵として名指し、「社会そのものの再構築こそが向き合うべき真の課題である」と論じた。

　この刑務所からの手紙で、キングはなぜ自分が非暴力の直接行動を求めるのかを説明している。それはあちら側に交渉の席につかせるための緊張を創り出すやりかただ。「特権集団がその特権を自らすすんで手放すことが滅多にないということは歴史的事実です」と彼は記した。非暴力的に彼らがやるよう仕向けることは、弱さを示すものではなく、強さの表明である。キングはあきらかに待ちくたびれていた。繰り返されるリンチ、憎しみでいっぱいの警官による黒人の兄弟姉妹の殺害、2,000万人のアフリカ系アメリカ人たちが貧しく暮らしていること、モーテルに受け入れ拒否されて車で眠ることにうんざりだったのだ。

　キングは過激派と呼ばれた。使徒パウロは過激派ではなかったか、とキングはこれに応えて言った。アモスだって、ジョン・バニヤンだってエイブラハム・リンカンだって、トーマス・ジェファーソンだってそうじゃないか。あのイエス・キリストだって「愛、真実、善を求める過激派です」。

　1963年以降、キングと彼の南部キリスト教指導者会議はアク

ションと成功の大旋風に参与した。この年があのワシントン大行進であり、キングはあの「私には夢がある」スピーチをした。公民権法が1964年に、投票権法が1965年に可決した。もしキングがいなかったらこれらは可決されていただろうか。それから彼は39歳で凶弾に倒れるまでベトナム戦争を激しく非難し、経済的正義の信念を主張し続けた。

　もし彼が今日まで生きていたらいったいどんなことを成し遂げていただろう。キングに率いられた人種的、社会的、経済的正義のための包括的な運動は山をも動かしたことだろう。いや、待って。彼は山を動かしたのだ。キングは死してなお山を動かし続けている。地球上の至るところにいる彼の信奉者たちを通じて。

THERE ARE MANY MORE OF US THAN YOU

アート罪を犯せ

アートの魔法はあなたの声を高め、増幅させる。それはとき
に文字どおりマイクとスピーカーを通して起こる。アートは
奇跡製造機。アートはオルタナティヴな現実の可能性を開く。
それは私たちが政治的想像力のたび重なる失敗と危機に直面
しているとき、ひときわ頼りになる。

新たな熟慮の結果、ものごとは芸術家の先導で進むべきで
あり、次に科学者、そしてこれらふたつの階級の後に実業
家が続くべきだということが証明されました。
　　　　　　　　　　　　　──アンリ・ド・サン＝シモン
　　　　　「アンリ・ド・サン＝シモンから陪審員諸氏への手紙」

あらゆる革新的な仕事は演劇的である。
　　　　　　　　　　　　──アレクサンドラ・コロンタイ

私たちは私たち自身をひとつの芸術作品として創造しなけ
ればならない。
　　　　　　　　　──ミシェル・フーコー「倫理 主体性と真理」

●言葉

誰かがプッシー・ライオットを語る際にはたいてい見過ごさ

れているけれど、私たちは何よりもまずアート狂^(ナード)である。私た
ちにとって1980年代から90年代にかけてのモスクワ・コンセプ
チュアリズムとロシアン・アクショニズムからの影響は重要だ。
　私たちお気に入りの90年代のアーティストに、最高の暴れん
坊オレグ・クーリクがいる。モスクワじゅうを裸で走り回り、
犬のように吠え人々に噛みついたことで知られる彼は、2012年
の私たちの裁判でとてつもなくあたたかい言葉を述べてくれた。
ロシアのコンセプチュアルアーティストたちからの支援は、私
たちにとってすごく重要だった。彼らは言ってみれば私たちを
生み育てた家族なのだから。
　クーリクはアートと政治の相互関係の重要性について正当な
意見を述べた。クーリクはプッシー・ライオットがいかにロシ
アの政治的アーティストの偉大なる伝統に共振し、そこに根ざ
しているのかを説明した。彼は例としてワルワーラ・ステパー
ノワ（1894-1958）を挙げた。彼女はロシア構成主義運動や偉
大な画家カジミール・マレーヴィチ（1879-1935）や革命的建
築家ウラジーミル・タトリンとも縁のあるフォトグラファー／
グラフィックデザイナー／アーティスト／舞台デザイナーであ
る。プッシー・ライオット自身も何をやっているのか問われた
際に90年代のアーティストたちを引き合いに出したが、クーリ
クは、たとえ政治は常に変化していようともアートは常にアー
トであり続けるだろうと述べた。
　プッシー・ライオットの裁判に奇跡的なまでの支援が集まっ
た理由としては、おそらくアートが大きかったのだろう。アー
トは既存の境界線を越えて、説明不可能なことについて語る。
《パンク・プレイヤー》が何を言っているのかを理解し、地球
の反対側のロシアに住む女の子たちに共感するために、ロシア
語やロシア政治に通じている必要は一切ない。アートはつなげ
るものだ。私は嗅ぎつける。アート、とりわけプロテストアー

トは国際的なアクティビスト運動、人々がおこなう運動の原動力となり、連帯を促す重要な力となり得るのだ。

政治的で芸術的な動物としての人間

　プッシー・ライオットの活動はアートなのか、それとも政治なのか？　私たちにとってそれはひとつの同じものだ。アートと政治は切り離せない。私たちはアートを政治的にするのと同時にアートを発展させてゆくことで政治を豊かなものにしようとしている。

　あらゆる問題の解決はまずアートを通じて試みよ、それでだめなら自分にできるあらゆる手段で取りかかれ。アートは最良の薬である——個人にとっても社会にとっても。

　反政府パンクスにテクニックはないかもしれない。だがたとえ音楽が技術的にてんでだめな場合でさえも、私たちの衝動のいかれた純粋性は失われない。生きとし生ける者はそのにおいを嗅ぎつける。そして、パンクのふるまいを信じるだろう。それに触発されて彼らはやる気を出すのだ。**だからもしあなたがパンクバンドまたはアートコレクティブを結成しようと考えているのなら、技術の未熟さを理由にやめてしまっては絶対にだめ。**衝動、エネルギー、意欲こそ何より貴重なものなのだ。

（!）

　人はプッシー・ライオットに「あなたがたが最初にアートと政治を結びつけることにしたのはいつ、そしてなぜですか？」と尋ねてくる。だが、彼らがアートと政治を、アートとアクティビズムを切り離すことにしたのはいつ、そしてなぜなのだろう？

　「アートとしてのアートはあるひとつの真実を、ひとつの経

験を、ひとつの必要性を表現しているようであり、それらはたとえ革新の実践の領域内にはなくとも、革命の必要不可欠な構成要素ではある」。ヘルベルト・マルクーゼの『美的次元』(1978)は、アートが本来持っている革新的変容促進性についての理論的な詩である。私たちはどうすれば社会的存在が疎外され、真正性が希薄になり、人間が単なるモノのように扱われる状況を突破できるのだろう？ どうすれば人間の自己実現を妨げる物象化や抑圧的な社会に対する革新的応答が可能になるのだろう？

　アートは革新的主観性を生み出す助けとなる。それはあらゆる政治的変容において鍵となる要素だ。アートは人々を機械化しようとする力や、人間をショッピングモールの店棚に置かれるべき取扱説明書を要するモノと見做す力と闘うための領域だ。

　私にはアートと政治関与を切り離す意味がちっともわからない。それはもしかしたら私がずっとアヴァンギャルドに恋しているからかもしれない。私は政治とアートが有機的に結びついていた時代、20世紀初頭からやってきた女の子なのだ。

　当時アーティストたちが探求していたのは、表現における原初的で、前キリスト教的で、異教的で、有機的で、シンプルな形態と手段だった。新しい方法論はアート界での地殻変動だけではなく、社会空間において大爆発を起こすことをも目指していた。集合的意識が大きく移り変わる転換期にあって、アーティストたちはその変化の前衛（アヴァンギャルド）に立ちたいと願ったのだ。装飾家ではなく革命家としてのアーティスト、当時それはいたって標準的なありかただった。**「哲学者たちはこれまで、世界をさまざまに解釈したにすぎない。肝心なのは、世界を変革することである」**と、マルクスが言ったように。

　「われわれはみな革命家だった」と、20世紀初頭にその奇抜で衝撃的なバレエ公演『ロシアの季節』によって世界を席巻したセルゲイ・ディアギレフは言った。「私が色や音楽以外のも

098

ので革命家にならなかったのはちょっとしためぐり合わせにすぎない」

　ロシアが世界と手を結ぶのであれば、それは原子力や戦車やトランプとルペンへの資金提供によってではなく、アートという手段によってなされるべきだ。**ロシアを象徴するものはプーチンではなくカジミール・マレーヴィチの《黒の正方形》でなければならない。**

(!)

　アートを作り、体験することによって、私たちは素のままの自由、むき出しの勇気、無邪気の感覚に立ち返り、大胆不敵にふるまえるようになる。子ども時代に持っていた素朴な創造性といたずらっぽい探究心がよみがえる。疲れきっていらついた孤独な警官たちはアートを通じてこの魔法の遊び場に戻る機会を得る。ウェイトレスの仕事を掛け持ちして毎月の生活費を必死に稼いでいる女性もその機会を得るだろう。これからさらに12年の懲役に服す収監者もだ。彼女は友達や親類から見捨てられ、死体同然の扱いを受けていたけれど、パンとトイレットペーパーからアートを作ることで喜びと希望を見出した。

　アートこそ人間が探し求めてきた魔法の杖であり、私たちはそれを使って言語や国境、国籍、ジェンダー、社会的立場、イデオロギーを超越することができるのだ。

　アートは世界で最も価値のある資本をもたらし、私たちを高みに引き上げる。それはすなわち動物的で政治的で社会的な人間存在の核心について物議を醸す問いを投げかける権利と自信のことだ。

　驚きは自由、事故は自由。つまり、アートは自由。

　アートはそれに関わる者がほかの誰でもない独自の存在であ

ることを許すが、アートの本質は私たちに、人間社会のアイデ
アやシンボル、感情、時代の趨勢、アーキタイプを感知しなが
ら、世界と密接につながり続けることを求める。私たちは同じ
場所に立っているが、かといって顔のない群衆ではないのだ。

　アートが絶望に打ちひしがれた人々に希望と意味を与える場
面を私は何度も見てきた。シベリア刑務所ロックバンドで演奏
したあの瞬間が私にとっていかに尊いものだったか。アートは
無気力と服従の世界からあなたを盗み出し、生き返らせる。「な
ぜ生きるのかを知っている者は、ほぼすべての生きかたに耐え
得るのだ」とニーチェは言った。

アートと政治を組み合わせる方法

抗議行動には百万通りのやりかたがある。

キス・イン：同性愛ないしはクィアな関係にある人々が公
　　共の場でキスすることによって自分たちの性的指向を示
　　す抗議の方法。

ダイ・イン：参加者たちが死んでいるふりをする抗議の方法。
　　この手法は動物の権利擁護活動、反戦運動、人権運動、
　　銃規制運動、環境運動などで使われている。

ベッド・イン：ベッド上での抗議活動。最も有名なものは
　　オノ・ヨーコとジョン・レノンによって1969年にアムス
　　テルダムでおこなわれた。彼らはベッドに横たわりなが
　　らベトナム戦争反対を訴えた。

自動車キャラバン＆バイク・キャラバン：たくさんのシン
　　ボルやポスター、そして騒音とともに都市を移動する自
　　動車／バイクの集団のこと。ロシアでは、高級役人を乗
　　せた自動車を通すための道路封鎖とフラッシュライトの

使いすぎに抗議するブルーバケツ運動で使われた。

塗り直し（リペインティング）：1991年、チェコの彫刻家ダヴィッド・チェルニ

　　ーはソ連の戦車IS-2タンクをピンクに塗った。

置き換え（リプレイシング）：ショーウィンドウに置かれている「普通の」マ

　　ネキンを「異常な」マネキンと入れ替える。

万　置　き（ショップドロッピング）：あなたのものをこっそり商店に置いてゆく。

上司からのくだらない命令を拒否し、笑いで応答する

警官や警備員による権力の濫用への応答として笑う

裁判に抗議するために笑う

（権力をバカにするのは民主化のための最良の手段のひと

つ。私たちはそれを笑いのメソッドと呼ぶ）

....

....

....

（このリストに自分のやりかたを加えよう）

　　人々の生を意義に満ちたものにするために、アートは市場に
則した形態のものばかりであってはならない。けれども現在は
ほとんどがそうなっている。市場は――そもそもの定義からして
――閉鎖的で、排他的な経験を生み出す。アートはみんなの
ものだ。私たちは路上で、公共空間で、もっとたくさんのアー
トを作り出せるようになるべきだ。私たちには望めば誰でも無
料で作品制作ができる公共アートセンターが必要だ。そんなの
はユートピアだと思うかもしれないが、1980年代から1990年代
のスウェーデンを見てみてほしい。彼らには公共の文化施設が
あり、誰もが立ち寄って、そう、ギターの弾きかたを習ったり
することができたのだ。

（第4の）壁を破壊せよ

どうしたらアーティストとオーディエンスを隔てる第4の壁を壊すことができるのだろうか。

第4の壁を壊すのは健康的で良いことだ。それは真のホスピタリティのしるしであり、ともに考え創造することへの招待状だ。**あなたのオーディエンスを信じ、自分と等しい存在として接すること。招待客をひとり残らず旅に、調査に、会話に参加させよ。**彼らもまたアートの一部であるのだ。

「私が驚かされるのは、この社会において、アートが個人あるいは人生とは関係のない、ただただ物品にまつわる何かになってしまっているという事実です」と、ミシェル・フーコーは言った。「まるでアートは専門的なもの、あるいはアーティストという専門家によってなされたものだとでもいうように。けれども、誰であろうと一人ひとりの人生がそれぞれアート作品になり得るのではないでしょうか？ ランプやら家やらがひとつのアートになるというのに、私たちの人生はそうでないなんてことがあるでしょうか？」

自身の芸術的責任をオーディエンスと分かち合うこと。それは政治演劇である。この残酷劇にただの傍観者はひとりとしていない。**あなたはスペクタクルを社会に変えることで、スペクタクル社会を破壊しているのだ。**オーディエンスはあなたに感謝するだろう。彼らもまたエンタテインメント産業に強制給餌されるのにうんざりしているのだ。彼らは責任を分かち合いたいと思っている。自由は圧力を通じてこそ育つのだから、彼らに圧力を与えよ。彼らはあなたの一団に入りたいのだ。

私たちはリアリティから切断されているかのように感じている。はたして私のちっぽけなアクションが何かを変えるなんてことがあり得るのだろうか？ もしアートを通じて5人ないし

は10人ほどの人たちを結びつけることができたら、もし彼ら自
身に力があるのだと信じさせることができたら、それこそ私が
手にする褒賞であり勝利なのだ。

(!)

　ギー・ドゥボール、ジャン=リュック・ゴダール、ベルトルト・
ブレヒトは、アクターとオーディエンスのあいだの壁を破壊し
得るアートのかたちを探し求めていた。彼らは、この壁を取り
除くことでオーディエンスを行動と批評に参加させられると考
えた。

　「ブルジョワの演劇芸術は効果の純然たる量化によって成り
立っている。公演の数字上の概観において、チケットの代金と
役者の涙や舞台装置の豪華さのあいだには量的な等しさが築か
れる」と、ロラン・バルトは『現代社会の神話』（1957）で記
している。この種のアートがオーディエンスに都合の悪い質問
を尋ねることはない。オーディエンスは心地よく感覚を麻痺さ
せるためにお金を支払っているのだ。

　「アートは現実を映す鏡ではない。アートは現実をかたちづ
くるハンマーだ」。これはベルトルト・ブレヒトの言葉。

　私は人の心を乱さないアートには興味がない。すごく正直に
言えば、それをアートと呼ぶことすらしないだろう。アートの
目指すところは現状の擁護ではない。アートは開発であり調査
である。**そもそも創造行為であるアートは変化であり、その変
化はアーティストとオーディエンスに等しく影響を及ぼすもの
なのだ。**

　政治的アートやミュージックビデオを制作することと、ほか
のあらゆる種類のアートを制作することに大差はない。わずか
な違いは次のとおり。

1. 諜報機関に一挙手一投足を監視されているのに気づく。
2. 自分が諜報機関に追われていると知ったうえで行動するようになる。
3. 正直な人間として、最初のミーティングの時点で制作に関わる全員にちゃんと警告しておかなくてはならない。（a）仕事をクビになる、（b）殴られる、（c）何年か刑務所に入ることになるかもしれないと。
4. 作品を発表したあとは、それが刑事事件化していないかニュースフィードを何気なくチェックする。
5. あなたの政治的芸術事業に携わったことで危険に晒される人がいたらいつでも助けられるよう用意しておかなければならない。

以上。たぶん。

ある祈り

超ひも理論が正しくて、私たち人間がみんな振動するひもでできているとしたら、音楽がこんなにも心に深く響くのにも納得がいく。かつて人間は固形物の塊だと考えられていたけれど、そうではないのだ。人間が単なるエネルギーのひもの集まりなのだとしたら——量子物理学はそう言っているわけだけど——私たちは共鳴するだろう。その振動を感じることができるのなら、あなたはアイデアと感情と現実認識を表現することができる。音楽とは祈りなのだ。

音楽はあなたを動物的な状態に近づける。リズムの鼓動はあなたの思考とヴィジョンをやすやすとエレガントにまとめ上げ、それらをよりインパクトの強い魅力的なものにする。私たちは魔法をでっち上げることはできない。魔法が自分たちに満ちるのに任せ、するとようやく魔法をかけられるようになり、とも

すれば絶大な効果を発揮するのだ。シャーマニズムとはつまりこういうこと。音楽の本質はこれまでも、そしてこれからもずっと祈りなのだ。

(!)

アインシュタインの2番目の妻エルサはかつて言った。「幼い少女だった私がアルベルトに恋したのは、彼がモーツァルトをバイオリンでそれは美しく奏でたからです。彼はピアノも弾きます。音楽は彼が理論について考えるのに役立ちました。彼は研究室に行き、帰ってくるとピアノでいくつかのコードを弾いて、何かを書き留めてまた研究室に戻るのです」

●行動
プッシー・ライオット教会

結果として2年間の懲役につながる犯罪を犯した日というと、何か特別な感じがするものだと思うかもしれない。けれども実際、私はその日、呆れ果てて絶対に屈するものかという気持ちだった。というか毎日そういう気持ちなので、2012年2月21日は私にとってことさら特別なものではなかった。

救世主ハリストス大聖堂に到着したとき、自分たちがこれから間違ったことをするのだという感じはちっともしなかった。後になって、法廷、捜査官たち、大統領、ロシア正教会の総主教、その他ロシア当局のプロパガンダを撒き散らすメディアなどは、私たちが大聖堂でやったことは冒涜であり、重罪であり、ロシアを破壊しようとする企てだと言いたてた。プッシー・ライオットの行為はロシアの価値観、伝統、倫理観に対する宣戦布告にほかならないと。プッシー・ライオットがキリストをふたたび十字架に磔にした。プッシー・ライオットが故郷をアメ

リカに売り、NATOによってばらばらに引き裂かせた。そう彼らは私たちに言ったのだ。

ゲリラライブにうってつけの場所

ウォール街

物理的建造物（工事現場の足場、街灯、屋根）

空中（風船、綱渡りの綱、ヘリコプター）

炎の中（炎を噴出しながらでも、炎に囲まれながらでも）

政府の建物（警察署、役所）

封鎖した路上（ゴミ箱でも封鎖できる）

軍事施設（例：ミュージカル『ヘアー』）

森の中

ボート（例：テムズ川のセックス・ピストルズ、1977年）

精神科病院（ニナ・ハーゲンも近年よく演奏している）

大学の授業に割り込む

ペンタゴン

ロシア連邦保安庁本部庁舎

赤の広場

公共交通機関

戦車の上、戦車の前

軍用潜水艦

公的な催しに割り込む

抗議活動中

　大聖堂に向かっていたとき、私たちにそんな考えはまったくなかった。国全体をひっくり返そうと計画していたわけではなかったのだ。それは風の強い冬の日だった。天気はいまいちだ

ったけれど、それ以外はすべて良好に思えた。私には自信があった。政府の役人たちからロシアは自由な国だと聞いていたし、だとしたらどんな公共空間に行こうが権力者たちに自分の言いたいことを伝えようが構わないはずなのだ。違う？

　その朝、私たちは地下鉄のクロポトキンスカヤ駅（ロシアのアナキスト、クロポトキンにちなんだ駅名）で落ち合った。カラフルなタイツと目出し帽を身に着けた5人の女たち。

　決行までの3週間、私たちは足元の照明をすばやく配置してポータブル電源につなぎ、同時にマイクスタンドをセットしてギターをケースから出す練習をしていた。どれだけ練習しても演奏を始めるまでに15秒は必要で、もちろんそれでは長すぎた。

　「犯罪グループとの共犯による周到な計画、犯罪のあらゆる段階における念入りな計画、計画された行動のあらゆる段階を完遂するために制作された装置の使用、その最終段階の開始」、と2012年8月17日、モスクワのハモヴニキ地方裁判所の判決は述べた。

　たった1回のライブが懲役刑につながるなんて私は考えたこともなかった。けれど、そう、この世に絶対はない——不思議を感じ続けよ、人生は未知でいっぱいだ。教会に足を踏み入れた私たちは、刑事裁判の訴状によれば、「悪魔のように体を痙攣させ、ジャンプし、飛び跳ね、足を高く蹴り上げ、頭を振った」

　私たちと一緒に大聖堂にいた私の父によれば、「ナージャがひざまずきながら十字を切ると、警備員が近づいて彼女に掴みかかろうとしました。すると彼女は少女のようにすばやく彼の腕からすべり抜けてウサギのように逃走しました」

　このパフォーマンスは40秒間続いた。アクションを終えると、私たちは荷物を手にその場をあとにした。

　翌日、プーチンと総主教は電話をかけた。大統領陣営は然る

べき人物に電話をしたのだ。プッシー・ライオット事件の主な争点となったのは、プーチンと総主教のどちらがよりパンク・プレイヤーによって機嫌を損ねられたのかだった。プーチンはロシア憲法において教会と国は分離されていると知りながら、それらがひとつの同じものだと信じている。『inoSMI』の記事（2017年11月７日）によれば、彼はこう語っている。「どれほど多くのヨーロッパの国々が、西洋文明の根幹にあるキリスト教的価値観を含む自らのルーツから逸脱してきたのだろうか。彼らは道徳的な原則と、国家や文化さらには性に関するあらゆる伝統を否定している。（略）西側は混沌とした闇のなか、みるみるうちに原始国家へ後戻りしている」

「彼女たちはアクションを通じて、何世紀にもわたって大切に信奉されてきた教会の伝統と教義の価値を、故意かつ示威的に貶めようとした」と、裁判の担当判事は述べた。

「私は天啓を受けました。主はプッシー・ライオットのしたことを罪としています。その罪は今生においても来世においても罰されると確信しています」と、ロシア正教会の広報部長であるフセボロド・チャプリン長司祭は述べた（RBKグループ〔ロシアの大手メディア企業〕、2012年６月25日）。最も重要な法である神の律法がこの行為によって、この罪によって侵犯されたというのだ。「罪が支払う報酬は死です」と聖書には記されている。つまり私たちは地獄で永遠に罰を受け続けるのだ。

いまでもこの救世主ハリストス大聖堂でのパフォーマンスは総じて酷い出来だったと思っている。やろうとしていたことはほとんどできなかった。曲のサビにも届かなかったのだ。まともなミュージックビデオを作れるだけの記録も撮れなかった。私たちはすごくがっかりした。**くしくも私たちはプッシー・ライオット史上最低のアクションによって刑務所送りにされたのだ。**どうやらプーチンはただただお気に召さなかったらしい。

「ちくしょう、なんてこった！ やつらを刑務所に入れろ！」と
彼は考えたのだ。

パンク・プレイヤー──神の御母よ、プーチンを追い払って（A PUNK PRAYER: MOTHER OF GOD, DRIVE PUTIN AWAY）

聖母マリア、神の御母よ

プーチンを追い払って

プーチンを追い払って

プーチンを追い払って

黒の法衣、金の肩飾り

教区民たちは這いつくばり敬意を表す

天国には自由の亡霊

ゲイ・プライドは手錠でシベリア送り

やつらの最重要聖人はKGB〔旧ソ連国家保安委員会〕のボス

抗議者たちを監獄にエスコート

彼の聖性をコケにせぬよう

女はセックスして子を産むべし

クソ、クソ、クソ、クソ野郎

クソ、クソ、クソ、クソ野郎

聖母マリア、神の御母よ

フェミニストになって

フェミニストになって

フェミニストになって

教会は腐ったリーダーを讃える

黒リムジンの聖なる行進

説教師が学校にやってくる

教室に行って彼に金をやれ！
グンチャエフ総主教〔モスクワ総主教キリル１世。ウラジーミ
ル・ミハイロヴィチ・グンチャエフ〕はプーチン信者
ビッチは神を信じよ
聖帯目当ての行列は党大会の代わりにはならない
聖母マリアは抗議集会でわれらと共にある！

　それは単なる祈りだった。すごく特別な祈りだった。「最重
要独裁者、プーチンは人民を相当恐れてる」と、プッシー・ラ
イオットのメンバーであるスクウィレルは言う。「もっと具体
的に言えば、彼はプッシー・ライオットを恐れてる。意見を表
明することを恐れない、ポジティブで、楽観的な若い女性たち
の集団を」

　私たちはロシア政府の暴力的で残酷な側面を衆目に晒した。
けれども違法なことは何ひとつしていない。**自分の考えを発言
し歌うことは違法ではないのだ。**

　人々はもはやそこを救世主ハリストス大聖堂とは呼ばない。
代わりにプッシー・ライオット教会、もしくは救世主ハリスト
ス商業センターと呼ぶ。そこでは誰もが聖なる会議室やプレス
センターやコンサートホールをVIP用控室付きでレンタルでき
るのだ。地下階、祭壇の真下にはレストランやランドリーや
VIP用洗車サービスがある。シーフードを売る店まで入っている。
観光客はファベルジェの卵〔19世紀末から20世初頭、ロシア皇帝が宝石・
金細工職人ファベルジェに作らせた豪華なイースターエッグにちなんで現在も
卵型の宝飾品が製造・販売されている〕を15万ルーブルで売りつけられ、
大聖堂は土産物の商いに大はりきりだ。そしてロシア正教会は
誰からも監査を受けず課税もされないのをいいことに、アラビ

アの金相場に手を出すことにした。この「神聖な場」のウェブサイトには「たしかな投機を、私たちとともに」と書かれているのだ。

正教会のキリル総主教は、選挙の前になるとしばしば一般人の側にいるような顔で政治的アクティビズムに反対する旨を述べる。「正教徒たちはデモに行くことはできません。これらの人々はデモへは行かないのです。彼らの声が聞き届けられることはありません。正教徒は修道院の静寂のうちに、修道院の独居房で、あるいは彼らの家庭で祈るのです」と聖なる総主教様はのたもうた。

総主教はこれまで臆面もなくプーチンを応援してきた。大統領選がおこなわれる前からプーチンをロシア大統領と呼び、彼が伝えられるところによれば「歴史の歪みを正した」と発言した。もしプーチンが好転させたものがあるとすれば、キリル聖下をはじめとする取り巻きたちの懐具合ぐらいだろう。

結局のところプッシー・ライオットが犯した唯一の罪は、救世主ハリストス大聖堂の使用料を払っていなかったことだった。教会のウェブサイトには部屋のレンタル料金表が載っている。金持ちの役人やビジネスマンなら誰でも教会で大宴会を開くことができる。なぜなら彼らは男で、お金を持っていて、プーチンに反対していないから。これはロシアにおける成功の秘密3ヶ条。かつて誰かがアッシジの聖フランチェスコに結婚を考えたことがあるかと尋ねた。彼は答えた。「あります。あなたがたが誰も見たことがないほど美しい花嫁と」〔キリスト教の聖人。清貧の理想を擬人化して自分の花嫁としている〕

キリストは教会にやってきて、商人たちを追い出し、金貸しのテーブルをひっくり返した。キリストは教会で宝石を売らないし、洗車場の経営もしない。いまの私たちの教会はボロボロで、売り払われ、腐敗している。あなたにも目があるのなら、

それが見えるはず。

●ヒーロー
ザ・イエス・メン

　アートと政治が皮肉と転覆を伴って衝突するところのスーパースターがいるとしたら、それはザ・イエス・メンだろう。ザ・イエス・メンが作る完璧に信じてしまいそうな公共広告は標的を鋭く批判するものだが、その痛烈な風刺は落ち着いて考えてみたところでようやく明らかとなる。

　私がザ・イエス・メンに出会ったのはベルリンで開かれたある祝宴でだった。それはセレブリティらが招かれるチャリティディナーの類で、プッシー・ライオットはスピーチをすることになっていた。私たちはドラッグでいっぱいのハンドバッグを手にドイツの内務大臣の隣に座っていて、全体的になんだか変な感じだった。

もしキリストがいまロシアで復活し、かつて彼が説いていた教えを説いて回ったら、彼は……

1.「外国代理人」として登録される

2. 集会にまつわる法律違反で30日間刑務所入り

3. 宗教信者たちの気持ちを害したかどで禁錮6ヶ月

4. ロシア刑法282条（「嫌悪または憎悪の扇動、あらゆる社会集団への所属、性、人種、民族、言語、素性、宗教に対する態度にもとづいて個人ないしは集団の尊厳を損なう行為が、公共の場で、またはマスメディアを利用してなされた場合」）のもとに仮釈放なしの懲役

5. 暴動への関与で懲役4年半

　バックステージで巨大な白クマにぶつかったとき、私たちの
つきあいが始まった。このクマは会場の責任者たちともめてい
て、警備員たちが追い出そうとしているところだった。クマの
うしろにいたイゴール・ヴァモスという男が警備員たちと口論
していた。クマの毛皮の内側には汗だくになった裸の人間がふ
たり。彼らの計画は、ステージに上って白クマを脱ぎ、気候変
動と溶けゆく氷冠について話すというものだった。なぜ裸なの
かって？　動物たちは裸なのだから、私たちが裸にならない理
由はない。

　考えるまでもなかった。私たちはクマを守ることにした。私
たちはビアンカ・ジャガーと話し、彼女も強力なクマサポータ
ーになった。クマは正しく、私たちは気候変動を気にかけるべ
きだとビアンカは言っていた。そうでしょ？

　けれど、あのときはうまくいかなかった。警備員たちは手強
く、クマはステージまでたどり着けなかった。しかしこうして
プッシー・ライオットはザ・イエス・メンに出会ったのだ。

　アクションやいたずらについて考えるときは常に、予行演習
をおこない注意深く計画したにもかかわらず権威によって阻ま
れてしまった数多の人たちのことを忘れてはならない。私の経
験上、それはアクションの約40パーセントを占める。がっかり
してしまうが、それがゲームの法則だ。私は警察やFSBに阻ま
れてしまったプッシー・ライオットのアート抗議アクションを
網羅したカタログを作るべきかもしれない。

　ザ・イエス・メンはジャック・セルヴィンとイゴール・ヴァ

モス（クマといた男）、そしてたくさんの友達とサポーター、素性を明かしたくないその他のアクティビストたちから成る。彼らは20年にわたってアクションを続けてきた。『ザ・イエス・メン』（2003）、『ザ・イエス・メンは世界をなおす』（2009）、『ザ・イエス・メンは反逆する』（2014）という優れた映画も作っている。彼らは「サバイバボール」という名の気候変動に関連する自然災害対策グッズをハリバートン社の製品だと言って宣伝した。彼らは偽の『ニューヨーク・タイムズ』2009年7月4日号を刷って、8万部をニューヨークとロサンゼルスの街角の人々に配った。この新聞は「イラク戦争、終結」や「国家が正気の経済を築く意向を示す」といった見出しで、いまここにオルタナティヴな未来が到来しているのを想像していた。一面には「私たちが印刷したいニュースをすべて」のキャッチフレーズ〔本物の『ニューヨーク・タイムズ』一面左上に掲げられているモットー「印刷に値するニュースをすべて」のもじり〕。国民皆保険制度の導入や、CEOに賃金上限をといった読みものに加え、ジョージ・W・ブッシュが大統領在任中の行動に関して自らを大逆罪に訴えるという記事も並んだ。

2004年、セルヴィンはダウ・ケミカル社の広報担当者のふりをしてBBCに出演し、インドで1984年に発生したボパール化学工場事故の被害者たち数千人に120億ドルを支払うと述べた。これはダウ・ケミカル社が当然支払うべき賠償だった。金融市場の反応はというと、ダウの株は数十億の大暴落となった。さてさて、被害者への賠償金は払えるかしら？

ジャック・セルヴィンはニューヨークのパーソンズ美術大学の教授で、イゴール・ヴァモスはレンセラー工科大学でメディアアートを教える助教授だ。2014年、リード大学の学生たちは祝辞を述べてもらおうと卒業生であるヴァモスを卒業式に招いた。ヴァモスは祝辞で、リード大学が化石燃料関連の企業へ投

資していた寄付基金５億ドルを処分すると述べ、プレスリリースも出した。これは事実ではなかったが、学生たちはそうするよう理事たちに圧力をかけていたのだ。

権力の濫用を見逃すな

> 私たちは権力が濫用されているのを突きとめ、衆目に晒すことができる。

はじめにギリシャ文明があった。それからルネサンス時代があった。いま俺たちはケツ時代に突入しつつある。

——ジャン＝リュック・ゴダール『気狂いピエロ』

大統領？ 俺のデカい足の指のほうがましな大統領になれるだろう。

——『成功の甘き香り』

●言葉
嘘・裏切り・盗み（みんなやってる）、
あるいはプーチン氏の正体とトランプ氏との関係

政治家の成功が同時代の風潮を反映させる能力によって測られるものだったとしたら、トランプとプーチンこそが勝利者ということになる。ふたりとも、この時代が私たちにもたらした最悪の衝動的熱望の数々を見事に反映している——彼らは欲深く、倫理に欠け、無関心だ。

「オリガルヒのエリートたちは、それ以外のあらゆることについて意見の一致を見せないにもかかわらず、自分たちの富を

守ろうとする欲望によってしっかりと団結している」と、ドイツの経済社会学者ヴォルフガング・シュトレークは『資本主義はどう終わるのか』で述べている。

　プーチン大統領に何か言いたいことはあるかと問われたら、彼には話しかけたくないと答えるだろう。私の気持ち的には、彼は空間の無駄だ。

　今日のロシアのイデオロギーを吸収し続けてきたプーチンには、筋の通った信念すらない。「私の国がヨーロッパから孤立するなど想像がつかない」と、プーチンは2000年３月にBBCのインタビューで述べた。ロシアがNATOの一部になっても構わなかったのだ。それが今日では、ヨーロッパやアメリカやNATOへの敵対行動が、彼のお気に入りのゲームのように見える。

　ロシアの人々からお金を盗み取ることだけがプーチンが唯一持ち続けている信念なのかもしれない。元KGBの諜報員であるプーチンは、信念というものをまったく信じていない。「信じる」者は買収されたり脅迫されたりしかねないから脆弱である。そして信念で武装はできない。お金、監獄、銃はあらゆる「確信」を無力化する。

　プーチンはいまもなお平凡なKGB諜報員にすぎないが、そのことこそが逆説的に、彼の成功の秘密なのだ。彼はまったくの偶然によってその巨大な権力を手中に収めることになった。プーチンは2000年に、彼が自分たちの操り人形になると信じるオリガルヒたちによって任命された。彼らはプーチンが本当によくいる人間であるがゆえに、そう信じたのだ。

　プーチンは狭量で、思いやりに欠け、意地が悪く、愛と赦しがわからない。そしてひどく不安に駆られている。彼はビクビクしている。その超男性的な虚勢の下の震えを隠そうとするときには特に。プーチンのいる世界、つまりKGB諜報員の世界において、信頼、同情、共感は第二級の感情なのだ。

(!)

　以前KGBについての逸話を聞いたことがある。私はこの話は本当じゃないかと睨んでいる。

　志願者が職を求めてKGBにやって来る。彼らは試験を通過し、あとは最終テストに合格すれば採用だと伝えられる。

　それぞれが部屋に通されると、そこには自分の妻がいる。試験官は言う。「ここに銃がある。母国のために妻を撃て。そうすれば採用だ」

　ひとりの男を除いて全員が拒否する。部屋から響く銃声、そして叫び、どたばたと取っ組み合いの音。

　部屋から出てきた男は、服の埃を払うと言った。

　「弾倉が空で、絞め殺すしかなかった」

(!)

　プーチンはこれから先も決して創造的あるいは知的な意味で心の広い人間になろうとはしないだろう。よく訓練された諜報員というわけだ。彼にとって自らを感情的に脆くしかねないことはなんであろうと危険なのだ。したがって、心を持つことは危険なのである。

　彼は人々の魂を腐敗させることのプロだ。物品や機会はもちろん、必要とあれば恐怖だって利用する。善意と正直さはこの世に存在しない、とプーチンは考えている。実利的で賢く影響力のある者は、感情に生産性を低下させることを許容できなかった。ベルトルッチの『暗殺の森』の主人公を思い出してほしい。彼は悪の凡庸さを体現している。青白く矮小な日和見主義者の彼は、美しく洗練された世界を打ち砕くだけの力を持っていない。自らの手のうちに花を見つけたら、彼はそれを握り潰

すだろう。彼にとってその美は馴染みがないものであり、怖気づいてしまうのだ。

　プーチンは自分が信心深い人間だと言い張っている。だが違う。アメリカのほとんどの共和党員たちと同じで、神の名のもとに自由と権利を殺している。新約聖書を開いて実際に読んでみれば、キリストが自分たちのやっていることを見たら吐いてしまうであろうことが彼らにもわかるだろう。

　プーチンは、教会で踊って女性の権利を擁護したかどでプッシー・ライオットを糾弾し、自分が私たちのような悪魔的魔女からキリスト教を救うと述べた。**どうやらプーチンは初期キリスト教について何もわかっていないらしい。わかっているのであれば、キリストと彼を信じた弟子たちは反逆者であって、決して独裁者（カエサル）ではなかったと知っているはずだ。**汚れなき宗教の核心にある美徳——自らの身を捧げる心構え、すすんで犠牲となろうとする想い、真実と正義を求める無条件の熱望——を、プーチンは想像することすらできない。彼に理解できるのは現状維持しかしない、安穏で、資金が潤沢で、官僚的な類の組織的宗教だけなのだ。

　宗教はプーチンにとって便利な見せかけ（ファサード）であり、仮面舞踏会だ。だからこそ彼は、自分がかつては神を信じたというだけの理由で何十万人ものソビエトの人々を起訴し、逮捕し、殺してきたKGBの出身だということを覚えていないのかもしれない。いまやプーチンはその顔をすげ替えた。彼は深刻に腐敗し堕落したロシア正教会組織と仲のいい友達だ。どう見てもファサードは交換可能だ。スターリンがよく言っていたように、ほかの誰かに置き換えられない人間は誰もいない。別の言いかたをすれば、俺のちっぽけなケツを守るためなら誰であろうとクビにできる、ってね。

　「党はそれ自体のためだけに権力を求めている。われわれは

ほかの人々の幸福には興味がない」と、ジョージ・オーウェル
は『一九八四年』で書いている。「われわれが興味があるのは
権力、純粋権力のみだ。迫害の対象は迫害。拷問の対象は拷問。
権力の対象は権力」。**そして権力それ自体のためだけに存在す
る権力とは、その定義に従えばすなわち濫用である。**

　プーチンの資質をよく調べても価値あるものは何ひとつ見つ
けられず、私はいつのまにか私の知っているまた別のしょうも
ない人物について考えはじめる。その名はトランプだ。

　プーチンとトランプには共通する資質がたくさんある（ビジ
ネスと政治の結びつきや、危険なほど腐敗して嘘つきだという
だけではない）。彼らが共有しているのは、人間は私欲によっ
てしか動かないという信条だ。彼らは人間の誠実さや品位とい
うものを信じておらず、自己中心的かつ無慈悲に、あらゆる社
会的取引について利益を計算している。あらゆるつながりは利
益を生じさせる取引でなければならないと彼らは信じている。
それも宗教的なまでに。トランプは狂ったように「勝つこと」
に執着している。彼はこの広大な世界を、まるごと低俗な勝ち
負けの二者択一へと単純化することができるのだ。そしてKGB
諜報員プーチンもまた、ふたつの選択肢しかないと信じている。
すなわち食うか食われるかだ。**トランプとプーチンの世界にお
いて、人間の尊厳は蔑ろにされている。そこでは人的資本だけ
が関心の対象となる。**だが尊厳は収益化できない。

　「一般に、人間は二種類に分けられる。監房に一緒に居られ
る人間と居られない人間だ」。ソビエト連邦下の精神病院、強
制労働収容所、刑務所で12年間を過ごした反骨の人ウラジーミ
ル・ブコフスキーの言葉だ。人を単なる数字、自分の個人的な
収益のために操ることができる駒だと思っているようなやつと
一緒に監房に居られるとは思えない。

　1パーセントのために定められた法と規則があり、それは99

パーセントのためのものとは異なる。それは「人的資本」と環境のどちらにとっても目先の利益のための終わりなき搾取へとつながる。あるいは盗奪政治（クレプトクラシー）、教育と医療から金を吸い取って暴利をむさぼる民間の悪徳商人、女性の権利への攻撃、帝国冒険主義、そして他者の悪魔化へとつながる。

ノーベル賞を受賞している経済学者のジョセフ・スティグリッツは、「1パーセントの、1パーセントによる、1パーセントのための」と題した記事を書いた（『ヴァニティ・フェア』2011年5月）。

> 人口のわずか1パーセントにあたる人々が国民総所得の4分の1近くを手にしている。富める者ですら遺憾に思うであろう不平等だ。（略）所得でなく資産について言えば、上位1パーセントが40パーセントを支配している。25年前、この数字は12パーセントから33パーセントだった。これに最も近いのは寡頭体制のロシア（ほらね？）とイランだ。かつて政府は経済的安全、一般的な賃金労働者への課税率の低さ、優れた教育、きれいな環境など、労働者たちにとって大事なものをいかに提供できるかを競うものだった。だが上位1パーセントの人々は心配無用だ。

バーニー・サンダースが「社会問題を目にしたら、金融化し、民営化し、軍事化する」のが現代の政治の主たる行動原理となっていると指摘したとおりだ。

富める者たちには彼らの政治闘争がある。この闘争は、悪臭を放つ怪しい財政計画として現れ、それは彼らと対立する人々の生活を踏みにじり、ときにはその命をも奪う。法を掻い潜るずるい方法を見つけ出すか、あるいはただ新しい規則を定める（プーチンのお気に入りの技だ）。

「この世界において、法律は気高い公益（コモングッド）を目指して書かれ、それから実生活において公欲（コモングリード）のために力を発する」と、ソウル・アリンスキーは『ルールズ・フォー・ラディカルズ』で記している。そして富める者たちは、途方もなく抜け目がない。繰り返すが、世界中のエリートたちは自分たちの富を守る方法を熟知しているのだ。「誰もに私の召使いになる権利がある」と彼らは考えている。**もし私たち左派（レフト）（あるいは二項対立が嫌いな友達が呼ぶところの「アップ」とか「ハイ」とか）や進歩的アクティビストがどうにか彼らに反対しようと思ったら、私たちも途方もなく抜け目なくなる方法を学ばなくてはならない。**

権力と利益のみが崇拝されるとき、世界には友情も同志愛も存在しない。信頼も、愛も、インスピレーションもない。そこにあるものといえば、お互いの権力と影響力の認識に基づく──より根源的には、お互いの恐怖と不信に基づく──ビジネスと政治の同盟関係である。こうした有毒な環境において権力を失うのは怖い。いったん後ろ盾を失ってしまえば、奈落への転落がはじまる。**昨日あなたのケツを舐めていた者も、今日は喜んであなたの頭蓋骨を灰皿にするだろう。**

オルタナ右翼のファシストたち

「ファシズムは正しい。なぜならそれは健康的な愛国的感受性から生じたものであり、その存在なくして人々は権利を主張することも独自の文化を生み出すこともできないからである」

これはプーチンのお気に入りの哲学者、イヴァン・イーリンの言葉だ。

「東側と西側のあいだにあるのはロシアではない。ロシアの左と右にあるのが東側と西側なのだ」と、プーチンは言った（『コムソモリスカヤ・プラウダ』2013年12月5日）。**どんな帝国主義的例外主義もここまで非例外的な型通りのものにはならない**

だろう。

　ノーム・チョムスキーは『ネイション』（2017年6月2日）に、ブレグジット、トランプ、ルペン、ヒンドゥー・ナショナリズム、さらに遍在するナショナリズムについて尋ねられたとき、そう、それは本物の世界的現象だと言った。「まったく明白、かつ予測できたことです。（略）人口の大部分にとっての不況あるいは景気低迷を招き、民主主義の衰退や、民衆の手から意思決定を奪うことにつながる社会経済的政策を押し付ければ、怒り、不満、恐れがあらゆるかたちで現れることになるでしょう。（略）人々は激怒しており、自分たちの人生の主導権を失いつつあります。経済政策は概して彼らを傷つけている。その結果が怒りであり、幻滅なのです」

　ごく単純なやりかただ。第一に、不平等と構造的暴力を作り出す。第二に、間違いの原因の説明として「他者」をスケープゴートにする。第三に解決策として、特権階級により多くの特権と移民排斥政策を差し出す。こうしてトランプ、ルペン、オルバンらが政権をとり、ブレグジットが決定してしまったのだ。

　プーチンもこうしたゲームをプレイしている。彼は1990年代のマキャベリスト的民営化と規制緩和によって引き起こされたロシアの人々の憤怒や痛み、貧困に対する心理を弄んでいる。「90年代に戻りたいか？」というのが彼の得意な手だ。毎度おなじみの話。恐怖は権力と金を手に入れるために利用されるのだ。

(!)

　私たちはみんな、政治は日々の生活とは無関係だという奇妙な誤解の犠牲者である。私はあちこちの国で、自分の生活に大きな影響をもたらしはしないから政治問題のことは気にかけていないと言う人々に出会う。興味深い。

政治の専門化とエリート主義は行きすぎてしまった。人々を孤立させる動きも行きすぎてしまった。これらは１枚のコインの裏表であり、私たちはこのコインが自分のものではないこともしっかりわかっている。状況は予想されたとおりに悪くなりつつある。集団での政治行動に参加しなくなるにつれ、自分が個人として力を持ち、さまざまな運動に加わって反撃できるのだと信じるのはますます難しくなる。**ときどき「ユナイテッド（団結）」とは機内持ち込みの手荷物と座席のアップグレードのために追加料金を要求してくる単なる航空会社にすぎないものであるかのように感じられてしまう。**

　かつてマーガレット・サッチャーは言った。「社会は存在しない。あるのは個人だけ」。ノーム・チョムスキーは、彼女がフランスにおける弾圧を非難したマルクスの発言を言い換えているのだと指摘した。マルクスの発言とは次のとおり。「弾圧は社会をひとつの芋の袋――バラバラの個人、共に行動することができない無形の群衆――に変える」。サッチャーにとって、それはひとつの理想なのだ。そこに社会はなく、分断された消費者たちだけがある。

　国の運営はプロが決めるのだと信じるとき、私たちは政治的革命あるいは革新的変化もまた自分たちの代わりにどこかのプロによって成されるものなのだと考えはじめる。プロの革命家、とか。そうして私たちは、自分の代わりに誰かが政治における自分たちのクソを片付けてくれるに違いないと考えるようになる。まるではちゃめちゃな大パーティの後、ベッドで頭痛薬に感謝しながら死んでるあいだに、誰かにお金を払ってあと片付けをしてもらうみたいに。

　残念でした。**私たちは醜い工場をアウトソーシングできても、政治的行動はアウトソーシングできない。**社会参加と関与が不足した結果、私たちは現在立っている地点、すなわち政治的絶

望と社会的疎外の瞬間、「機会平等」がまるで冗談のように聞こえる状況に至った。たとえバーニー・サンダースにだって、ACLU〔アメリカ市民的自由連合。アメリカ自由人権協会〕にだって、私たちは自分の責任を引き渡すことはできない。それでは絶対にうまくいかない。バーニー、ACLU、またはビキニ・キルはそれぞれ最善を尽くすだろうけれど、真のニューディールを手にしたければ、私たちはみんな自分自身がバーニーになる必要があるのだ。

(!)

どこかに自分たちの面倒を見てくれる賢くてパワフルな人がいるだろうと考えるのは心が休まるかもしれない。私はロシア人だが、ロシアの人々には狂ったように強力な父権主義（パターナリズム）への欲求がある。ある日誰かが現れて、世界をより良い場所にしてくれるはずだと信じている。しかし、たいていの場合、そんな人は現れない。現れたとしても、そいつがクソ野郎である可能性はかなり高い。**絶対的権力はどんな人をも完全なるクソに変えてしまうものだからだ。**

最高の政治オーガナイザーのひとりソウル・アリンスキーから、さらなるアドバイスがある。「候補者を選ぶだけでは十分ではない。絶えず圧力をかけ続けること」「市民権の日々のはたらきから人々が引き離されていることは、民主主義における心痛である」。私はこれらの言葉を信じている方だ。

プーチンとトランプ、信頼や信念を持たないこのふたりは、大げさな嘘ばかりのニュースの24時間サイクルにとってうってつけの人物である。そこで私たちは無関心とヒステリーのあいだを行ったり来たりする。

メディア宇宙は私たちを完全敗北の無力感でいっぱいにする。

私たちには何が真実で何が嘘なのかわからない。とりわけ嘘に真実のラベルが貼られ、真実に嘘のラベルが貼られている場合には。ショッキングな話を絶え間なく与えられた私たちは希望を失い、孤独を、無力感を覚える。まさに絶望だ。すべてを包み込む暗黒。不安発作を起こさない方が不思議なくらいだ。

テレビをつけると、私は惨めな気持ちになる。この世界はバラバラに崩壊していて、どうやったらそれをつなぎとめておけるというのか。悪いニュースに圧倒されているのに、それを直す力がないというのは筋が通らない。それはいらだち、怒り、自暴自棄へとつながる。**あらゆる人間が必要としているのは、この恐怖を克服するためのひと揃いの道具だ。私たちの目標はこの道具を作り出すことでなければならない。**

私が希望を持っていられるのは、これまでの人生で、この分断は克服できるのだと教えられる経験をしてきたからだ。

私は2011年にモスクワでおこなわれた巨大な反プーチン抗議行動の空気を決して忘れないだろう。参加者たちは各々の家から出て、新しく、すばらしく、聡明な政治的動物そして善なる力を創り出し、通りと広場を埋め尽くしたことをお互いに感謝した。私たちはお互いに恋し、大きな解放のための社会運動に参加するあらゆる者を満たすあの感情に恋した。

「われわれは偉大なる真実を理解した」と、ソビエトの反体制派<ruby>反体制派<rt>ディシデント</rt></ruby>ウラジーミル・ブコフスキーは言った。「権力を生み出すのはライフルでも戦車でも原子爆弾でもない。権力はそれらに依拠するものではない。権力は公衆の服従に、すすんで従おうとする心に依拠しているのだ」

食べること、映画を観ること、本を読むことの文化があり、その一方で抵抗の文化、ぶざまな質問を投げかけ、ものごとを疑い、それらを変える能力の文化がある。後者を育てよ。最高の、最も完璧な大統領でさえ、何ものっていない銀の皿をあな

たに差し出すだろう。こうした部分はセルフサービスなのだ。

　「それは単純に次の変化を起こさせようという話ではない。私たち自身もまた変わらなければならないというのが痛みに満ちた真実だ」と、ベルギーの臨床心理学および精神分析の教授で『私はどうなの？ 市場社会におけるアイデンティティをめぐる闘い』（2012）の著者ポール・フェルハーヘは記している。「私たちは単なる消費者でいるのではなく、ふたたび市民にならねばならない。それは投票所に入るだけの話にとどまらず、私たちがどう生きるかの話だ。（略）政治が公益のためになされるよう願うのであれば──そしてそれはかつてなく必要とされている──私たちはその公益を、個人的な関心事以上に、私たち自身で促進するべきだ」

　フェルハーヘは、（ポスト）モダンな個人が抱える自己矛盾が「奇妙なタイプの分裂、新しいかたちの多重人格」であると指摘する。私たちはシステムに敵意を持っているのと同時に、自分たちにそれを変える力は無いと感じているというのだ。そのうえ、「私たちはそれを補強し、さらに拡張させるようにふるまう。私たちのあらゆる決断──何を飲み食いし、何を着て、どう過ごし、休日はどこへ行くか──が、これを示している。私たち自身が私たちが不満を言っているシステムなのである」

　エーリッヒ・フロムは生きかたにはふたつの種類があるとした。「持つこと」と「あること」だ。「持つ」式の存在は消費主義文化の産物であり、人間は空っぽの容れものでありさまざまな商品で埋めなければならないと信じた場合である。もし埋められなければ、不安や危機、心理的ブラックアウトが訪れる。

　フロムを読めば、寡頭政治、セレブリティ・ファシズム、トランプ、そしてプーチンについてたくさんのことがはっきりする。フロムは工業社会の経済システムの発展が私たちの文明の価値観を劇的に変えてきたと指摘する。彼曰く、工業化によっ

て成長と利潤が崇拝されるようになった。人々はもはや「こうありたい」とは願わず、しかし最大限の快楽とあらゆる欲望の成就を得ること（ラディカル・ヘドニズム）を願うようになる。その結果が利己主義であり、自己中心性であり、強欲なのだ。

　1956年に書かれた『愛するということ』のなかで、フロムは「現代人は自身を商品化してしまった」と看破している。「そこで人間は自らの生命力を投資として経験する。投資であるから、パーソナリティ市場における自分の位置付けと状況を考えつつ、最高の利潤を引き出さねばならない。彼は自分自身からも、仲間の人間たちからも、自然からも疎外されている。主に目指しているのは、自分の技術や知識、そして自分自身を交換して利益を上げることである。（略）人生には変動するゴール以外のゴールはなく、公平な交換の原理以外に原理はなく、消費以外に満足はない」

　私は経済的成長を崇拝することを憂慮している。そもそも私たちがずっと成長し続けなければいけないと考えはじめたのはどうしてだろう？　私たちは空気で膨らむアヒルでもユニコーンでもない。「実のところ、先進国において、慣例に倣って測定されるところの継続的経済成長と気候の安定は両立できない」と、メルボルン持続可能な社会協会の研究員サミュエル・アレクサンダーは記す。「安全な気候には、計画的な経済縮小、脱成長の局面がいますぐに必要だ。これは単にもっと効率的に生産・消費し、再生可能エネルギーに移行することだけを意味しているのではない。そうした変化はもちろん必要だが、私たちが生産を抑え消費を減らすことも求められている——めったに口に出されない結論ではあるが」。私たちに必要なのは、安定したポスト成長経済へと移行する道を見つけることなのだ。

　ここでは価値観の更新、パラダイムの変革が求められている。**この惑星の規模、そして歴史の尺度から見れば、幸福は成長や**

利益よりも大きい。 もし現時点で何か変革がなされるとしたら、それは決して政府からではないし、それがトップの1パーセントからやってくることは決してないと私は確信している。その変革は大衆運動からの要求によってもたらされるだろう。

　小説家のアレクサンドル・ソルジェニーツィンは「したがって、言葉はセメントより重要だ。したがって、言葉はささいなものではない。このようにして、気高い人々は成長しはじめ、彼らの言葉はセメントを壊すだろう」と書いた。私は弱く、それゆえに強い。ソルジェニーツィンがそうであったように、最後には言葉はセメントを壊すだろうと私は信じている。

　だが、そうしようとするなら、私たちにはさらなる民主主義も必要だ。そして私が「民主主義」と言うとき、それは「直接民主主義」を意味している。**インターネットがあらゆるところに普及しているというのに、日々の政治的決断に直接参加するためのもっと効果的な方法がないというのは、バカバカしいしちっとも笑えない話だ。** 私たちの政治システムは、いまだにインターネットが存在しない体で構築されている。当局は選挙手続きのセキュリティを保証できない。そして事実、共和党議員の多くは、自由で公正な選挙を保証することよりも有権者から権利を剥奪することのほうに関心がある。市民が4年か6年ごとに議員を選ぶと、彼らはそれからなんでもやりたいようにやる。ロビイストから賄賂を受け取り、公共のインフラを破壊し、そのうえこの惑星をめちゃくちゃにする。いつか直接民主制に参加する権利があなたに手渡されるなんて期待しない方がいい。コーク兄弟やプーチンの仲間、ローテンベルク家のようなオリガルヒたちは私たちが絶対に権利を手にしないよう画策するだろう。私たちはこうした権利を齧り取らなければならない。

　ミシェル・フーコーは最終講義でパレーシア、すなわち声を上げることの勇気（ディオゲネスのお気に入りの概念だ）の必

要性について語った。「私たちはパレーシアを怠慢に解釈しがちだ。たとえばカトリック教会を中傷するとか、インターネットの掲示板で自説をぶちまけるとか」と、ポール・フェルハーへは書く。

人々が各々の私生活を改めれば、何も問題はなくなると言う人もいるだろう。しかし私に言わせれば、それはすでに沈みはじめているタイタニック号の船室でベッドを整えるようなものだ。

運転席に卑劣なクソ野郎が座っていたら、明るい未来は訪れないだろう。私たちは、私たちの名のもとに権力を濫用する連中に責任を問わなければならない。私たちは権力を自分たちの手に取り戻す必要がある。

古い共産主義の個人崇拝はいまも北朝鮮で現役だ。印刷物で前指導者の金正日（キム・ジョンイル）に言及する場合、彼のたくさんの敬称のひとつと特別なフォントを使用しなければならない。大げさで唐突なやつ（**すばらしき指導者・金正日**がなんたらかんたら）、または別の不調和なフォント（**人民の父・金正日**がうんぬんかんぬん）だ。

以下に示す名前はすべて金正日を指して使われるものだが、これらは等しく私たちを救いにやってくる全能の存在という父権的ファンタジーに当てはまる。だが、もし救われたいのなら、私たちは自ら行動を起こし、自分自身でやることを考えてみるべきだ。マヤ・アンジェロウが言ったとおり、「あなたがやらない限り、何もうまくいかない」のだから。

私たちに必要ない人物一覧：
優れた人物

親愛なる指導者

尊敬される指導者

賢い指導者

すばらしい指導者

ユニークな指導者

あるべき指導者像を完璧に体現した、親愛なる指導者

国民の父

導きの陽光

革命軍の指導者

父なる国の統合を請け負う者

国家の運命

愛すべき父

党、国、軍の指導者

常勝にして鉄の意志を持つ指揮官

国家の偉大なる太陽

21世紀の世界のリーダー

比類なき指導者

21世紀の明るい太陽

すばらしい政治家

天から遣わされた偉大なる男

天から遣わされた栄光の将軍

無敵の勝利の将軍

21世紀の人民の導きの星

行動で示す偉大な男

救世主

革命の黒幕

革命同志の最高位

●行動
舌を噛み切れ

　権力の濫用が何を引き起こすかを教えよう。たとえば、政治的意図を伴う逮捕だ。

　「取り調べ中に殴られたらなんて言えばいい？」

　ある弁護士は助言する。「人を殴るのは悪いことだと言いなさい。あとは我慢するのです」

　「それだけ？」と私は思わず尋ねた。

　2012年、私たちが逮捕される1週間前のことだ。プッシー・ライオットのアクティビストたちは詰め込みすぎのバックパック持参でモスクワのコーヒー屋にいる。眠れない夜を過ごした私たちの目は赤い。私たちはロシア政府がプッシー・ライオットを逮捕し、最大で懲役7年の罪で起訴すると決定したことをすでに知っている。刑事事件として捜査が始まっており、私たちは逃走中だ。私は自分がもうすぐ刑務所に入れられることになるのだということに慣れようとしている。ケーキを次から次へと口に運ぶ。

　「殴られ続けたら、『証言するくらいなら舌を噛み切る』と言いなさい」

　「何を噛み切るって？　私の舌を？」

　「そう、『舌を噛み切るぞ』と」

　「でも私は自分の舌を噛み切ったりしない！」

　「じゃあ少なくともそうすると信じられそうな感じで言いなさい」

　プッシー・ライオットのみんながテーブルに目を落とす。

　「お互いの顔をボトルで殴り合って痛いかどうか確かめてみるか」と、私の友達が提案する。

　「だめ、いまはやめとこ。人をびびらせることになるよ」

　「もうやめようよ。取り調べに備える時間がたっぷりあると

思ってんの？」

　翌日、私たちは警察から逃げて田舎へ向かい、足元で白い雪が砕ける静かな場所に落ち着いた。その家のある丘の上から細い小川まで歩いて下っていくと、ロシア製のストーブが発する煙の匂いがして、古びた木製の柵ごしに番犬が吠えているのが聞こえる。

　私たちは部屋の中に入って床にどすんと座る。そして、まっすぐに前を見つめる。

「眠らないと」

「うん」

　私たちは5人でダブルベッドの上に丸まり、寒冷地の犬のようにぎゅっと集まって、眠りに落ちる。

　私たちはそこで2日過ごした。朝、川に沿ってジョギングしようと私は丘を下った。ウォーミングアップとして、はるか昔ソビエト時代に工場だった、打ち捨てられた古いレンガの建物の前でパンチやキックの練習をした。田舎の空気をめいっぱい吸い込むとクラクラしてきた。私は負けじと自分の拳をもっと力強く動かし、からっぽの空間で暴れた。

　この寒さにもかかわらず、丘のふもとの小川は凍りついていなかった。有毒な産業廃棄物が流されていたからだ。私は川にかかった橋の上でひと休みして耳をすませた。木造の家々、松の木々、吠える犬、薪ストーブの匂い、太陽、目を眩ませる雪、石の上を流れる水。

　足を揺らしながら、私は考えた。もしこれから数年、この太陽と川を見られなくなるのだとしたら？ 自分の力を奮い立たせなければならないし、できるうちにこの太陽のあたたかさに浸っておかなければ。

　私はまるで太陽の方を向くたんぽぽのようにその場に固まった。収監されることになっても、絶対にここに、この橋に戻っ

てくる。なぜならこれは私の川であり私の空気であり私の世界
だから。どんな連中にだって奪えるはずがない。

　これが逮捕を待っているあいだ、橋の上に立って私が考えた
ことだった。

(!)

　政府がプッシー・ライオットを逮捕すると決めたとき、私た
ちはプロの政治家でもなければ、革命家でも地下組織のメンバ
ーでもなかった。私たちはアクティビスト兼アーティストで、
アーティストの常として少しばかり世間知らずで率直だった。

　逮捕されたとき、私たちは『ソルト』〔2010年のハリウッド映画。
アンジェリーナ・ジョリー演じる主人公はロシアの二重スパイではないかと疑
われる〕または『トゥームレイダー』のキャラクターというより、
むしろ漫画のキャラクターに近かった。私たちは自分たちを追
跡するやつらのことを、恐れる以上に笑った。状況のしょうも
なさを思って爆笑したのだ。厳しい訓練を受けた高給取りの国
の捜査員たちによる巨大チームが、バカバカしい極彩色のバラ
クラバをかぶった、いかれたいたずら者集団を追いかけている
のだから。

　私たちパンク・プレイヤーのパフォーマンスをした5人の女
は、リュックサックにくっついて座りコーヒーを飲んだ。ひと
口飲むたび、これがシャバで飲む最後のひと口になるかもしれ
ないのだという考えに少しずつ慣れていった。

　それから2、3日後、逮捕されるおよそ1時間前、私は手足
の爪を赤く塗り、髪を整え、白とブルーの水玉のリボンをつけ
た。翌日の3月4日に誕生日を迎える娘のゲーラに贈りものを
買うために家を出た。彼女の父親ピョートルと私は、あらかじ
め彼女のために小さなおもちゃのアライグマ一家（ママ、パパ、

娘、息子）を買っていたが、彼ら用の家具とキッチン、それから彼らの友達になるハリネズミの一家を買わなくてはならなかった。

「動くな！　両手を壁につけ！」

地下鉄駅のガラス扉の近くで私服の男たち10人がピョートルと私に飛びかかった。

ピョートルは壁に叩きつけられた。

「こっちだ、クズめ！」

男たちは私を引っ張っていった。

彼らは私たちを地域の警察署に放り込んだ。男たちはモスクワ警視庁のバッヂを光らせた。アディダスのスニーカーにトラックスーツという格好で、背丈はみな180センチほどあっただろうか。

私はプッシー・ライオットのメールアカウントのパスワードが書かれたノートのページを破り、くしゃくしゃに丸めて呑み込んだ。紙は喉に詰まった。

「水もらえる？」

「覚悟しろよ、売女が！」と、ひとりの捜査官が答えた。

私は頭にフードをかぶり、警察署のベンチに寝転がった。モスクワ警察の男どもとおしゃべりする気にはとてもなれなかった。ここから長い道を行くのだ。私は自分が持つありったけの強さを寄せ集めなければならなかった。

「ちゃんと座ってろ、ビッチ！」

トラックスーツを着た別の警官が私を掴んで引っ張り上げた。

私は本を取り出した。

ピョートルは監視の目を盗み、電話で弁護士に５秒間の電話をかけた。彼から目を離していた警官たちは激怒し、電話を押収して分解した。

モスクワ警察の警官のひとりは、悪意に満ちた笑みを浮かべ

ながら私に向かってうなずいた。

「本を読んでるふりをしてやがる」

「ふりじゃない」

私はほほえんで水玉模様のリボンを延ばした。

心理的に厳しい状況になるといつも私は読んできた。これまで生きてきてパニック発作を起こしたことはない。いまのところは。アメリカでトランプが選挙に勝ったときには、2ヶ月にわたって読書を続けた。私は深刻に参っていたのだ。

ストリートを取り戻せ

街路（ストリート）は私たちの血管だ。壁は肌。屋根、窓は目。木々は肺。ベンチは私たちの尻。交通はげっぷ。私たちは自分たちが暮らしている街と一体になる。私たちは、自分たちが住む都市の姿を決める議論からすっかり疎外されてしまっている。そんなのバカげている。私が住む街の風景をほかのどこかの誰かが決めるだなんて、どうしてそんなことができるのだろう？　単に彼または彼女が金持ちで、私がそうでないからって。

都市生活者の生活の質を決めるのは、家具の質よりもむしろ公共空間の質だ。私はグラフィティでいっぱいの都市が好き。そういう街には活力や性的な動物のエネルギーがある。あらゆる街は百万の顔を持つドラゴンであり、私たちはそれを路上で目にできて然るべきである。もし街中で億万長者と企業の足跡しか見えないのだとしたら、要するにドラゴンは病んでおり、アナキスト天使の医者が必要だってこと。私は完全に商業活動に乗っ取られた都市の意味がわからない。それらはゾンビだけが生きていられるショッピングモールのように見える。地面に座り込めない街なんてまっぴらだ。

「この辺でたむろしていたようだな」と警備員たちは私に言う。おっしゃるとおりですけど。私にとってはそれこそ人生。

街のそこらじゅうにたむろして、痕跡を残す。ストリートを取り戻し、そこを美しく、異質で、論議を呼ぶ、奇妙なものにする。ストリートは開かれた進行中の会話だ。ストリートは開かれた関係でもある。

ウォール街を占拠せよ[オキュパイ・ウォール・ストリート]は21世紀に起こったできごとのなかで、いままでのところ最高に刺激的なもののひとつだ。あれについてはじめて聞いたとき、自分の耳が信じられなかった。1パーセントの人々もこの運動のパワーを理解しており、あの魔法のようなストリート奪還の状況を全力を尽くして終わらせた。

それは2014年5月6日のことだった。ワシントンで米国上院議員と会合をするところだった私たちは、オキュパイ運動の参加者に対する最も厳しい判決のひとつ、セシリー・マクミラン事件のことを知った。セシリー・マクミランはニューヨーク市警の警官に攻撃され、逮捕されたのち第二級暴行罪を言い渡された。彼女はうしろにいた何者かに胸を捕んで捻られたので、反射的に攻撃してきた人間の顔を肘でついたと述べた。警官はセシリーの証言に異論を唱え、陪審は彼の側についた。その結果、彼女は7年の懲役刑を受けるはめになりそうだった。プッシー・ライオットも抗議活動によって7年の刑をくらっていた。

私たちは上院でロシアにおける人権侵害への注意喚起をおこなうことになっていたが、セシリーの件にすごく衝撃を受けた──私たちは彼女がアメリカの政治犯なのだと考えた。私たちは上院での証言をロシアだけに限らずもっと大きな問題として語ることに決め、上院とそれに続くキャピトルヒル〔米ワシントンD.C.の国会議事堂や最高裁判所がある丘〕での記者会見で彼女について言及した。

キャピトルヒルを「キャピトルヒル」と呼ぶ代わりに、図らずも「キャピタルヘル（資本の地獄）」と口に出た。

5月9日、上院での公聴会の数日後、私はニューヨーク市の

ライカーズ島にあるローズ・M・シンガー・センターでセシリー・マクミランに会った。ここには最大1万5000人の囚人を収容する10の刑務所がある。セシリーは驚くべき政治的カリスマの持ち主だ。すべての社会的・政治的アクティビストがそうした特質をうまく育めるわけではない。セシリーの努力は、社会的無関心をなくすことに捧げられていた。彼女の理想は、自発と連帯、そして他者の苦しみをお互いに熟慮することだが、この法廷において彼女の理想は慮られなかった。

この事件を担当した裁判官ロナルド・ズワイベルは、最初から検察側についているように見えた——警官に対する肘を使った身体的動作は正当防衛だったという証拠を弁護側が陪審に見せることを、彼は繰り返し禁じた。オキュパイ活動家たちを追い払おうとする警官による力の行使はそのときだけに限った話ではなかったし、加えてセシリーは自分が個人的にセクシュアルハラスメントに対抗する動きを起こしたのだと譲らなかった。裁判官はこの裁判を通じて陪審員たちが情報にあたることを制限した。5月5日、セシリーに有罪判決が下された。

陪審員12人のうち9人が彼女が投獄されることのないよう裁判官に嘆願状を書いたにもかかわらず、セシリーは7年の懲役刑を受けることになりそうだった。セシリーに判決が下された日、陪審員たちはセシリーがどの条項で告訴されたのかも、それが懲役刑を要求していることも知らされていなかった。陪審の心変わりはルカによる福音書23章34節を思い起こさせる。「自分が何をしているのか知らないのです」。セシリー・マクミランが辿った運命は、なぜアクティビストとしての彼女の努力が必要とされているのかを示す完璧な例だ。陪審員たちが裁判中にセシリーの問題を自分ごととして受け止め、時間をかけて熟考し、正義を求めることができなかった結果、彼女は収監されることになったのだ。

プッシー・ライオットの仲間であるマーシャとピョートルと連れ立って、ライカーズ島にセシリーを訪ねた。彼女は私たちがこれまでに会ったなかで最もごきげんな囚人かもしれない。

　セシリーは、さまざまな社会階層や集団の人々に語りかける能力こそが自分が持つ最も価値ある特質だと誇らしげに語った。彼女の究極の目標は、閉じられた社会集団どうしが接触する点を見つけ、共有される集合的行動を起こす基盤を作り出すことなのだ。セシリーは人生のさまざまな段階において、アメリカ社会内のさまざまな階層に身を置き、ある言葉遣いと経験の階層からまた別のところへと移ってきた。こうした「別の語りかた」をマスターすること——それこそがセシリーの関心の中核にある。自分が生まれ育ち、身を立ててきたところの外側にある社会的集団を理解し、他者の経験を理解すること。

　セシリーは、基本的にすべてを所有している1パーセントの人々と、彼らの影に生きざるを得ない99パーセントの人々とのあいだの失われた社会的対話を徐々に回復させたいと願っている。彼女はまたウィスコンシン州知事スコット・ウォーカーの政策に反対している。ウォーカーは労働組合権をいま以上に制限しようと試み、州議会議事堂で歌っただけの何百人もの人々を逮捕する許可を出した（私はプーチンについて歌っただけで2年にわたって収監された。どうして歌うと逮捕されることになるのかちっともわからない）。好ましくない声を一掃することがウォーカーの目標なら、それらの声を奪われてきた人々のもとに戻すことがセシリーの目標だ。

　セシリー・マクミランの件は国際政治を反映している。ズワイベル判事の評決はアメリカと、直接的ではなくともアメリカの国内政策に影響を受ける国々における、新たな危うい方向性を示している。

　「はたしてズワイベル判事は自分がこうしたやりかたと結び

つくことをよしとせずに、真の愛国者らしく、自らの間違いを認めてこんな恥ずかしい判決を撤回するだろうか？」と、監獄のセシリーを訪れたあと、私は自問した。

　追伸──ライカーズ島で３ヶ月を過ごした後、セシリーは釈放された。彼女は５年の保護観察を命じられた。

(!)

　路上へ出て私たちのものを取り戻そう。街路、広場、曲がり角、庭、岸辺、川は公共だ。教育、医療、交通、自然資源もまた公共だ。そのことを決して忘れてはならない。

　変化の機が熟していることを示す兆候はもう十分にある。人々はそれぞれの夢に到達するために、持てる時間、エネルギー、頭脳、そして心を分かち合いたいと願っている。世界中で進歩的勢力が圧倒的に支持されているのは、いま息をしている人なら誰にでも明らかだ。たとえば、イギリスで若い世代の票を集めたジェレミー・コービン、アメリカのバーニー・サンダース、スペインの政党ポデモス。そしてロシアでも、プーチンと彼の仲間のオリガルヒに抵抗する巨大な抗議活動が起こっている。私たちの国のために別の未来を求める、驚異的な草の根運動だ。

　2017年６月、イギリス総選挙でコービン率いる労働党が驚くべき結果を出した直後にシカゴで開催されたピープルズ・サミットにおいて、バーニー・サンダースは「世界のあちこちで、人々が窮乏と極端な収入および富の不平等に対して立ち上がっている」と言った。「イギリス、アメリカ、その他の地域においても、人々は１パーセントだけを代表する政府でなくすべての人々の代表となる政府を求めている」

ベリガン兄弟

アクティビストである私は、いったいなんのために闘っているのか？ なぜ私たちは団結しなければならないのか？ と、よく聞かれる。

私たちには説得力のあるしっかりとした答えがある。すなわち、私たちは真の民主主義、99パーセントの人々のより良い生活、自由な独立メディア、より幅広い機会、医療と健康保険へのアクセス、環境責任を必要としている。とはいえアクティビストとして、ひとりの人間として疲れ果ててしまうこともときにはある。ただただうんざりしてしまう時期もあるのだ。

そんなとき、あなたは優雅に、意義深く、勇敢に人生を歩み、美しく礼儀正しく、妥協せずに戦うミューズたちにインスピレーションの源を見出す。彼らは神話上の人物でも、おとぎ話や奇跡の産物でもない。彼らは実在している。周りを見回してみて。肩から痛みを振り払い、床まで落として、あなたのミューズと一緒に行進しよう。ダニエル・ベリガンが言うところの「真実——最もありそうもなく、稀有な語り」を話すよう努力しよう。ダニエルとフィリップのベリガン兄弟のような人々は、アクティビストのミューズだ。

フィリップ・ベリガンは第二次世界大戦中、アメリカ合衆国陸軍で兵役に服したのち、1955年に司祭になった。ダニエル・ベリガンは神学者にして知識人で、1952年に叙任されて司祭になった。

ダニエル・ベリガンは権力の濫用を見逃さない意欲を持ち続ける理由のうち、おそらく最高のものを教えてくれる。「私たちはいかにして善やお互いを尊ぶ感覚、真実を愛する心を導びけばよいのだろう？ さらに喫緊の問題として、この悪い時代においていかに導き得るのだろう？」（『タイム』1971年1月25

日の表紙より引用）。「時を経て、私たちは自らが現時点で奴隷となっている人間社会の取り決め──教育、法、医学、政治、宗教、家族など──に代わるものを想像することすらできなくなっている。社会契約の意味は狭まり、社会への適応が単なる洗脳となっている。これまでとは別のやりかた、方法、スタイルは無視されるか、もしくは決して作り出されない」と、彼は『神の悪夢──革命の書』に書いている。反戦活動家にしてFBIの「再重要指名手配犯リスト」に載った史上初の司祭であるフィリップとダニエルは、ハワード・ジン並びにマーティン・ルーサー・キング・ジュニアと共同で反戦デモを率い、ベトナム戦争の激動の時代にアメリカの軍事帝国主義に抵抗した。フィリップ・ベリガンはその抗議活動を理由に、生涯のうち11年にわたって服役することになった。

1967年、フィリップ・ベリガンと仲間たち（ふたりのカトリックとふたりのプロテスタントからなる「ボルチモア・フォー」。そのうちひとりはアーティストで、元歩兵隊の中尉だったベリガンを含むふたりは元軍人だった）は、兵士の召集を取り仕切るボルチモアの軍事施設の選抜徴兵局を占拠した。この男たちは、「インドシナにおけるアメリカ人およびベトナム人の血のみじめな無駄遣い」への抗議を意味する生贄の儀式として、記録文書に人間とニワトリの血を注いだ。フィリップ・ベリガンおよびほかの３人はこのアクションで逮捕された。彼らの裁判はマーティン・ルーサー・キング・ジュニアの暗殺とそれに続いてボルチモアをはじめアメリカ各地の都市で起きた暴動と同時に進んでいた。ベリガンは連邦刑務所で懲役６年の刑を受けたが、彼らの非暴力行動はさらなる徹底的な反戦デモの基盤を築いた。

「現代において（教会の）言葉は死からの解放のひとつだと私は考えている。繰り返される裁判と投獄を通じて、私たちは

この言葉の値打ちを学んでいるところなのだ」と、ダニエル・ベリガンは記す。

1968年、フィリップ・ベリガンは保釈された。当然、この兄弟はそこで止まらなかった。フィリップとダニエルは、ほかの7人のアクティビストたち（このグループは「ケートンズヴィル・ナイン」として知られている）と、メリーランド州ケートンズヴィルの選抜徴兵局の事務所に踏み込み、徴兵記録600人分を持ち去って、建物の正面で自家製ナパーム弾を浴びせて燃やした。

「われわれはローマ・カトリック教会をはじめとするキリスト教団体およびアメリカのシナゴーグが、われら〔アメリカ〕の国家犯罪に対して臆病にも沈黙を守っていることに抗議する。この国の宗教的官僚制は人種差別的であり、この戦争の共犯者であり、貧しい者に対して冷淡であるとわれわれは確信している」と彼らは述べた。

兄弟は公有文書の毀棄罪および共謀罪で有罪となり、懲役3年を言い渡された。彼らは身を隠したが、捕まって刑に服すことになった。

勇敢な司祭たちの物語はこのあともまだまだ続くのだが、私はもう黙るので続きはあなたが調べてみてほしい。アクティビストの活動をしていて厄介事が多すぎてつらくなったときにやってみて。それでこそでしょ？

権力の濫用に抵抗するにあたって最も難しいことのひとつは、インスピレーションとやる気を常に探し求めなければならないことだ。やつらはあなたを打ちのめすけれど、そこであなたはただ耐えるだけでなく、自分自身のなかにそれを笑い飛ばしてみせる小粋なエネルギーと勇気を見出すだろう。**鍵は一貫性だ。権力はかなり一貫して濫用されるものである。だからこそ私たちは一貫して権力に目をつけ、オルタナティヴな未来を築いて**

いかなければならないのだ。

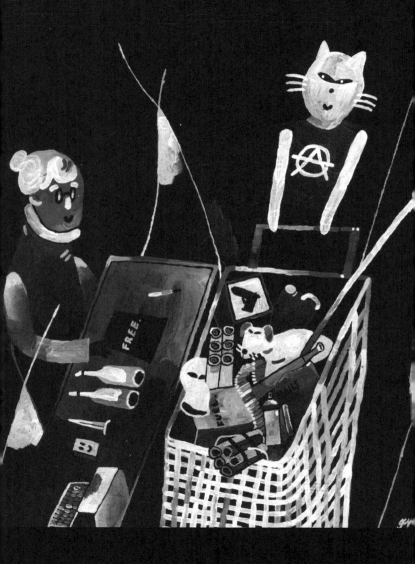

簡単に諦めるな。
抵抗せよ。団結せよ。

王様は裸だと訴えても、王の支持者たちに顔を殴られて終わりかもしれない。そしてきっと、頭のおかしい狂人だというレッテルを貼られてしまうだろう。いかれて、ひねくれた、危険なバカ者だと。しかし、あなたは最高にハッピーな類のバカ者だ——真実を告げることの至上の喜びを知っているバカなのだ。

芸術と自由は、プロメテウスの火の如く盗み取るべきものであり、既存の秩序に抗うために用いられるべきだ。

——パブロ・ピカソ

刑務所はエクスタシーとなり得る。（略）最底辺を経験したDC刑務所においてすらそうだ。私たちは袋小路にいる。24時間閉じ込められ、ひとりですら狭い監房にふたり、ネズミやドブネズミやハエなど多種多様な招かれざる生物と空間を分かち合っている。食べ物はドアから放り込まれ、汚く酷い有様だ。

　しかし私はこの星のほかの場所にいようとはしないだろう。自分たちは突破口が開かれる場にたどり着いたのだ。そしてその突破口はすでに開いている。私はそう考える。

——ダニエル・ベリガン『神の悪夢』

内面の自由、記憶、そして恐怖の感覚を持っている人間は、
流れの速い川の筋を変えることができるガラスの刃あるい
は木材チップである。
　　　　　　　　　　──ナジェージダ・マンデリシュターム
　　　　　　　　　　　　　　　　『見捨てられた希望』

●言葉

　いったい何が私たちに行動を促すのだろう？　私の場合、ひ
とつにはロシアの主たる政治制度が法執行機関であり軍であり
諜報機関であり刑務所であることに本当に怒っている。しかも
その制度は半裸で馬に乗り、何者をも恐れない（同性愛者以外は）、
ひとりの孤独で狂った偽スーパーヒーローによって運営されて
いるのだ。この男は気前よく国の半分を仲良しのお友達に譲り
渡した。その全員がオリガルヒだ。いったいどういうこと？

　ともに力を合わせれば、私たちはこれとは違う政治制度を構
築することができる。

　私たちは受動的な真面目ちゃんにはなりたくない。退屈な詐
欺師にも快適さの誘惑に屈した順応主義者にもなりたくない。
繰り返される終わりなき消費の儀式に囚われ、骨として投げつ
けられるクソを買い続け、率直にして重要な問いを投げかける
方法を忘れ、なんとか１日をやり過ごそうとしているだけなん
てごめんだ。

殴打を栄誉の勲章として受け取めよ

　やつらはあなたを黙らせ、止めようとするだろう。

　障害と悲劇を強さと自信に変える能力を身につけておいて損
はない。もし手に入るなら、手に入れておこう。どこで売って
いるのかはわからないが、もしその能力に出くわしたら、いく

らであろうと買おう。いくらか余計に支払ってもいいくらいだ。それだけの価値があるから。

　私とプッシー・ライオットのほかのメンバーたちはこの超能力を、逮捕や裁判、刑務所で過ごした時間に手に入れた。**皮肉なことに、自由を奪われたことによって、私たちは崇高と言っていいほどの解放を見出したのだ。**肉体的には拘束されていたにもかかわらず、私たちはこれらの手続きにおいて、向かい側に座っている人間の誰よりも自由だった。私たちは言いたいことをなんでも言えたし、実際言いたいことはすべて言った。検察側が言えたのは政治的検閲に許された発言だけだった。

　検察の口は縫い閉じられていた。彼らは操り人形だった。

　停滞と真実の追求は常に正反対だ。本件、そしてあらゆる政治裁判では、真実を見つけようとする人々と、真実を求める者に足かせをはめようとする人々の対立が見られる。

　私たちは真実を追求したからこそ救世主ハリストス大聖堂に導かれ、キリスト教の名のもとに迫害を受けた。しかし、キリスト教というのは、私が旧約聖書を読み、それ以上に新約聖書を学んで理解したところによれば、真実の追求と絶え間ない自己の超克、かつての自分自身を乗り越えることを是とするものであるはずだ。

　しかし、私たちの裁判において赦しの証は見られなかった。

　この件は、人間が常に間違う、決して完璧ではない生きものなのだということをよく覚えておくのに役立つだろう。彼女は懸命に良識を求めたが、それを手にすることはできなかった。そこに哲学が生まれる。そうした状況こそがこの哲学者を行動や思考や生きることに駆り立て、さらに重要なことに、世界を詩的に見る感覚を保たせるのだ。

　詩と政治裁判においては勝者も敗者も存在しない。私たちはそこでともに哲学者になれるのだ。誰かに汚名を着せレッテル

を貼る代わりに、ともに良識を探し求める哲学者に。

(!)

　歴史の創造に参加することの代償は、個人にとってきわめて高くつく。しかし人間存在の真髄は、その創造に参加することにこそある。乞食でありながら他者を豊かにすること。何も持たず、しかしすべてを所有すること。

　若きフョードル・ドストエフスキーがなんで死刑判決を受けたか覚えてる？　彼は社会主義理論に魅了され、毎週金曜日にミハイル・ペトラシェフスキーのアパートで自由思想の友達と交流し、シャルル・フーリエとジョルジュ・サンドの著作について議論していたのを理由に有罪とされたのだ。金曜会の最後の方では、彼はヴィッサリオン・ベリンスキーがニコライ・ゴーゴリに宛てて書いた手紙を朗読した。この手紙はドストエフスキーを裁いた法廷によれば、「正教会と最高権力機関に対する無礼な言説」でいっぱいだった。ドストエフスキーは練兵場に連行され、処刑されそうになったが、「死を待つ苦悶と無限の恐怖の10分間」を経て、兵役およびシベリアでの強制労働４年への減刑が言い渡された。同日、彼は兄に宛ててこう書いている。「生はあらゆるところに存在する。生は外界にあるのではなく、私たち自身のうちにこそある」

　ソクラテスは哲学議論やアテネの神々を受け入れないことで若者たちを堕落させているとして責められた。彼は天の声と生きたつながりを持っており、自身が何度も主張したように、決して神々の敵ではなかった。ではソクラテスの偏見から解き放たれた批評的・弁証法的思想は、どうしてアテネの有力市民たちの機嫌を損ねたのか？　ソクラテスは死刑判決を受け、（彼の教え子たちが勧めたように）アテネから逃げもせず、勇敢に１

杯のヘムロック〔ドクニンジンから作った毒薬〕を飲み干して死んだ。

　宗教の名のもとにおこなわれる不正。真実を求める者に貼られる狂人のレッテル。キリストその人ですら「彼は悪霊に取りつかれて、気が変になっている」（ヨハネによる福音書10章20節）と言われ、教会に対する罪で死刑を宣告された。「善い業のことで、石で打ち殺すのではない。神を冒涜したからだ」（ヨハネによる福音書10章33節）。

　もし皇帝、大統領、総理大臣、裁判官といった権力者たちが「わたしが求めるのは憐れみであって、いけにえではない」（マタイによる福音書9章13節）の意味を理解していたら、罪のない者を裁判にかけたりはしなかっただろう。しかし権力者たちはいまもなお慌ただしく人を咎め、決して執行猶予を与えようとはしない。

　自分にとって大事なものを他人に定義させるのであれば、それはもう他人のゲームをプレイしているということだ。自分の人生をよく生きたいのであれば、そいつに向かって地獄へ堕ちろと言ってやればいい。

全レジスタンスが知っておくべき用語集

貪欲。金と名声がいちばん重要なのだと訴えてくる感情。意欲的に闘っていかないと、簡単に囚われてしまう。貪欲はいつのまにか忍び寄る。そして、あなたは気がつくと子どもの頃には夢にも思わなかったくだらないことをやってしまっている。貪欲が入り込むと、ものごとを見る目が曇るのだ。あなたは誇らしきクソ野郎同盟の一員となる。しかし豚は飛べない。たとえ遺伝子操作されたって無理。

弾劾。あなたの上役が物騒で、制御不可能なケツの穴で、日に日に後退している場合に要求すべきこと。

セレブリティ・ファシズム。どんな手段を使っても根絶させねばならない病気。金と地位さえあればクズでいても罪を犯しても許されると信じる極度に堕落した心理状態。「スターだったら問答無用だ。なんだってできるんだ。プッシーを掴むことだってな」

クリトリス。家父長制の文化によって大々的に抑圧されてきた、とても重要な人体の部位。男根中心主義文化によって無視されるか、または野蛮な切除の風習によって破壊されてきた。

司法妨害。プーチン曰く、国家運営と法執行機関の仕事を監督する主な方法のひとつ。これについてトランプもプーチンと見解を同じくしている。

無償の教育。私たちみんなが手にするべきもの。

団結。アクティビストには必須。この道しかない。街路や広場を占拠し、要求が通るまでそこを離れるな。計画し、求め、ねばれ。私たちみんなのなかにモンスターがおり、そのモンスターは正直さを求めている。

プッシー。暴動しないと手に入らないもの。ライオットなくしてプッシーなし。

プーチン。ちっぽけで悪意に満ちたKGB諜報員。主に目指しているのはロシアの人々からさらに多くの金を盗むこと。家父長主義で倫理に欠けた寡頭政治が世界中に広がるのを待ち望んでいる。

●行動
自由はすべての罪を含む罪

　逮捕とは宗教的と言えるような体験だ。**逮捕された瞬間、自分は世界をコントロールできるという自己中心的な自信が突然奪われる。**気づけばひとりぼっちで、途方もなく大きな不確定性の海に直面している。不屈の精神、笑顔、穏やかな自信だけが、この海を渡る助けになる。

　私たちは何を理由に逮捕されたのか告げられなかったし、私からも尋ねなかった。言うまでもない、ということだろう。鍵、電話、ノート、パスポートが押収された。

　必要な手続きを終え、私たちは警察署の通路で政治事件担当の警官と座っていた。「ところで、君はうまく隠れてたね。探すのに全力を尽くしたよ。よくやった」

　最初の尋問は午前4時7分だった。私は証言を拒否した。1時間後、私はペトロフカ通り38番の未決勾留施設〔ユリアン・セミョーノフによるミステリ小説「刑事コスチェンコシリーズ」の『ペトロフカ、38』で有名〕に連行された。囚人たちはがっちりと手錠をかけられ、監視員に付き添われて移動する。次に靴ひも、スカーフ、ブーツ、ブラ、水玉模様のリボンを没収された。

　金髪の女性警官が、私に服を脱いで両足を広げ、四つん這いになるよう命じる。それから私の両手で尻の山を掴んで広げさせる。

　「さっさとしろ、ここは幼稚園じゃねえんだ！」と、金髪の相棒の黒髪が言う。

　私は無期限のハンガーストライキに入るという宣言を書く。

　すでに地獄のように飢えている。

　自分の考えを殴り書きしながらも心は泳いでいる。あのとき考えていたことだが、一生覚えておくのにわざわざ書き留める必要はなかった。

「まだできていないことがたくさんある。私にはアイデアが山ほどあった。この年齢にしてはほんの少ししかできていない。22歳で刑務所に入れられると知ってさえいたら。（略）刑務所で頭痛薬は飲めるのだろうか？ 私には必要。毎日飲んでる。そして（略）まだ書き終えていない文章がある。明日は私の娘ゲーラの誕生日。プレゼントを買い揃えることもできなかった。ゲーラはどう思うだろう？ 私なしでどうしているだろう？ 私はいつ戻れるの？ そもそも戻れるの？ ここはどこ？ 投獄されると何が起こるの？ ほかの人たちにとって私は死んだも同然ってこと？」

最初の監房は安堵だ。ようやく自分を取り囲んでいた警官と捜査官たちがいなくなる。尋問されることもない。自分と目の前の壁、あるのはそれだけだ。

ラジオをつける。「救世主ハリストス大聖堂で不穏な行動に出たお騒がせ集団プッシー・ライオットのメンバーたちは、身柄を拘束され、未決勾留施設に送られました。現在、彼女たちは取り調べを受けています」と、ラジオ・ロシアが報じている。

「お知らせどうも。あんたに言ってもらわなくても大丈夫」。私は寝台で震えながらラジオに向かって言う。

逮捕から3日後、私たちは法廷に呼ばれ、捜査（きわめて危険な犯罪的行為——女の子たちが40秒にわたって飛び跳ねた件——の捜査）のあいだずっと閉じ込めておくことに決めたと言い渡された。驚き！

私の刑事事件記録、事件番号17780番には次のように書かれていた。「公判前に拘留を解いた場合、被告が刑事訴訟法によって課せられた義務を果たすとは保証できず、トロコンニコワは逃亡や捜査妨害、あるいは引き続きこれらの刑事告訴に至った活動に関与する可能性がある」。これは普通もっと長期にわたって誰かを拘束する必要がある場合に法執行機関の人々が言

うセリフだ。とはいえ彼らの言ったことが間違っているというわけではない。釈放されていたら、私はたしかに「引き続きこれらの刑事告訴に至った活動に関与」していただろう。それについてはまったくそのとおりだ。

第6女子拘置所は魔法的かつ邪悪な美を備えた場所だ。長方形を構成する、古い、要塞のようなレンガ造りの建物。そこには巨大な中庭があり、いくつかの区域に分けられたコンクリートの構造の内部を、容疑者や被告人や囚人が歩かされる。

そこは決して消えない腐ったゴミの悪臭が染み渡った、冷たいレンガの城だ。そして日曜日には近くの教会から鐘の音が聞こえてくる。

ベッドが41台しかないにもかかわらず54人を収容している監房もある。女たちはベンチの下で眠り、朝になるとテーブルの下から出てくる。壊れた簡易ベッドで眠る妊婦もいる。監房は叫びと悲鳴に満ちている。

新入りは、深緑の壁に埃をかぶった古びた照明のどんよりした部屋へ案内される。奥には女がひとり座っている。すごく若いか、それとも40近くか。見分けるのは難しい。その顔には18歳だって老け込んで見せる、無関心と絶望的な疲労の表情が刻まれていた。彼女はマットレスを渡してくれる。

マットレスを抱え、食べものなしで10日間ふらついて過ごしたのち、あなたは3階へ上がる。半円形のレンガの壁には分厚い曇りガラスの細い窓がはめ込まれ、階段を囲んでいる。

ハンガーストライキをしているあいだ、日に日にあなたの血圧は下がってゆく。頭痛が酷くなり、ベッドから起き上がるのが難しい。人生ではじめて自分自身の腎臓の存在を感じられる

ようになり（それらも病んでいるからだ）、肌は乾燥し、唇は
ひび割れる。
　とうとうあなたは刑務所のパンのかけらを噛みくだき、それ
を地元のお茶で流し込む。それは薄茶色の、甘くてなまぬるい
液体だ。ハンガーストライキを終えた日以降、あなたは刑務所
のパンに敬意を払うようになる。

（!）

　刑務所ではいくつかのことを学んだ。かつての私は胸を床に
つける腕立て伏せができなかったが、刑務所で鍛えることがで
きた。散歩の時間、私は何百ものエクササイズをやってへとへ
とになる。

（!）

　逮捕から６ヶ月後、悲しく苦しげな表情を貼り付けて３時間
にわたって私たちの檻の隣に座っていた執行官補佐人の犬が、
突然こわばって、けいれんの発作に体をねじらせ、法廷の寄せ
木張りの床に吐いた。
　執行官補佐人は犬をとがめるように一瞥し、裁判官は一瞬動
きを止めたが、裁判は休憩なしで進行した。傍聴席の人々は笑
った。私たちはこの公判日が終わるまで同情をもって犬を見つ
め続けた。なぜだかわからないけれど、吐瀉物はその後３時間
にわたって放っておかれていた。
　「じっとしろ！ 急に動くな！」
　法廷の建物の地下にある留置場で、私たちは別の犬とその飼
い主の攻撃を受けている。ハリウッドのアクション映画の反イ
ンテリ的ヒーローと、荒っぽい単純な男を演じるポルノ男優の

両方に似た、不機嫌な、細身だが強靭そうな男だ。犬は吠えまくり、私たちに襲いかかろうとする。男はそのたくましい足を床にしっかりつけて、体重全部を使って犬を引っ張っている。犬は吠え続ける。

　私は尋ねる。「すみません、どうしてあなたの犬はそんなに興奮してるんですか？」

　「刑務所の臭いに反応するよう訓練されているからだ」

　ああそう。いまや犬ですら私のことを、刑務所に入っているという理由で下に見るのだ。

(!)

　留置場に入っていたあいだには奇妙なことがたくさん起こった。

　私は元警官と一緒の監房にいた。彼女は子どもの頃に良い警官を紹介するテレビ番組を見て、心の赴くままに警察入りした人々のひとりだった。90年代には犯罪を捜査し、邪悪な警官たちから市民を守って幸せだったという。2003年、彼女は辞職した。やる気がなくなったからだ。誰も犯罪の解決を求めていなかった。その代わり、完全服従と無条件の忠誠、さらにはすすんで法を破る姿勢まで要求された。同じく警官だった彼女の元夫が、彼女を無実の罪で刑務所に入れた。不正行為をおこなったとして告発されたのだ。しかし実のところ、彼女の元夫は、この刑事事件はデタラメで、彼女が所有する不動産を彼に譲ったらこの件をもみ消してやるし自由になれると悪びれもせず彼女に告げた。彼女は不動産の譲渡を断った。それで彼女は刑務所にいた。

　プッシー・ライオット裁判中のある日、彼女は天啓を受けた。ヨハネが福音書に書いたことは本当に起こる。ロシアからプー

チン派の愚行が一掃されるのだと。

その一方で、プッシー・ライオットに謝罪しようとしたある司祭は、教会によって聖職を追われた。

プッシー・ライオットの支持者だと主張する男は、私たちを逮捕する許可を出した裁判官を斧で殺害しようとした。

正教会のアクティビストたちは「すべての力は神より来る！魔女を火あぶりにせよ」と叫びながら裁判所の周りを行進した。コサックのような装いをした人々が魔女に火をつけようとしていた。

刑務所版・新年のレシピ

オリヴィエサラダ

　　即席麺（じゃがいもの代用品。じゃがいもを茹でることは禁止されている）

　　きゅうりのピクルス

　　豆の缶詰

　　たまねぎ

　　マヨネーズ（たくさん）

　　魚や肉の缶詰（ドクトルスカヤソーセージの代用品）

大晦日ケーキ

　　クッキー

　　バター

　　コンデンスミルク（たくさん）

材料をマヨネーズの容器（ボウルはほかにない）に入れて

混ぜ合わせる。

食事を楽しんで！ あけましておめでとう！〔オリヴィエサラ
ダはさいの目に切ったじゃがいもなどの野菜とソーセージやピクル
スをマヨネーズで和えたサラダ。ロシア風サラダとも呼ばれる。ド
クトルスカヤソーセージは1930年代より製造されているロシアで人
気の高いソーセージ。健康に良いと謳われ、「医師のソーセージ」
と名付けられた〕

　裁判所は私たちを支援する人々に囲まれていた。そして私た
ちを憎む人々にも──キリスト教正教徒のアクティビストたち
は私たちへの懲役10年を求めて、「キリスト教正統派さもなく
ば死」のTシャツ姿で歩き回っていた。

　担当裁判官は自分の義務を果たしているだけなのに公的に辱
めを受けたと不満を口にした。事実、彼女が裁判所の廊下を歩
いているのを見たアクティビストたちは「恥を知れ！ 恥を知
れ！」と叫びはじめたりした。プッシー・ライオット裁判の判
決が言い渡される前日、彼女には政府の護衛隊がついた。

　裁判所の地下室に監房があり、警備員に法廷に連れて行かれ
るまでそこで待たなければならない。監房は常にものすごく汚
く、暗く、狭い。クラッカーをもぐもぐしながら座って、かつ
ての囚人たちが書き残したものを読む。「ロシアは自由になる」
「太陽は盗人に輝き、おまわりに輝かない」「ACAB（"All Cops Are
Bastards"（すべての警官はクソ野郎）の略）」。それから、愛の詩（監
獄では一大ジャンルだ）。

　あなたは汚いベンチに座る。警備員たちは愚かな言葉をあな
たに向かって放ち、あなたはそれを呑み込む。それでもあなた

は自尊心を失うまいとしている。あなたは外で待っている友達や親戚、支援者たちのもとに連れていかれるだろう。あなたは刑務所での経験全体がいかに屈辱的で意欲をくじくものなのか、彼らに見せたくない。あなたはほほえんでいる。そのほほえみは抵抗の行為だ。主義・信条の問題と言ってもいい。監獄はキツくて憂鬱だけれど、自分をここにぶち込んだやつらに苦しむ姿を見せて喜ばせたくはない。くたばりやがれ、親愛なる政府よ。**笑顔は私の究極の武器だ。**

　自分の言葉が読み上げられるのを聞くのは気まずい。そういうのはそれまで映画でしか見たことがなかった。判決が下される前の晩は眠れないものだと言われる。私はこの慣例に自分なりに抵抗し、赤ちゃんのように眠った。もうすぐ強制労働収容所に移送されて奴隷労働に従事しなければならないのなら、眠れるうちに眠っておかなくちゃ。

　判決が読み上げられるあいだ、あなたはずっと手錠を嵌めていなければならない。4時間にわたって立ちっぱなしで手錠を嵌められ、裁判官が自分自身で書いてすらいないたわ言を聞き続ける。この手の決定は大統領周辺から下されるのだ。あなたは判決を聞き終える前に、すぐには刑務所から出られそうにないとわかっている──取調官から、検事から、裁判に関するプーチンの発言から、そしてテレビで流れるプロパガンダから。

　「被告人のふるまいは社会からの隔離なくしては矯正不可能である」と裁判官は言う。あなたはこの決まり文句が意味するところを知っている。強制労働収容所へ行くのだ。それから裁判官は「2年」とつけ加える。永遠みたいに聞こえる。刑務所では1日1日が永遠だ。

　私たちは警察の車5台とバス2台に囲まれ、未決勾留施設に戻された。彼らは私たちを移送するために、文字通り道路を封鎖した。抗議者たちが私たちを解放しようとするのを恐れてい

たからだ。私はこの先の流刑地での生活について考え、アクティビストである自分にとって面白い挑戦になるはずだと自分に言い聞かせようとした。

●ヒーロー
エメリン・パンクハースト

　女性参政権——女が選挙で票を投じる権利——獲得のための闘いは長く厳しい。権力を持つ白人男性寡頭制支持者は、自分たち以外の者に選挙権を与えようとしなかった——今日でさえ、彼らはアメリカにおいて貧乏人やマイノリティの有権者に投票させまいと力を尽くしている。したがって20世紀初頭、女性たちが団結して男性が持っているのと同じ権利を要求したときから、この闘いが困難なものとなることは明らかだった。

　エメリン・パンクハーストは女性参政権運動の偉大なる先駆者のひとりだ。私は女学生だった頃にパンクハーストについて習った。英語の授業で、後世に大きな影響を与えた歴史上の人物をひとり選んで語ることになったのだ。エメリンとの関係は、私が彼女の名字の綴りを間違えたところから始まった。私はしばらくのあいだ「Punkhurst」に違いないと信じ込んでいた〔正しくはPankhurst〕。ロシア耳には、「Punk Thirst（パンク・渇き）」みたいで超かっこよく聞こえたからだ。その結果、私はパンクハーストがイギリスのパンクの母なのだと信じ込んだ。

　エメリン・ゴールデンは1858年、イングランドのマンチェスターに生まれた。彼女の結婚相手リチャード・パンクハーストは弁護士で、女性参政権を支持し、1860年代に女性参政権法案の草稿を書いた。エメリンは夫の助けを借りて女性参政権連盟を設立し、地方選挙での選挙権を獲得した。夫の死後、エメリンは女性社会政治同盟を立ち上げ、娘のクリスタベルとシルヴィアもそこに参加した。この団体は社会改革、特に参政権運動

に取り組んだ。私たちに選挙権を、さすれば私たちは市民としての責任を果たしましょう、と女性たちは声を上げた。

　ちっとも動かない政府に落胆した女性たちは「闘争的」になった——女がお行儀よくしなかったときに男たちが言う言葉だ。エメリンはたびたび逮捕され、刑務所でハンガーストライキをおこなった際には強制食餌の拷問を受けた。**ハンガーストライキの8日目、刑務所の医師がやって来てもうすぐ強制食餌をすると言ったとき、私はエメリンのことを思った。**

　クリスタベルは女性放火犯グループを組織した。世界各地の女性たちが組織化されたラディカルアクションを始めていた。彼女たちは郵便ポストに酸を注ぎ、窓を破壊し、自らを鎖で柵につないだ。エミリー・デイヴィソンという女性がイングランド最大の競馬レース、ダービー競馬の最中にコースに出て、馬に踏み殺されるという衝撃的なアクションもあった。

　男性の傍観者たちはこうした非淑女的アクションを恐れたが、女性参政権活動家（サフラジスト）たちは恐れを知らなかった。イギリス政府は刑務所の淑女たちが餓え死にするのを阻止するために栄養チューブを喉に突っ込むのは世間体がよろしくないと判断し、「猫とネズミ法」を可決した。ハンガーストライキを始めた女性は釈放され、体力が戻ると再逮捕された。エメリンはこの法のもと1年のうち12回にわたって刑務所から釈放され再逮捕された。

　エメリンは自身を「戦士」と呼んだ。彼女は、女性が人間として扱われるようになるために何がなされるべきかはっきりわかっていた。女性たちを殺すか、選挙権を与えるか、政府は決断を迫られていた。

　1913年、エメリンはコネチカット州ハートフォードの支持者たちに向かってスピーチをした（もちろん女性参政権活動家たちはアメリカでも刑務所に入れられ、強制食餌されていた）。彼女は述べた。「あなたにはすごくおなかをすかせてお乳を待

162

っている赤ちゃんがふたりいます。ひとりは我慢強い赤ちゃんで、お母さんがお乳をやる準備ができるまでいつまでも待つ。もうひとりは我慢強くない赤ちゃんで、元気に泣きわめき、叫んでばたばたして、お乳をもらうまでみんなを不快にする。ほら、私たちはどちらの赤ちゃんが最初にお世話されるかをよくわかっています。これが政治の全史なのです」

　そして第一次世界大戦が起こる。最も保守的な政府でさえ、女性たちの戦争への貢献を認めざるを得ず、ほどなくしてアメリカとイギリスの女性たちは選挙権を獲得した。ただし、イギリスでは30歳以上の女性だけが対象だった（「財産」を持たないたくさんの21歳以上の男性たちとともに）。1928年、エメリン・パンクハーストが亡くなった年に、女性の選挙年齢は男性と並んだ。

　国がしぶしぶ認めた権利の多くがそうであるように、参政権は脆いものだ。スイスで女性が国政選挙に投票する権利を獲得したのは1971年になってからだった。サウジアラビアについては尋ねるまでもない。女性が選ぶ権利は国レベルでも地域レベルでも奪われつつある。アメリカの７つの州では、中絶手術を合法的におこなえるクリニックがたったひとつしかない。同性婚はどれだけ認められている？　メディケアとメディケイドは？〔ともにアメリカ合衆国の公的医療保険。メディケアは高齢者と障害者、メディケイドは低所得者を対象としている〕エメリン・パンクハーストのような女性たちのおかげでなんとか手に入った権利は、永遠に私たちの手のうちにあるわけではない。私たちは新しい権利の獲得に取り組むだけではなく、すでに持っている権利を守らなければならない。おなかをすかせた赤ちゃんたちのように、私たちは生きるためにばたばたし、叫び、大騒ぎを起こさなければならないのだ。

刑務所からの脱出

ロシアや合衆国、中国、ブラジル、インドそのほか多くの国々に存在する現代の刑務所制度は、ひとまとまりの合法化された拷問島として滅ぼされるべきである。以上。

その社会の文明の成熟度は、刑務所に入ればわかる。
——フョードル・ドストエフスキー『死の家の記録』

私は刑務所の社会的機能の撤廃を提案する。
——アンジェラ・デイヴィス

下層階級が存在する限り、私はその一員である。また犯罪分子が存在する限り、私にもその要素がある。したがって刑務所に誰かの魂が存在する限り、私は自由ではない。
——ユージン・V・デブス、治安維持法違反で有罪判決を言い渡された際の裁判所に対する声明、1918年9月18日

刑務所はすべての意志と人間の個性を殺し、地球上のほかの場所で出会う以上の悪徳を壁の内側へと封じ込める。そこは常に犯罪の大学ではなかったか？
——ピョートル・クロポトキン
『アナキズム——その哲学と理想』

ああ束縛！　くたばりやがれ！

——X-レイ・スペックス
「オー・ボンデージ、アップ・ユアーズ！」

●言葉
産獄複合体

　よく知られている事実。人は利益を搾り取っておいて救世主
のような顔をするとき、最悪の類のクズ、すなわち偽善者クズ
になる。これらの人々は自暴自棄と貧困、差別とレイシズムを
利用して、あらゆるグローバル企業体のなかで最も儲かるもの、
つまり産獄複合体を作り上げた。刑務所は私たちを助けるため
のものと言われてきたが、そうではない——実際たいした助け
にはならないのだ。私たちは沈黙を強いられ、奴隷にされ、こ
き使われる。刑務所は「社会復帰」のためにあると言われてい
るが、囚人たちの多くは、本を読んだり親戚と話したりできな
いし、教会に行く自由すら与えられていない——労働して刑務
所の所有者たちを儲けさせるのに忙しすぎるのだ。
　私が現代ロシアや現代アメリカの刑務所制度をくぐり抜けて
きた人々の瞳のなかに見てきたのは、皮肉と残酷を伴う絶望だ。
ロシアの刑務所で過ごした２年間、私は現状とは異なる新しい
刑務所制度を夢見た。囚人たちがそれぞれの内面世界を追求し、
教育を受け、本を読み、アートを創り出す機会が与えられる
システムだ。文字どおりそれについての夢を見た。収容者たちが
中国やインド、イラン、日本といった異国の文化について学ぶ
流刑地の夢だ。ある日、奇妙なことが起こった。目が覚めると、
英語の「REVIVAL（復活・再生）」が頭のなかで脈打っていた。
夢のなかで、その単語は刑務所の教室の黒板に書かれていた。
そのときはこの言葉が何を意味しているのかさっぱりわからな

かったけれど、とりあえず書き留めておいた。私はあとになってその意味を探った。

　現実の刑務所は、夢のなかで目撃したものとはまるでかけ離れた悪夢だった。野蛮で、人間らしさのない場所だった。「刑務所（略）というものは反社会的どころか、反人間的である。いちばんましなところでも社会の無知、愚鈍、非人間性を反映してあまりにも悪い」。社会主義運動の結果として刑務所で6ヶ月を過ごし、そこから大統領選に出馬した政治オーガナイザーで労働組合リーダーのユージン・V・デブスの言葉だ（1927年、デブスの死後に出版された『壁と檻』より）。

「たとえわずかな人数でも、刑務所制度の地獄を生き延び、人間性を保ち続ける男たちや女たちが存在することは、人間の精神の回復力をたしかに証明している」と、ハワード・ジンは『アメリカ同時代史』で述べている。

　私が知っている刑務所制度が生み出すことのできるものがあるとしたら、たったふたつだけだ。その1、官僚または企業の利益。その2、政府を憎み、公的機関の人間を一切信用しない人々の群れ。犯罪の増加を目指すにはもってこいの方策だ。ロシアの刑務所で過ごした私は、決して申し訳ない気持ちにならなかったし、制度に従順にもならなかったのだから。

　刑務所を出てから、プッシー・ライオットの仲間マーシャと私は世界中の刑務所を訪問し、囚人や元囚人たち、そして元囚人の真の再社会化のために活動しているアクティビストや団体と話してきた。私たちはロシアとアメリカの刑務所制度があまりにも似通っていることに驚かされた。冷戦はさまざまな点でふたつの国を似たもの同士にした。攻撃的帝国主義や軍国主義、ものすごい不平等だけにとどまらず、権力を持たない市民、鉄格子のなかの人々に対する政府の姿勢までも似通っているのだ。

　かつてソビエトの支配下にあったバルト海沿岸諸国がグラー

グ〔旧ソ連の強制労働収容所〕で一般的だったやりかたとは違う囚人の扱いかたを模索していることを学んだ。旧型の刑務所は、人間の意志を破壊するのではなく助けようとする新型のものに置き換えられつつある。

私たちはベルリンにある元シュタージ（東ドイツ国家保安省）の刑務所を訪れ、彼らがいかにそこで起こった拷問や殺人を記憶に留め、自らの過去に向き合っているかを目の当たりにした。ベルリンには、収容者に対しておおいに敬意を払う女子刑務所も存在する（良い環境、刑務所内での同性パートナーシップ認可、強制労働なし）。

スカンジナビアの刑務所と更生施設、元囚人のためのシェルターを見学した際には、彼らの職探しを手伝うソーシャルワーカーたちにも会った。収監者がソーシャルワーカーを敵としてではなく、手助けをしてくれる人として見る環境は実現可能なのだ。ロシア型の刑務所ではそうはいかない。アメリカ型の刑務所でも。

アメリカはさまざまな領域において世界をリードしている。最大規模の経済、最高ランクの大学、オリンピックの金メダリストたち。しかしアメリカは人々を刑務所にぶち込むことに関しても世界をリードしているのだ。アメリカの人口は世界総人口の5パーセントに満たないが、世界の囚人の20パーセント以上がそこにいる。**世界の囚人の5人にひとりが合衆国で収監されているのだ。**

その理由のひとつは1970年代に始まった悲惨な「麻薬戦争」だ。1980年、連邦および州刑務所の囚人数は32万人ほどだった。司法統計局によれば、2015年には、連邦および州刑務所に152万6800人が収監されており（2014年から2パーセント減少）、加えて70万人以上が地方刑務所にいて（1980年の18万2000人から増加）、何十万人もが非暴力の麻薬犯罪で閉じ込められている。

マリファナ所持の処罰は多くの場合で厳しすぎたし、サウスダコタ州やインディアナ州などではいまでもそうだ。現在、マリファナを吸うのはアルコールを飲むより危険性が低いと科学者たちが述べ、一部の州ではマリファナ所持が合法化されている。アメリカは、多くの州では完全に合法な行為をしたという理由で何十万人もの人々が収監されているというバカバカしい状況にある。

　そして刑務所政策はレイシストだ。アフリカ系アメリカ人は白人の5倍の割合で収監されている。アフリカ系アメリカ人のコミュニティに出回り、都市の貧困地域でよく使用されている塊状のクラック・コカイン関連の有罪判決は、白人が使用することが多い粉末状のドラッグに関するものに比べてずっと厳しいのだ。同じドラッグなのに、ときには刑期が100倍も長くなる。

　ニューヨーク市の巨大な刑務所複合施設ライカーズ島に行って、来訪者が全員有色人種だと気づいたとき、私はおおいに混乱した。「この国では白人なら刑務所にぶち込まれないの？」と訝しく思った。興味深い。

　ライカーズの入口には、XLサイズのパンツとフーディを着用してはならないという巨大な張り紙がある。なぜか？　ひょっとしたら刑務所職員たちがすごく無知蒙昧で、ヒップホップカルチャーと犯罪とを結びつける偏見の種を撒いて広げようとしているのかも。

　不平等について見識を深めたかったら、ハワード・ジンに聞いてみよう。「貧しければ貧しいほど、刑務所に行き着く可能性は高まる。金持ちは欲しいものを手に入れるのに犯罪を犯す必要がなかった。法は彼らの側についていた。そのうえ金持ちは犯罪を犯した場合でも、多くは起訴されることなく、もしされたとしても保釈金を払って釈放され、有能な弁護士を雇い、裁判官から甘い扱いを受けることができる。そうして刑務所は

結局のところ貧しい黒人たちでいっぱいになったのだ」(『民衆のアメリカ史』)。ユージン・V・デブスの言葉ではこうなる。「原則として貧乏人だけが刑務所へ行く。金持ちが法廷を支配し、貧乏人が刑務所に住み着く」

　政治家たちは長きにわたって自分の方が「犯罪に厳しい」と互いに競い合ってきた。ビル・クリントンは1992年の大統領選の際、遊説を中断して、殺人で有罪判決を受けた知的障害者男性の死刑執行令状に署名した。この男性、リッキー・レイ・レクターは殺人を犯したのち、自らの頭を撃ち、結果的に自分自身にロボトミー手術を施すことになったのだ。知的機能が著しく失われていたにもかかわらず、彼は処刑された。レクターは最後の晩餐の際、あとで食べるからデザートを取っておいてくれと警備員に頼んだ。

　当局はこのシステムが機能していないと悟るどころか人々を閉じ込め続け、増え続ける収監者を管理するために驚きの解決策を見つけた。民営化だ！　民営矯正施設は1980年代に始まった。利益を出すために人々を閉じ込めるというわけだ。2015年、そのピークには、連邦刑務所の収監者の18パーセントが民営刑務所に入っていた。2016年、オバマ政権下の司法省は民営刑務所を段階的に廃止すると発表した。もちろんトランプはこの方針を覆した。これを見越して、選挙の翌日、民営刑務所業界の最大手コアシヴィックの株価は43パーセント上昇した。

　教育や医療の場合と同じように、もし収益を上げることが主な目標だとしたら、教えたり癒やしたり回復させたりすることは、刑務所においても重要視されなくなるだろう。誰も気にしやしない。民営刑務所は罰するためだけに存在する。なぜなら彼らは投獄された人々で儲け、企業はより長い刑期を求めてロビー活動をおこない、40万人余りの刑務官と同様に、犯罪に最も厳しい政治家を支援するからだ。

刑務所は収益を生む部門であってはならない。このシステム全体のコストは年間800億ドルに上る。このお金の大半は、人々を刑務所に入れておくのではなく出しておくために遣った方がいいのでは？　たとえば教育や再訓練、雇用創出などに。

　私たちは更生に向けたあらゆる努力を支援するべきだ。ランド・ポールのように、共和党員ですら一部は刑事司法改革を支持している。45万人もの人々が保釈が認められなかったり200ドルから300ドル程度のお金が払えなかったりして刑務所に留まり続けており、ポールをはじめとする議員たちがそれを国会で変えようとしている。

　刑務所制度は困難に陥った人が社会復帰する助けになっていない。それは彼らに除け者の烙印を押し、社会への参加を阻む。はるか昔からそうだった。エマ・ゴールドマンは1910年に発表した「刑務所──社会犯罪と失敗」という論考で、「毎年毎年、刑務所地獄の門から、人間性という船で難破した、やつれて歪み意志を失った乗組員たちが世界に戻ってゆく。（略）彼らの希望は打ち砕かれている。飢えと非人間性のみに迎えられたこれらの犠牲者たちは、生存のための唯一の可能性として、ふたたび犯罪に沈み込む」と述べている。

　麻薬に関しては、正気を取り戻した土地もある。シアトル、イサカ、ニューヨークなどの都市は、麻薬を刑事司法ではなく医療の問題と見做している。一部では総合的麻薬政策の一環として、安全にヘロインを使用できる場所の提供すら始まっている。オピオイドの過剰摂取は毎日100人以上を殺している。適切な処置を提供すれば、刑務所に行くか死ぬかではなく、人々が麻薬を抜くのを助けることができるのだ。スイスは20年前にこの道を選び、麻薬関連犯罪、HIV感染、そして過剰摂取を減らすことに成功した。

　だが賢明な判断はまだ足りていない。麻薬使用者たちを閉じ

込めて、できるものならひと儲けというのが現状なのだ。

(!)

　秘密主義政府のもとで何が起こり得るかを知るためには中国を見ればいい。中国における投獄の状況に関する情報はほとんどない。処刑に関して本当の数字は誰も知らないのだ（2000〜3000件と推定される）。中国の刑務所は習近平国家主席に抵抗する反体制派や民主主義運動家で埋まっている。中国も麻薬戦争の最中で、密輸業者たちを処刑している。

　中国の刑務所はまるで地獄のようだ。公判前拘留施設での拷問は常態化している。監房は過剰収容で、ベッドがないこともしばしばだ。囚人たちは長時間労働を強いられる。本格的に刑務所に収監されてからも働くが、環境は拘留施設とたいして変わらないだろう。

　私たちがわかっているのは、中国で何が起こっているのかわからないということだ。アメリカについては現状はわかっている。しかし、刑務所改革は政治的な優先事項にはなっていない。犯罪に厳しい態度をとるほうが票が集まるのだ。2015年、オバマが連邦刑務所を訪れたが、これは大統領としては史上初の訪問だった。彼は3人を収容するおよそ3メートル四方の部屋を覗いて、過剰収容について話した。彼は同情している様子だった。しかし18ヶ月後、オバマが執務室を去った時点で、ほぼ何も変わっていなかった。

　オバマ政権では量刑の下限の見直し運動があり、麻薬政策について国民的な議論がはじまった。「麻薬との闘い」の資金の使途は治療の方に移りはじめたが、トランプのもとで政府は失敗に終わった厳罰の方針をさらに2倍重くすると脅す。トランプの司法長官、ジェフ・セッションズは、法のもとで許される

最大限に厳しい刑罰を求めるよう連邦検事たちに命じ、刑務所人口をふたたび増やすことになった。

　イラクとアフガニスタンで合衆国の捕虜の管理を任されていたマーク・インチ将官が刑務局のトップに任命されたことは、過去数十年にわたって進んできた警察の全体的な軍事化と足並みを揃えている。私たちが警察の発砲事件という悲劇を数え切れないほど見てきたことからもわかるとおり、この状況を緩和しようなんて発想はない。警察はいつも強硬姿勢で、銃は火を吹き、SWAT〔特別機動隊〕の出動も珍しくない。

　2016年のドキュメンタリー『抵抗するな（Do Not Resist)』は警察による軍事化されたSWAT出動の増加を詳細に伝えている。1980年代、こうした出動は年間平均3000件程度だった。現在は５万〜８万件のあいだだという。9.11以来、国土安全保障省は耐地雷・伏撃防護（MRAP）武装車両、ハンビー〔高機動多目的装輪車〕、アサルトライフルなどのおもちゃを買うよう340億ドル以上の資金を警察に与えた。（「MRAP」でググって、もしこうした車両が街路を走るのが理に適っていると思ったら教えてほしい）。国防相も似たような景品類に何十億ドルも放出した。

　当局は軍事化した警察による取り締まりや極端に厳しい刑罰および刑務所環境によって、国内の恵まれない人々に対して戦争を仕掛けているようだ。

　どうしたら今日の刑務所制度を撤廃できるかを話し合ってみよう。どうすればそこでおこなわれる拷問や劣悪な環境、残酷な処罰、殺人をなくすことができるだろうか。人類はロケットを宇宙に飛ばしたり、クローン羊を作り出したりしているのに、刑務所制度は改革できないなんてことある？　まさか。

ユージン・V・デブスは刑務所改革の効果的なやりかたを知っており、20世紀のはじめにそれを書き記している。方法はすでにある。あとはやるだけだ。以下が彼の提案である（『壁と檻』、1927年）。

1.「第一に、刑務所は政治家の手から離れて、洞察力と理解力を持った人道的な人々による理事会の監督・運営のもとに置かれなければならない。理事会は減刑や仮釈放の権限を含んだ完全な監督権を持つべきである」

2.「収監者たちは労働に対し、一般的な賃金に見合う報酬を支払われなければならない」

3.「誠実な看守たちが認めるとおり、囚人たちは信頼に足る。少なくともその75パーセントは。したがって彼らは自主運営の原則に基づいて組織され、自らがその刑務所の責任者とならなければならず（略）理事会の監督のもと自分たちで規則を設け、行動を律すべきである」

4.「囚人たちにきちんとした良質の食事を与えること。彼らの健康を損なうのではなく健康を維持するために、豪勢ではなくとも、清潔かつ簡素にしてしっかりした作法をもって食事を提供しなければならない」

5.「あらゆる刑務所の収監者の少なくとも75パーセントは犯罪者ではなく単に不運だっただけであり、償う機会と自由を与えられたらすぐに更生するだろう。まともな看守ならばそう認めるはずだ」

　　つまりこういうことだ。刑務所は利益創出と結びつけられてはならない。刑務所は自分たちのやりたいことはなんでもやる軍隊のような秘密組織によって運営されてはならない。刑務所

の職員は自分たちのやっていることに責任を持たねばならない。囚人たちが中心となって自分たち自身の管理運営を担うべきである。刑務所内の様子をチェックする独立した監視機関が必要だ。人々はこうした機関への協力に関心を寄せるだろう。なぜなら、囚人たちはいつか自由になり、社会復帰支援こそが社会にとって最も有益な施策であることを理解するからだ。

(!)

6歳ぐらいのとき、父とモスクワを歩き回った。警官がこちらに向かって歩いてくると、私たちは道路の反対側に渡った。父が教えてくれたポーカーフェイスの技はいまでもはっきり覚えている。警官のそばを歩くなら、彼の方を見ない、目を合わせない、注意を引かない。私は6歳で、警官たちに目をつけられていないことが嬉しかった。何を怖がることがあるだろう？何もない。私たちは銀行強盗もしていないし、武器もドラッグも売っていない。そこにあったのは、何かが起こるかもしれないという、理屈ではない漠然とした恐れだった。

年齢を重ねるにつれ、警官たちと意思の疎通をはかることを学ぶようになったものの、私は常に気を張っている。あえて彼らに立ち向かおうと自分を鼓舞しない限り、子ども時代に染み付いた道路を渡りたいという想いは強まるばかりで、じんましんが出そうになる。

もし警官を恐れてほしくないのであれば、警官が市民を投獄できるのと同様に、平均的な市民に（正当な理由をもって）警官を投獄できる権限を与え、権利を平等にするべきだ。警官は一般市民の力が自分の上にあるのだと感じなければならない。そうでなければ、あの警官に対する恐れには対処できない。

●行動

　監獄からはたくさんのことを学んだ。そのひとつは時間の仕組みについて。つまり、前を向いて別の未来を想像することがいかに必要かということだ。私は何百人ものほかの女性たちとバラック暮らしをしていた。寝室は共有で、ベッドにはそれぞれ収監者の名前、顔写真、番号、刑期の始まりと終わり（2005-2019、2012-2014、2012-2014、2007-2022、2012-2025）の入った識別票がついていた。そこにある年月や運命、顔や犯罪の数々にクラクラしながらベッドのあいだを歩き回るのは、まるでタイムマシンのようだった。時間について考えるのは避けられない。囚人は時間について考えることによってのみ生きられるのだ。ここから出たら、どうやって自分の人生を築いていこうかと想像し、夢を見る。**囚人労働キャンプで文字どおり夢のほかに何も持っていなかったときほど、未来がすばらしい可能性に溢れ、豊かなものに見えたことはなかった。**刑務所に限らず、絶望や嘆き、あるいは逆に説明不可能な喜びと無条件の愛は（基本的にあらゆる超越的な状況は）、普通は大人になると壊されてしまうこの魔法の力をあなたの内側に広げる。すなわち、思い切って夢を見て想像する時間だ。

監獄暴動

　私はモルドヴィアの囚人作業キャンプに移送された。モルドヴィアは劣悪な刑務所とふかふかのパンケーキで知られるロシアの地域である。モルドヴィアは慣習的に家父長主義的で保守的だ。女たちは髪を長くのばし、しばしば編んで肩にかけている。彼女たちは人生の達成度を夫の質と子どもの数を基準にして測る。

　モルドヴィアは沼地と囚人作業キャンプの国だ。ここでは牛と囚人が飼育されている。牛は子牛を産んでミルクを生産し、

収監者たちは制服を縫う。私は4代目および5代目の看守たちと出会った。地元の人々は背丈が膝の高さだった頃から、人生の目的はほかの人間の意志を抑圧することにしかないと信じている。

厳しい規律、長い労働時間、破廉恥な不正。モルドヴィアに送られるのは、まるで処刑台に送られるようなものだ。

私たちは毎日16時間から17時間、朝の7時半から夜の12時半まで働いた。睡眠時間は1日4時間。1ヶ月半に1日だけ休日があった。

寝室で、じきに9年間の刑期を終えようとしている受刑者に迎えられた。「豚どもは直接あんたに圧力をかけるのを怖がってる。やつらは収監者にやらせたがってるんだ」。刑務所の環境は終始そういうやりかたで仕切られており、一部の収監者が刑務作業のシフトと居室ユニットの管理を看守に任され、ほかの収監者たちの意志を潰し、恐怖で支配し、物言わぬ奴隷に変えていた。

「あんたがトロコンニコワじゃなかったら、とっくの昔にボコられてたよ」と、看守と密につながっている囚人が言う。それは真実だ。ほかの囚人たちは殴り倒されていた。労働のペースについていけないという理由で内蔵を突かれ、顔を殴られていた。収監者たち自身がこうした打撃を与え、その一つひとつが看守の承認を得ておこなわれていた。

永遠に睡眠不足で、終わりなき生産ノルマの追求に疲弊した収監者たちは、いつもすぐキレたり、めちゃくちゃに叫び出したり、ケンカを始めたりしかねないギリギリの状態だ。ある若い女性は、警察のズボンを誤った場所に配送したという理由で頭にハサミをぶっ刺された。別の女性は弓鋸で自分の腹を刺そうとした。

何千人ものHIVポジティブの女性たちが休みなく働き、自ら

に残された免疫機能を余計にすり減らしていた。彼女たちは死期が近づくとキャンプの病院に移送される。そうすれば彼女たちの死体はこの流刑地の統計に悪影響を与えない。人々は自分が壊れ、苦しめられ、破滅の運命にあって、もう見込みがないのだと知りながら、孤独に檻のなかに取り残される。

　ある晩、ひとりの女性が縫製工場で亡くなった。遺体は組立ラインから運ばれていった。彼女は深刻な病を患っていた。1日に8時間以上労働するべきではなかった。しかしキャンプの看守たちは何千着ものスーツを要求した。囚人たちはミシンで作業しながら眠りに落ちる。彼女たちは自分の指を縫い付けてしまう。彼女たちは死ぬ。

　針が指の爪を貫いて指が薄切りになっても、最初の5秒間は何が起こったのか脳が処理できない。痛みはまったくない。ただただどうしてミシンから手を離せないのかわからないのだ。5秒後、痛みの波が体に押し寄せる。おっと、見てよ、指が針にくっついてる。

　どうりで手が離れないわけだ。なるほど。座って指を労ることができるのは5分間だけ、それ以上は無理だ。縫い続けなければならない。指を縫い付けるなんて珍しいことではない。包帯？ ここは刑務所だ。

　ミシンを修理するための予備の部品はなく、入手も不可能だと整備士たちは言う。「部品がないのさ！ いつ入ってくるかだって？ ロシアに住んでてよくそんな質問できるな」

　私はやむを得ず整備士の職能を自己流で身につけた。ドライバーを手に、なんとか修理できればと私のマシンと取り組み合いをしたものだ。針が貫通した手は傷だらけで、作業台じゅうに血が飛び散っている。それでもどうにか縫おうとする。なぜなら私は製造ラインの一部であり、自分の担当分を熟練のお針子たちと同じ速さで進めなければならないからだ。しかし呪わ

れた機械はたびたび故障する。

　ミシンの針は何度も何度も折れるが、予備の針はない。縫わなければいけないのに、針がないのだ。だから古びて先のまるまった針が板張りの床に落ちているのを見つけて縫う。そういう針は布を突き通せないから、糸が絡まってちぎれてしまう。ともあれ縫っている、それが肝心。

　夜にはいい夢を見て、笑顔で目覚める。針をひと揃い頂戴する夢だ。目覚めて周りを見回し、ただの夢だったと悟る。美しい薔薇色の夢。現実にはまた1日中、作業所でかき集めたなまくら針で縫うことになる。私はこの収容所から手紙を書いた。「ここでの牢獄生活、この女子刑務所はまるで昏睡状態、ひとつの夢だ。それは無限の時間だ。私の全人生がここで過ぎ去ったかのように感じる。同時に、それは凍りついた一瞬でもある。ある1日が邪悪な天才の意志によって永遠に続き、死がわれらを分かつまで何度も何度も繰り返されるかのようだ。私の牢獄生活は『マトリックス』の反対側の現実のよう。何百もの弱々しく、青白く、物言わぬ体が運用されている。何百もの肉体的存在が、永続する利益のスライム、無気力と沈滞のスライムのなかに封じ込められている」

(!)

　モルドヴィアにおける囚人の強制労働は1920年代後半からおこなわれている。モルドヴィアの複合収容施設はスターリンが言うところの「社会的危険分子の鍛え直し」の最中に設立された。スターリン以前、政治犯たちは本を手にして自習し、ものを書くことができた。スターリンの時代にすべてが急変した。強制労働こそが第一の再教育と宣言された。ソビエト計画経済の目標は、こうしたキャンプに送られた何十万人もの命の犠牲

のうえに達成されたのだ。

1953年にスターリンが死亡したあとも、モルドヴィアは政治犯たちに刑罰として重労働を強いる場所だった。1961年から1972年にかけて、ソビエト連邦の政治犯たちはモルドヴィアの矯正労働収容所に送られていた（たとえば、発禁の詩や小説を流通させた疑いで）。

モルドヴィアの第一印象は、私の流刑地の副所長が発した言葉で決まった。「政治に関して言えば、私はスターリニストだと理解しておけ」

スターリン時代には、3回にわたって出勤するのを拒否するか出勤できなかったら、その囚人は撃たれた。私たちの時代には、暴力の的となり、氷のように冷たい懲罰房に閉じ込められる。そこでおそらく凍え、病気になり、ゆっくり死んでゆく。

刑務所の粥には豚のしっぽが入っていることがある。あるいは缶詰の魚を使ったスープは猛烈に臭く、3日は下痢になる。受刑者たちは常に古びたパン、たっぷりの水で薄められた牛乳、ものすごく臭い雑穀類、腐ったじゃがいもを与えられる。夏には、ねばねばした黒いじゃがいもの袋が大量に刑務所に運び込まれてきた。そして私たちの餌になった。

私たちは時代遅れのおんぼろ機械で縫製作業をした。労働法によれば、設備が現在の業界標準に達していなかった場合、生産ノルマは一般的な標準に比べて低く設定されねばならない。しかしここのノルマは急に、予告もなく高くなってゆく一方だ。「100枚のユニフォームを納品できるのを見せたら、やつらは最低ノルマを120枚にしてくるよ！」とベテランの作業員たちは言う。どっちにしても納品しそこねてはならない。さもなくば部門全体、シフト全体が罰されることになる。罰される、というのはたとえば、全員が練兵場に何時間も立たされるとか。その間トイレに行くことも、水をひと口飲むことも許されない。

この刑務所では、規律と服従を維持するための非公式の懲罰システムが広く行き渡っていた。秋冬に囚人たちが宿舎に入るのを禁じる（まる１日野外で過ごした後にひどい凍傷にかかって、指と片足を切断しなければならなくなった女性を知っている）とか、体を洗ったりトイレに行ったりするのを禁じるとかいったことだ。

　くたびれ果て、ハラスメントを受け、汚れた受刑者は睡眠とひと口の紅茶を夢見ながら、私たちを無償の労働力としか見ていない看守の言いなりになってしまう。2013年６月、私の月給は50セントになった。

　刑務所の衛生環境は、囚人を無力で薄汚れた動物のような気分にさせるためにあえて劣悪になっている。私たちは週に一度洗濯をする。洗濯場は冷たい水が細く流れ落ちる蛇口が３つある小さな部屋だ。週に一度だけ髪を洗うのを許される。しかし、この入浴日もしばしば中止になる。ポンプが故障したり、水道が止まったり。私と同じユニットの人々は、２〜３週間風呂に入れないこともあった。

　排水管が詰まるとトイレから尿が噴き出し、糞便の塊が宙を飛ぶ。私たちは詰まりを解消する方法を身につけたけれど、長くは続かなかった。すぐにまた止まってしまうのだ。この刑務所にはパイプ掃除用のスネークワイヤーがない。

　看守たちは下劣で残酷極まりない手段に出てまで人々を黙らせておこうとする。苦情はなかなか刑務所の外まで届かない。唯一のチャンスは弁護士や親類を通じて苦情を伝えることだ。せこくて執念深い当局は、苦情が誰の状況も改善しないどころかますます悪くさせるだけだと収監者が理解するまで、あらゆる手を使って彼女を押さえつけようとする。

　熱湯のなかに入れられたものには何が起こるだろう。卵のように、柔らかいものは硬くなる。ニンジンのように、硬いもの

は柔らかくなる。コーヒーは溶けてあらゆるものに染み渡る。このたとえ話の要点は、コーヒーのようになれ、ということだ。刑務所で、私はあのコーヒーのよう。

(!)

　ここでは涙はめったに目にしない。泣いても何も変わらないと誰もが理解している。そこにあるのはいわば涙では表せない深い悲しみ。ここでは笑いはあまり許容されない。誰かが笑うと、「なんだよ、楽しんでるのか？」とか「ほかにすることねえのか？」とか言われる。ともあれ私は笑う。

　被害を被るのが自分だけである限りは、なんでも耐えられる。しかし刑務所における集団的懲罰の手法だと勝手が違う。自分の所属するユニット、ときには刑務所全体が連帯責任を負わされる。最も卑劣なのは、そこに自分が気にかけるようになった人たちも含まれるということだ。ある友達は私とお茶を飲んだことを理由に叱責され、仮釈放――7年間にわたって製造部門で懸命に働き、ノルマを上回る成果を出し続けてようやく認められたものだった――を取り消された。

　懲罰報告書は私に話しかけた人たち全員の名前で埋まっていた。大切な人々が苦しめられることに胸が痛んだ。クプリヤノフ中佐は笑いながら言った。「君にはもう友達は誰も残っていないんじゃないか！」

(!)

　私は囚人労働運動を立ち上げることを夢想し続けた。

　収容所内に信頼できる人々の小さな輪があり、私たちは来るべき労働戦争の計画を共有した。延々と続く会話が看守たち

に怪しまれそうになると、私たちはただお互いにふざけ合ったり、お花の話をしたりしているのであって、何も問題ないのだというふりをした。

　私たちの狙いは、刑務所の管理当局に収監者たちの労働組合を登録させることだった。私は研究調査のために法律の本を注文した。検閲をかいくぐって、刑務所でロシアの法律について本から学ぶことは私が持っている基本的な権利だと管理当局に認めさせるのは簡単ではなかった。「私は法律を破ったからここにいるんじゃないの？」と、私は尋ねた。

　「そのとおり」と、彼らは言った。

　「この先、私に法に従ってほしいんでしょ？」

　「そうだ」

　「素敵。じゃあ、法律を学ぶために本を読まないとね」。私は法律書を手に入れた。

　私は囚人の生活にまつわる法について調べた。労働法についても学んだ。重要事項は暗記しなければならなかった。当局を相手取って労働条件をめぐる戦争を始めたら最後、私の本は没収されてしまうとわかっていたからだ。

　労働条件は本当に酷い有様だった。もし自分たちはもはや奴隷制が存在しない文明世界に暮らしていると考えているならば、あなたは間違っている。ロシアの刑務所における囚人の暮らしがどんなものか、以下に記そう。

　　1．労働法で認められている労働時間の2倍働かなくてはならない（16時間）。

　　2．大昔の、壊れかけた、したがって本当に危険な設備で週7日働く。

　　3．刑務所の生産ノルマは一般的な工場の2倍で、達成不可能。

4．報酬はバカバカしいほど少ない。私の給料はひと月あた
り50セントから10ドルだった。

5．ノルマを達成できなければ、厳しい精神的・肉体的圧力
を受ける。

　驚くにはあたらないが、合法の刑務所内労働組合を立ち上げ
ようという計画は、私たちの書類を受け取らないというかたち
であっけなく当局に阻まれた。だから、違法でやるしかなかっ
た。
　私たちにはプランBがあった。プランBは私が当局にうまく
話をつける試みだった。私は収容所の所長のもとを何回か訪れ
た。正直、彼は私に関心を寄せられているのを本当に楽しんで
いたと思うし、彼がどれだけ酷い人間かについて本を書いたら
どうだと私に提案すらしてきた。それも何度も（これで本の2
行になった。どういたしまして）。彼はプーチンとロシアの民
主主義について私と話すのが好きだった（ロシア人が愛し、受
け入れるのは独裁的支配だけだと彼は考えていた）。彼は自分
が重要人物であり、ここにいるのは金を盗むためだけではない
のだという気分になったのではないかと思う——まるで自分が
国家の敵の意志を砕き、私を従順にさせ政府にとって目障りで
なくするという重要な特別機関の任務に就いてでもいるかのよ
うに。このクズに人々の意志をくじく才能があったことは認め
なければならない。そのために生まれてきたのだ。彼は（公然
と誇らしげに）サディストだった。
　とにかく、私はこの男にうまく話をつけようとした。私は彼
に、もし労働時間が1日に16時間でなく8時間になれば態度を
やわらげると言った。改善はあったが、個人としては悪影響を
受けた。私は厳しく罰され、刑務所の教会周辺に塹壕を掘った
り、木を切ったり、キャンプのあちこちでコンクリート板を引

っ張り上げたりする任務に就かされた。私のユニットも苦しんだ。当局は私たちの宿舎のお湯を止め、さらには、冷たい水で体を洗うことまで禁止した。どうやって生き延びたのかは聞かないでほしい。悲惨だった。

こうして私は、自分の上で権力をふるう人々に対してはうまく話をつけるなんてやりかたは通用しないと学んだ。

こうして私は、歯をむき出しにしてけんか腰でいくほかに選択肢がないこともあるのだと学んだ。

2013年9月、私はそれまで自分がやったうちで最も危険なハンガーストライキを始めた。刑務所職員たちには次の手紙を渡した。「私は黙らない。仲間の囚人たちが奴隷のような環境で倒れてゆくのをおとなしく見ているわけにはいかない。私はこの刑務所において人権が遵守されることを要求する。私はこのモルドヴィアのキャンプにおいて法が守られることを要求する。私はハンガーストライキの開始を宣言し、当局が法に従い、女性たちをアパレル産業のニーズのために法の外側で搾取される家畜としてではなく人間らしく扱うようになるまで、刑務所における奴隷労働への参与を拒否する」

ハンガーストライキ中に出した要求

1. 1日の労働時間を8時間に減らすこと。
2. 1日に縫わなければならない警察の制服の枚数を減らすこと。
3. 週休2日制の導入。
4. この施設の状態に批判的な私およびほかの収監者たちを殺すと脅した副所長を罰し、解雇すること。
5. この施設に対して苦情を申し立てた収監者を迫害し圧

　「革命家なんだって？」と、刑務所のボスは私に尋ねた。「あんたにはいろいろ伝説があって、それらはいまや革命家たちの物語になっているかもしれないけれど、いまあんたはここにいる。私たちと一緒に。それを忘れるな。ここにいるあいだは自分の考えを胸にしまっておくんだね。静かにしていた方があんたのためだ」

　刑務所は合法化された全体主義の島だ。その目的はこの島に行き着いた人々の思考と行動を標準化すること。もし全体主義国家で抵抗する勇気があるのなら、撃たれる心の準備をしなければならない。

　労働収容所で抵抗するという決断は簡単ではなかった。しかし、ご存じのように、子羊や子牛や鳩を犠牲にするだけではまだ足りないのだ。ときにはもっとたくさんの犠牲が必要になる。

　「私が自分自身をなんとか正直に言語化したのは、何かを掴んだのは、ここブトイルカ収容所でだった」と、グラーグを生き延びたヴァルラーム・シャラーモフは記す。「それらの言葉とはなんだったのか？　大事なのは言葉と行動を一致させることだ。自己犠牲ができるだけの度量。犠牲こそが命。それはどのように受け取られるだろうか。そしてどのように使われるだろうか」

　抵抗は私に生きる強さをくれた。それは私に檻のなかの生活は時間の無駄ではないのだという感覚を与えてくれた。

　３回目のハンガーストライキのときだった。１回目は９日間続き、２回目と３回目は５日間。３回目は、所長が携帯電話を手に私のベッドまで来て、市民社会と人権のための大統領評議

会と話したいかと尋ねてきたあとに終えた。刑務所のヒエラルキーにおいてはかなり高い地位にいる人物だ。言うまでもなく、囚人に携帯電話の使用は許されておらず、看守が囚人に携帯電話を貸すことが奨励されているはずもない。しかし彼らは、この状況に対処するためにあらゆる規則を破った。彼らにとっては気まずい状況だった。私のハンガーストライキもだが外の世界からの絶大な支援もあった——アクティビストたちは、私の仲間のピョートル・ヴェルジロフと一緒に刑務所の外でキャンプし、たびたび集まっては声を上げ、歌い、花火を打ち上げていた。彼らは無限に苦情を申し立て、看守たちをどこにでも追いかけ、刑務所の状態はどうなっているのか、なんだって人間を奴隷のように扱ったりするのかと、嫌な質問を尋ね続けた。

　大統領評議会は、私がハンガーストライキをする理由を説明した公開書簡で言及した人権侵害について捜査がおこなわれることを保証した。彼は私に、出所した際には公の監査委員会の一員として招くとまで言った。刑務所で学べることに、あらゆる職員はいつも見境なく嘘をつくというのがある。誰のことも信じてはいけない。しかしそれでも、これは交渉の出発点としては良い提案に聞こえた。

　ハンガーストライキの結果、大がかりな収容所の視察がおこなわれた。それはまさにあの評議会の介入によって起こったのだ。ほとんどの収監者は人権侵害について監査委員会に話すのに逃げ腰だったが、私のいる刑務所の労働時間はしばらくのあいだ8時間に短縮された。食事もましになり、所長は解雇された。

　まもなく私は中央ロシアに位置するモルドヴィアからシベリアに移送された。モスクワの役人たちは、遠くにやった方が扱いやすいだろうと考えたのだ。アクティビストや弁護士やメディアもシベリアまでは私を追いかけてこないだろうと。先に言

うと、彼らは間違っていた。刑務所職員にとっての悪夢こと偉大なるピョートル・ヴェルジロフは、移送の前からシベリアに現れた。私を助けるために彼はすぐ地元のアクティビストたちを組織した。監獄鉄道と交通刑務所で１ヶ月過ごした後にようやく私がシベリアに到着する頃には、刑務所の外にすでにキャンプがあった。

(!)

　ハンガーストライキのあと、笑える状況が発生した。私はまだ刑務所にいたけれど、看守の態度が一変したのだ。彼らは自分たちと同等の人間として私を扱った。最初のうちは驚いたけれど、そのうちただ受け入れて楽しんだ。クリスマスが真夏にやってきていた。ときどき、職員たちは彼らの施設に私がいること自体にちょっと怯えているようにすら見えた。彼らの目にうつる私は、ひとりの囚人から監査委員会の一員へとうまいこと変わったのだ。私はたくさんの象徴的な力と重みを獲得した。公開書簡やプロテストによって、看守たちは自分が向き合わなくてはいけない問題にしっかり気づいていた。彼らも職を失いたくなかったのだ。

　１ヶ月のあいだ看守たちは私を人々の目から隠し、施設を転々とさせた。私の友人や親戚たちは私がどこにいるのかも、安否もわからなかった。しかし私はその変化を祝っていた。囚人を移送するトラックや列車に飛び乗れば、そこは暗くどんよりした場所だ。それでも希望があふれてくる。なぜなら、いまより悪くはならないとわかっているからだ。つまり、良くなるしかないのだ。

　新しい施設に到着すると、刑務所の最高位の職員たちが並んでいるのが見えた。私を迎えて様子をうかがうためだ。突然、

彼らはあらゆる法を順守しようとしはじめたのだ。

　私はモルドヴィアの検閲が1年にわたって隠していた手紙を受け取った。まるで史上最大の宝くじに当たったみたいな気分だった。ロシア語、英語、中国語、フランス語、スペイン語、その他いろいろな言語で書かれた手紙が詰まった、巨大な、人ひとり入る大きさの袋。それが4袋あった。本当に生きている、素敵な人々が世界中から送ってきた小包とポストカードの束。小さな手編みのバラクラバ。虹色のバラクラバ。私はこれらの贈りものとカードを前にして泣いた。人生で最もつらい時間を過ごしたモルドヴィアでの1年間、こんなにもたくさんの情熱的なアクティビストたちがプッシー・ライオットの物語を追い、ロシアの僻地の刑務所宛てに手紙を書くほど心を寄せてくれていただなんて、思ってもみなかった。

　私は心のなかでその全員と会話を交わし、彼らの声を聞き、一人ひとりの生活を細かなところまで想像した。アリゾナ州の16歳の女の子。彼女はキャスリーン・ハナのファンだろう。ノヴォシビルスクの老婦人。彼女はきっとクラシック音楽とドイツ語が好きだ。アムステルダムの20代男性。彼は気候変動と闘っている。自己憐憫から泣いたわけではない。あるいはそれだけが理由ではない。有刺鉄線と刑務所の壁を突破して、闘い続けるロシアの女たちふたりを勇気づけようとする人々の努力のシンフォニーを前に言葉を失ったのだ。泣いたのは、囚人が愛や共感や尊敬を得られるということを忘れていたからだ。そしてこれらすべてのさまざまな個性を持った声たちはその強さで検閲を突破し、私の監房に美しきアクティビストのコーラスを響かせた。カードの袋は重たかったけれど、私は誇らしげに施設から施設へと持ち運んだ。**私を検査した警備員たちはカードを目にして、ここで私は身体的にはひとりぼっちかもしれないけれど、志を同じくする人々の力強いコミュニティの一員なの**

だと理解した。そしてこれは刑務所の警備員にとって、非常に重要な考えだ。あなたは警備員の頭にこの考えを埋め込まなければならない。あなたはひとりではない——あなたは大集団なのだ。

　モルドヴィアの職員に盗られた本も全部取り返した。やつらが本を盗った理由？　囚人が行動に駆り立てられて喜ぶのは誰か。間違いなく刑務所の警備員たちではない。

　ヴァルラーム・シャラーモフやソルジェニーツィンなど、ソビエト時代のディシデントたちの回顧録があった。私はUSSRの反体制派たちを勇敢にも擁護した弁護士ジーナ・カミンスカヤの手記を読み、彼女を心の支えにするようになった。ディシデントで詩人のユーリ・ガランスコフについての本も読んだ。彼は刑務所当局と私の闘いの大部分が起こった場所、モルドヴィアの刑務所病院で1972年に死んだ。私はまた、強制食餌やトラウマ的な強制労働を強いられながら志を失わなかったウラジーミル・ブコフスキーについて読んだ。それから1968年、つまりソビエトによるチェコスロヴァキア侵攻の直後に、「私たちとあなたたちの自由のために」と刻まれた旗を掲げて赤の広場に姿を現したディシデントのひとりナタリヤ・ゴルバネフスカヤの回顧録も（このアクションの参加者たちは労働収容所に最長で３年間送られたり、精神科施設で治療を受けさせられたりした）。私は読みながら、はたして人間の精神と意志の力に限界はあるのだろうかと思い巡らしていた。

　オムスクの超厳格な刑務所ではロシアの革命家ヴェーラ・フィグネルの回顧録を読み、彼女を永遠に私のスタイル・アイコンとすることに決めた。彼女の厳しくひたむきなまなざし、ボタンをしっかり締めたシャツ、無慈悲に禁欲的で、力強く、同時にうっすらコケティッシュであるという思いもよらない組み合わせ。彼女は終身刑を言い渡されていた際に刑務所内で抵抗

運動を始めた。囚人護送車のなかでは、自分がどこへ向かっているのかさっぱりわからないまま、90代にして近年なお活発なわが国のベテラン公民権活動家、リュドミラ・アレクセーエワ〔2018年12月没〕によるソビエト反体制運動の歴史を読んだ。シベリアの刑務所病院では、ヴィクトル・ユゴーの『レ・ミゼラブル』と革命精神の崇高なる狂気への賛美が埋め込まれた『九十三年』を読んだ。そしてオシップ・マンデリシュタームによる、中世の魅力的なギャングスタ、囚人、冒涜者、詩人であるフランソワ・ヴィヨンについてのエッセイ。

　ハンガーストライキをやってみて学んだのは、抵抗するのは抵抗しないより良いということだ。自分の価値と目標について大声で語ることは、何も言わないでいるより良い。このことを学ぶ前、モルドヴィアで忍耐強くあろうとしていた1年のあいだ、すべては腐りすぎているからどうせ状況は変わらない、と自分に言い聞かせていた。状況を変えるには自分は弱すぎると思っていた。この発想以上にありがちなものはそうそうない。やつらは私たちがやってみる前から諦めるよう仕向けるのだ。私たちが往々にしてわかっていないのは、やってみたところで求めている明るい未来がすぐに訪れることはないかもしれないけれど、それは確実に人に力を、強さを、筋肉をもたらすということだ。私は囚人でありながら、抵抗運動を通じてより強くなった。

　「私たちがついてるよ！」

　「あんたは最高！」

　「悪徳警官に負けるな、シスター！」

　「リスペクト」

　私は交通刑務所や囚人護送車ですごいタトゥーに覆われている年老いてくたびれた囚人たちに会ったとき、そう言われた。この類のリスペクトより良いものなんてそうそうない。

いまや職員たちは私の存在に少々怯えて混乱していたことも
あって、たどり着いたのは監獄シュルレアリスムのカーニバル
だった。やつらはマジでクソみたいな給食をよこすのをやめ、
私のために特別な食べものを買ってきた。チェリャビンスクの
刑務所で、子羊のリブステーキのマッシュポテト添えを出され
たのだ。どうしてかというと、公開書簡でモルドヴィアの刑務
所の食事に言及し、その悲惨さが国際的に知られるようになっ
たからにほかならない。

　アバカンの刑務所では、若い女性と一緒の監房に入れられた。
私が来た日は彼女の誕生日だった。彼女は私が監房に移ってき
てから与えられた新しい食事に心底驚いていた。本物の肉、本
物の野菜だった。彼女は私に北極と南極の違いや、スターリン
とマドンナについて尋ねた。そこにやってきた看守は同房の彼
女に挨拶し、誕生日を祝った。彼女には目の前で起きているこ
とが信じられなかった。それまで看守たちは無礼で、食べもの
は劣悪だった。その後、私は刑務所の所長に招かれ、そこで彼
は４時間にわたって自分の生い立ち、友人と敵、この刑務所に
抱く恐れと希望、囚人経済と囚人労働について語った。要は、
われわれはここに良好な協力関係を築いている、貴殿のアクテ
ィビズムで干渉しないでいただけるかな？ということ。

　１ヶ月にわたる旅の終わりに、私はクラスノヤルスクに移送
され、シベリア最大にして最古の刑務所に入れられた。実のと
ころシベリア送りは嬉しかった。なぜならそこは私の故郷だか
ら。シベリア民はただただすばらしい。もうひとつ愉快だった
のは、私は５歳の頃からあの刑務所に入ってみたいなと思って
いたからだ。子ども時代に長い時間を過ごした祖母のアパート
は、道路を挟んで向かいにあった。５歳か６歳のときに巨大な
フェンスの横を歩きながら、「どうなってるのか覗いてみたいな。
脱出できるかな？　梯子を使えば中を覗けるかな？」と考えて

いた記憶がある。私に魔女っぽいところがあることに疑いの余地はない。だって私が熱烈に望むことは、すべて必ず起こるのだから。

　私の最終目的地は刑務所病院だった。おそらくロシア全土で最も恵まれた刑務所施設だ。刑務所制度は私の苦情を聞くのに懲り懲りしていた。私は望むままにものを書き、読み、描くことができた。窮屈でとんでもなく着心地の悪い囚人服の代わりにパジャマを着た。そしてついに、私は刑務所ロックバンドに参加することになった。バンド名はフリー・ブリーズ〔Free Breathe。自由な息〕。男性４人と女性２人の男女混成バンドだ。毎朝６時30分、私たちは看守に付き添われて刑務所劇場まで移動し、練習をした。どれもハンガーストライキの前には思いもよらなかったことだった。モルドヴィアでは何度か刑務所劇場へ行こうと試みたけれど、罰を受けただけだった。

　私のバンドの優しい男の子、かつて自動車泥棒で生活していた子は、ラブレターを交換しようと持ちかけてきた。ラブレターというのは、刑務所ではものすごく重大だ。人々はよく、これまで一度も直接会ったことのない相手に宛てて手紙を書く。自分はそういうきわめてセンチメンタルな分野は得意じゃないとわかっていたので、そう彼に言い、結局私たちはお互いに宛てて政治的ラップのリリックを書いた。

　だが、本物のお楽しみはバンドがツアーに出てからだった。自分たちの施設内で何回かライブをして、それからツアーに出た。普通のツアーのようだけれど、移動は囚人護送車だ。ギターやピアノを檻の中に入れて出発。私たちは女子流刑地に赴き、ロシアのシンガーソングライターのゼムフィラによる、女性どうしの性愛（ロシアの収容所においては法的に禁じられている話題・行為だ）についての曲を歌った。「人々が違うやりかたでお互いを欲するのを夢見ていた」。コンサートのあと、役人

たちは私を施設の見学に連れ出し、独居房と宿舎を見せた。私たちには特別な食事が出された。山盛りのチョコレートやキャンディ。私にはこのすべてが地獄のようにマヌケに思えた。

　数ヶ月後、私は釈放された。刑務所の仲間たちのために私は食べものと薬品を持ってモルドヴィアに戻った。この訪問中、警察に雇われた地元の暴漢どもに２度襲われた。刑務所の職員たちは当然ながら私の訪問を認めなかった。私たちの弁護士は、私がシベリアに移送されてから１日の労働時間が16時間に戻ったと報告していた。

　刑務所の職員たち、少なくとも現在ロシアにおいてそれらの役職に就いている者たちは信用ならない。彼らは週７日、１日24時間監視下に置かれるべきだ。彼らは責任を果たすべきだ。彼らのほとんどには善意のかけらもない。そんなことはないと言うとき、彼らは嘘をついているのだ。

　本当に悲しいことだが、あなたはロシアの政治システム全体がこれと同じ原則に基づいているのだと考えはじめる。特別な扱いを受けるべき特定の人々と、残りの人々がいるのだと。私たちは男性収容所もいくつか訪れたが、あらゆるところでこの種の雰囲気を感じ取った。私はひとりのアクティビストとして力を得たように感じるのが大好きだが、個人的な特権を得るだけでは満足できないアクティビストだ。

　偽善と見せびらかしはよろしくない。しかし、こうした役人どものマヌケなふるまいは、自分の声を使うだけでどれだけ筋肉をつけることができるのかをはっきりと示している。私の声はプッシー・ライオットを応援する人々の声によって増幅された。そして、その声はポリフォニーとなった。ロシアの刑務所制度全体をざわつかせる混声合唱だ。あらゆる種類の制度がざわつくとき、私たちは楽しんでいるし、喜びってやつを取り戻しているのだ。

(!)

　最後に刑務所でのちょっとしたできごとの話をしていい？

　大胆な政治的意見を持つ人々が見当たらないときもあるだろうけど、よく目を開いてみて。彼らはあなたの周りにいる。さっきあなたを逮捕した警官を見て。もっと近づいて。彼に話しかけて。もし彼が、権力者たちに対してあなた以上にムカついていたとしたら？

　あるとき刑務所の警備員のひとりが、私たちを分かつ檻に寄りかかりながら話しかけてきた。

　「もうじき内戦が起こる。事態はそっちの方向に向かっている。プーチンは権力に執着している。自分から降りはしないだろう。ある日、気がつくと俺たちは同じ側に立っているんだ」

　「制服を着ているあなたがいったいどういう風の吹きまわし？」

　「単純なことさ。俺はこの政府に忠誠を誓っていない。彼らへの借りは一切ない。俺はいずれ制服を脱いで君と行くだろう」

　「いつ？」

　「反乱が始まったときさ」

●ヒーロー
ミシェル・フーコー

> 刑務所は工場や学校に似ている。あるいはバラックや病院に。これらの類似は驚くべきことではないか？
> ──ミシェル・フーコー『監獄の誕生─監視と処罰─』

フーコーは高度な疑いの詩人。

批判的思考に歴史を用いる術を学びたかったら、ミシェル・フーコーこそ頼るべき男だ。彼は闘犬のように歴史を扱い、しっかり噛み付いて簡単には離さない。彼は規範に目をつけ、その歴史を掘り下げる。セクシュアリティ、狂気、監獄、監視、なんであろうと。フーコーは規範の優雅な殺人者なのだ。

　17歳ではじめてフーコーを発見したとき、私は彼の言ったことすべてを理解していたわけではないかもしれないけれど、どんなこともあたりまえだと思う必要はないのだということを受け取った。それは安堵だった。なぜなら大人の世界は私に、心の赴くまま調べて、疑い、問うことよりも、ただ信じて受け入れることを期待していたから。フーコーは、私たちが自由裁量で胸に抱いている特定の考えかた、それが自明の理なのだと思い込まされている考えかたに至るその手前には常に権力闘争が存在していることを、エレガントに暴いてみせる。

　日々の生活におけるプッシー・ライオットの基本的な、お決まりの反応は、あらゆる権威（刑務所、大学、またはレコードレーベル）への服従を拒否することだ。プッシー・ライオットとフーコーは同じ悪魔と闘っている。すなわち硬直した制限的思考や標準化、分類、投獄だ。私たちは「規範」についての物言い（あるいは「それが普通だよ、折り合いをつけろ」「そういうものだ」「おまえには変えられない、受け入れろ」）を耳にすると、人をこの規範に絡め取ることで誰が得をするのかを見極めようとする。

　フーコーの最初の著作『狂気の歴史』は1961年に出版された。USSRが人類をはじめて宇宙に送り、東ドイツ当局が東ベルリンと西ベルリンの境目を封鎖してベルリンの壁の建設工事に着手し、ジョン・F・ケネディが大統領に就任し、CIAがカストロを失脚させようとピッグス湾侵攻として知られる企てをして失敗に終わった年である。出版時、フーコーは34歳だった。こ

の本はパリの精神病院で働き、また精神療法を受けた経験から彼自身が目にしてきた狂気への現代的アプローチについての批評だ。

フーコーが記した狂気の歴史は、規範を受け入れる前に華麗に疑う者の完璧な例である。精神疾患という概念そのものがきわめて新しいものであり、それは管理の手段として作り出されたのだとフーコーは主張する。

刑務所と標準化と大規模な監視についての1975年の著作『監獄の誕生』は、「より少なく罰するため。だが確実により良く罰するため」というモットーを掲げて執筆された。近代的な刑務所をモデルとする工場や病院、学校によって、いかに刑務所が社会全体の管理モデルとなったのかをフーコーは説明する。

フーコーは管理の基本的な技術を3つ挙げている。階層秩序的な監視、規格化をおこなう審査、試験だ。人々の管理は監視だけでは成し遂げられないと彼は言う（エドワード・スノーデンが大規模監視システムについてのリークを公表する35年前のことだ）。

どれだけの胸クソ悪いあれこれがかつては合法だったのか、そして現在もなお合法なのかを考えよ。奴隷制は合法だった。人種隔離はアメリカでつい最近の1964年まで合法だった。公民権が人種隔離を認める州法・現地法に終わりをもたらしたのはそれほど昔の話ではない。「同性愛プロパガンダ」、つまりLGBTQについて公に語ることは私の国ではまだ違法だ。その一方で、戦争は合法であり、人殺しで利益を上げるのも合法だ（あなたの冷蔵庫や洗濯機を作っているゼネラル・エレクトリックと、あなたが乗ってい

る飛行機のボーイングは、兵器を製造して戦争から暴利を
むさぼる――そしてまさに合法の――2大企業だ）。**低賃
金労働をアウトソーシングし、コンピュータや携帯電話の
製造に非西洋の国々の安い労働力を使うのも、アジアの子
どもたちにパンツを縫わせるのも合法だ。**制御不可能な二
酸化炭素排出でこの星を破壊するのは合法で、たいへん尊
敬されている男たちがそれをやっている。反対に、権力に
対して真実を述べ、内部告発をすることは違法になり得る
――ロシアでもアメリカでも、どこであろうとも。

　刑務所は近代的懲戒権力にとって理想的な建築モデルだ。刑
務所のあらゆるところに監視カメラが設置され、囚人たちはい
つでも常に見られている可能性がある。しかし彼らにはいつ見
られているのかはわからない。フーコーが記しているように、
囚人たちは監視されているのか否か知る由もないので、常に自
分が監視対象であるかのようにふるまわなくてはならないのだ。
　刑務所はそれを取り巻く社会の鏡だ。それら両方を変えない
限り、私たちはみんなずっとある種の刑務所に囚われたままな
のだ。

解放の神学──クリス・ヘッジズとの対話

クリス・ヘッジズは7年にわたって『ニューヨーク・タイムズ』の中東支局長を務め、フォークランド、エルサルバドル、ニカラグア、ボスニアでの戦争を報じてきた。彼はまた2002年にテロリズムを報じてピューリッツァー賞を受賞した『タイムズ』のチームの一員でもあった。作家として著作が多数あるほか、コロンビア大学やニューヨーク大学、トロント大学、プリンストン大学で教鞭をとり、近年はいくつもの刑務所でも講師を務めている。彼は2014年に牧師に叙任された。

ナージャ：あなたはプリンストンで働いていますね。アイビーリーグの名門大学です。つまり1パーセントになりたい人々に教えている。あなたは彼らに影響を与えようとしているのですか？

クリス：彼らの心は変えられません。プリンストンのような場所では、学生たちはとても勤勉です。彼らの多くは非常に頭脳明晰だけれど、ああいった学校に入学するのはとても難しいゆえに、権威に仕えるように条件づけられているのです。ゴールドマン・サックスのような大企業は採用のためにキャンパスに人をよこします。学生たちは地位や経済的成功によって自分自身の価値を定めることがあまりにも多いので、簡単にゴールドマン・サックスに誘惑されます。悲しいことです。彼らが良い人でないからではなく、良い人だからそうなるのです。そして彼らの多くには良心がある。彼らは弱い、とだけ言っておきましょうか……そういう意味においてね。

ナージャ：私もそういう真面目ちゃんでした。高校の最優秀生徒。モスクワ州立大学に行く奨学金を手に入れて（誰にも賄賂は渡さずに）、それから政治の方に向かいました。だからそういうことも起こり得る。あなたの場合は？　あなたも真

面目ちゃんだったみたいですが。

クリス：ええ、間違いなくそうでしたね。

10歳のときに超富裕層のためのエリート寄宿学校に進学しました。私は奨学金をもらっているわずか16人の生徒のうちのひとりでした。母の家族はメイン州の労働者階級。労働者階級のなかでも下層と言えるぐらいでした。

私立校の子たちを観察したけれど、彼らの多くは知性も含めさまざまな面においてたいしたことなかった。そこで、金持ちには次から次へとチャンスが訪れるのだと知りました。貧乏だった場合、チャンスはあったとして一度だけだ。それすらもないことだってあります。それで私はしっかりせざるを得ませんでした。

そういうわけで、本当に幼い頃から私はずっと政治的でした。常に社会機構と闘っていました。幸運にもきわめて優秀な学生で、きわめて優秀なアスリートでもありました。酒も飲まなかったし、ドラッグもやらなかったので、周囲からは不思議がられていました。高校で地下新聞を創刊しました。学校からは発禁にされましたが。

ナージャ：そうでしょうとも。

クリス：真剣な新聞でした。従来の学校新聞には決して載らなかったであろう自分の関心事についても書きました。たとえば、厨房で働く人々について。彼らは貧しい有色人種で、厨房の上階に酷い状態で住んでいました。生徒たちがそこに上がることは許されていなかった。私は上がって写真を撮影し、卒業式の号まで発表を待ちました。勢揃いしている親たちに手渡せば学校側を困らせることができるし、役員たちもそこにいましたから。

学校は夏のあいだに厨房を改修し、新学期には、厨房の職員たちは私に敬意を表する小さな飾り板を壁に掲げていました。

ナージャ：ワオ。

クリス：父がアクティビストだったというのもあります。私の父は牧師でした。彼は第二次世界大戦で従軍したけれど、実質平和主義者になって戦争から帰ってきました。父はベトナム反戦運動にも公民権運動にも深く携わりました。私たちは白人だらけの農業の街に住んでいました。マーティン・ルーサー・キングがアメリカで最も憎まれている男のひとりになるような街でした。

　父は同性愛者の権利運動にも深く携わりました。彼の兄弟がゲイだったのです。結局それが理由で教会は父を更迭しました。これもまた私にとって重要なできごとでした。自分のアクティビズムによって自分が報酬を受け取ることはないのだと理解したのです。もし本当に、真に虐げられた人々とともに立ち上がれば、虐げられた人々のように扱われることになる。父のおかげで、本当に若くして学ぶことになった教訓でした。もう世間知らずではなくなり、そのことは私を救いました。正しいことをすれば立派になれるとは考えませんでしたね。その代償を理解していましたから。

　私が通ったコルゲート大学にはゲイとレズビアンの団体が存在していませんでした。父はその頃までには1時間ほどの距離にあるシラキューズの教会を率いていて、私のキャンパスにゲイの説教師たちを連れてきて、君たちは公にするべきだ、カムアウトするべきだと言いました。彼らはクローゼットを出ることをすごく恐れていたのです。そこである日、父は私に向かって言いました。「おまえがゲイとレズビアンの団体を立ち上げるべきだ」。私は立ち上げることにしました。私自身はゲイではありませんが、ゲイとレズビアンの団体を設立したのです。

ナージャ：現在でも左側についている、私たちと連携できる聖

職者を誰か知っていますか？　私は教会に足を運び、教会のことを気にかけていたからこそ刑務所に入るはめになりました。

クリス：私のお気に入りの神学者はジェイムズ・H・コーン〔1938-2018　アフリカン・メソジスト監督教会牧師〕です。アメリカに暮らす神学者のなかで唯一読む価値のある人物ですね。黒人解放神学の父です。彼は白人教会に挑戦し、白人教会を反キリストであるとして糾弾しました。そして言いました。南部で黒人の男たちと女たちと子どもたちがリンチされているのを見よ……あれはなんだ？　十字架刑だ、と。白人教会は何も言いませんでした。事実、南部の白人教会はリンチを奨励すらしていたのです。目の前で十字架刑を模した抗議行動がおこなわれたときですら、彼らは沈黙を守った。１年ほど前、いまでも白人教会は反キリストだとお考えですかとコーンに尋ねました。すると彼は、そうだな、反キリストをジーザスが闘ったものすべてと定義すれば、そうだと言わざるを得ないだろう、と答えました。

　３世紀以降、コンスタンティヌス帝と護教論者たち――アウグスティヌスやアクィナス――が力を握るようになると、私の考えですが、キリストと弟子たちの教えの根本的なメッセージとは反対というだけでなく、国家権力の神聖化に利用されもする神学が作り出されました。そうして異端審問と持たざる者の隷属化を伴う、千年にわたる教会の支配が到来したのです。パウル・ティリッヒという神学者は、教会を含めあらゆる機構は悪魔的であると述べています。そのとおりです。

　そして、私は牧師に叙任されました。そのときの模様はネットで見ることができます。ジェイムズ・H・コーンが説教をし、コーネル・ウェストがスピーチをして、ブルースバンドが演奏しました。刑務所にいる私の生徒たちの家族全員を都心の教会に招きました。この叙任式をおこなった際、「こ

れから教会の規則に従うつもりですか？」と尋ねられたので、私は「教会が正しい場合は」と答えましたよ。

　教皇ヨハネ・パウロ２世は教会に途方もない損害をもたらしました。なぜなら彼は共産主義恐怖症だったからです。その結果、教会はある意味右傾化し、実質上ネオリベラリズムを受け入れました。正義のこと、持たざる者たちのことはすっかり忘れられてしまったのです。それゆえに教会は概して機能不全に陥っています。そして、アメリカにおいて教会を機能不全にしたのは、キリスト教右派の勃興ではありません。彼らはキリスト教徒ではなく、ファシストです。

　キリスト教ファシストたちはトランプのためにイデオロギー的空白を埋めています。というのも、トランプはナルシシズムのほかにイデオロギーを持っていないからです。キリスト教のイコノグラフィや言葉を国家と融合させるのは、ファシストです。それが彼らの正体なのです。

ナージャ：アイデンティティポリティクス〔人種、民族、ジェンダー、性的指向、障害など特定のアイデンティティに基づいた集団による反差別・権利運動〕についてはどうお考えですか？　それらはすでにリベラリズムに吸収されていると思いますか？

クリス：すばやく吸収されました。たとえば、フェミニズム。アンドレア・ドウォーキンや本物のフェミニストたちの言葉に立ち返れば、フェミニズムは抑圧された女性に力を与えるものですが、しかしいまのフェミニズムは女性CEOについての話、ヒラリー・クリントンの場合は女性大統領の話になっています。あらゆることが捻れている。帝国を統べるアフリカ系アメリカ人の大統領。コーネル・ウェスト曰く、バラク・オバマはウォール街の黒いマスコットです。そして左派はいとも簡単に誘惑されました。政治的未熟としか言いようがありません。それは貧しい人々を意図的に切り離すことに等し

かったのです。なぜなら貧しい有色人種の周縁的コミュニティでは、人々は職を失っただけではなく、家から追い出され、世界最大の刑務所機構へと送られ……次から次へと撃たれ、射殺されたのです。

　彼らの裁判はまるで冗談のようでした。人身保護令状もなく、法の適正手続き〔正当な法の手続きなしでは個人の権利や自由を奪えないとすること。合衆国憲法で保障されている〕もなく、94パーセントの人々がやってもいない罪を認めさせられたのです。

ナージャ：権威側は怖がっているから。

クリス：私が刑務所で教えていた生徒のうち最長の刑期を課されていたのは、何もしていないのに法廷に立つことになった人々でした。彼らは見せしめにされたのです。誰もが法廷に立つことになれば、この制度は崩壊しますから。向こうは12件か15件の罪で起訴するけれど、半分はその人物がやってはいないことをわかっている。そして検察は言うのです。法廷に訴えるつもりなら、あの法廷に訴えた気の毒な男を見ろよ、と。終身刑に加えて154年の刑期を言い渡された男性に教えたことがありますが、彼は暴力犯罪を一度たりとも犯したことがなかったのです。狂っています。

ナージャ：彼は何をしたのでしょう？

クリス：ドラッグと銃の所持です。暴力では起訴されていませんでした。しかし、これこそが問題です。社会が脱工業化され、不必要あるいは余剰の労働力が生まれた。その大部分は有色人種であり、彼らは使い捨てられる廃棄物にされたため、なんらかの社会的管理が必要となる。ではその社会的管理とは何か。大量投獄と軍隊化された警察です。ニューアークやカムデンといったニュージャージーの貧困地域はどこもミニ警察国家と化しています。そこには人権が存在せず、真夜中に長銃を携えたSWAT部隊がドアを蹴り倒して家に侵入し、

威圧して、ときには視界に入った全員を撃つのです。暴力が介在しない麻薬関連の捜査令状で。本当に地獄ですよ。こうした動きは国全体に広がりつつあります。

　１万人の新人警官、5000人の新人国境警備員、10パーセントの軍事費の増加を私たちは目の当たりにしている。彼ら自身も求めていないのに。社会全体の完全な軍国化ですね。

ナージャ：求めたわけではないのに！　だけど、せっかくだし受け入れようぜ、と。

クリス：リベラル派のエリートたちも共犯です。有色人種の貧困層がそうした事態に陥っていた頃、彼らは自分たちの組織内に適切な数のLGBTの人々が含まれているかどうかを気にかけていたわけですから。

　同性愛者の権利が向上したと言われています——しかし本当にそうでしょうか。エリートにとっては進歩したでしょうが、大学に進学できずカンザスの田舎のガソリンスタンドで働いているゲイ男性にとっては、暮らしはますます厳しくなっている。キリスト教右派の台頭によって身の危険を感じる頻度は高まっています。そして、ニューヨークとサンフランシスコに暮らすゲイのエリートたちは貧しい人々に背を向けている。それは単なる暴力ではありません。ああいった福音派教会の力によって、事実、貧しい若者たちは自分のことを汚れて病んだ存在だと信じ込んでしまっている。だから若年層の自殺率があんなに上昇しているのです。

　結局のところ、これは階級問題です。そして新自由主義のエリートたちは、貧しい人々、とりわけ貧しい有色人種に背を向けているという点において、この国の残りの人々と共犯なのです。

　哲学者のリチャード・ローティは『アメリカ未完のプロジェクト』で、ごらん、これは危険なゲームだと言いました。

1998年の時点でそう言っているのです。破綻したリベラル派エスタブリッシュメントが自由民主主義の言葉を語りながら労働者階級や貧しい人々を裏切り続けるのなら、私たちがトランプ時代に見てきたように、それらのエリートに対する抵抗だけでなく、そうした価値観に対する抵抗が生まれる。これこそいま起こっていることなのです。

ナージャ：そういった人々にどう語りかければいいのでしょう。現在の惨状を招いた経済状況をより深く分析すれば、トランプはひとつの兆候に過ぎないと思うのですが。

クリス：エリートたちは耳を傾けようとしません。なぜなら彼らは——特権的な立場にいる人々はみんなそうですが——特権への異議申し立てとなるようなことは何も聞きたくないからです。大統領選への反応はどうか。ロシアがやったんだ！と彼らは主張します。まったく滑稽です。私はプーチンの友達ではありませんが、ロシアが選挙を操ったなんて話は、単純に筋が通っていませんよ。

ナージャ：私は誰かの考えを変えることは可能だと知っています。現に私は自分の考えを変えてきましたし、毎日のように変わっていますから。

クリス：ほとんどの人は考えを変えないものだと思いますね。自分にとって最も有効なやりかたは、抑圧された人々と関係を築くことだと思います。私はエルサルバドルに、ガザに、ユーゴスラビアに、あるいはこうやって刑務所にいて、また『破壊の日々、反乱の日々』を書くにあたっては、文字どおりアメリカの最貧部で２年を過ごしました。

ナージャ：「わかった、でもほかにどうすればいい？ おまえはぶっ壊したいのか？ 代替案はあるのか？」と聞いてくる人たちにはどう答えますか。私は、周りを見てよ、賢い人ならいっぱいいるし、誰だってプーチンよりましでしょ、と言う

のですが……。

クリス：プーチンだって怯えていなかったら、あなたをあんなに厳しく処罰することもなかったでしょう。私たちの仕事は、権力者たちを怖がらせることです。私たちの仕事は彼らを縮み上がらせること。なぜならそれが権力を動かす唯一の方法だからです。政治は恐れに則ったゲームです。権力者の良心に訴えるのは時間の無駄です。期待できません。アメリカ最後のリベラルな大統領は誰だったか考えてみてください。リチャード・ニクソンです。しかし、彼がリベラルだったのは魂やハートや良心があったからではありません。社会運動を恐れていたからです。鉱山保安法、水質汚染防止法──どれもニクソン時代の産物です。

　　ヘンリー・キッシンジャーの回顧録に、反戦デモで何万人もの人々がホワイトハウスを取り囲むなか、空っぽのバス車両をバリケードとして敷地じゅうに配置したニクソンが窓の外を見て「ヘンリー、彼らはバリケードを破って私たちを捕まえるだろう」と言う場面があります。そう、それこそ権力者が常にいるべき場所なんです。私はサルコジが大統領だった頃にフランスに住んでいました。サルコジは学生たちがパリに押し寄せてきたり、農家の人々がトラクターでパリに乗り込んできたりするたびに縮み上がっていましたよ。

ナージャ：私たちは何を要求するべきでしょうか。私たちを本当に団結させることができるのはどんな言葉だと思いますか。

クリス：私は社会主義者です。ゴールドマン・サックスで働く人々の大半は刑務所に行くべきだし、会社自体も潰れるべきだと信じています。銀行は国有化されるべきです。電気・ガス・水道などは国有化されるべきです。石油産業も国有化されなければならない。もちろんそれでもロシアのように汚職が発生することもあるでしょう。しかしいまのところそうし

た産業や企業が国を仕切っている状況ですから、彼らのおもちゃと金を奪わない限り、どうにもならないのです。

　それが実際に起こるとは言いません。私たちの唯一の希望は革命だと言っているだけです。非暴力革命です。アメリカの現状、つまり左派の弱さと政治意識の欠如を鑑みるに、親ファシスト的な右派バックラッシュが起こる可能性の方がずっと高そうですが。

ナージャ：もうひとつ聞きたいのは、はたして私たちはグローバリゼーションの左派版を進めることができるのでしょうか。新自由主義的なグローバリゼーションは人々のためになっていないけれど、その一方で、グローバルな可動性こそが私にすべてを与えてくれました。そうでなければ私は、身動きが取れないまま故郷シベリアにあるニッケル工場で働いていたでしょう。

クリス：なるほど。そうですね、まず企業的グローバリゼーションというものがあって、それは邪悪で危険です。それからさまざまな運動のあいだにもグローバリゼーションがあります。なぜなら私たちはみんな新自由主義と闘っているからです。つまり、私たちはみんな企業的資本と闘っているのです。

　歴史を通じて、あらゆる革命的な運動はお互いを取り込んで育ってきました。それらは波となって訪れるのです。アメリカで革命が起こり、フランス革命が起こる。それがハイチ独立運動につながる。

　ですから、保守派が私たちに望んでいるようにナショナリズムに後退するのではなく、お互いグローバルにつながり合うことで、私たちはなんとか希望を持ち続けることができるでしょう。

オルタナティヴを創造せよ

抵抗するのに加え、非正統的かつ慣習に囚われない型（モデル）、習俗（モーレス）、機関を創り出そう。あなたの夢見る力、もうひとつの世界を思い描き、創り出す力を再生させよう。夢見ることができなければ、私たちは近視眼的になってしまう。今日において最もラディカルな抵抗の行為は、いかに夢を見るか、そしてその夢のためにいかに闘うかを学び直すことなのだ。

おまえは政治家の言いなり／やつらはおまえを灰皿送り
光を見るんだ／道を見出せ
　　　　──コックニー・リジェクツ「オイ！ オイ！ オイ！」

外側にいて自由な人間は、真実を告げようとする。私たちは正直だ。ある種の倫理的・精神的・知的な一貫性を持っている。そのことによっていくら周縁に追いやられようとも、私たちがこの社会に蔓延する不正にうまく適応することなど決してないだろう。
　　　　　　　　　　　　　　──コーネル・ウェスト
　　　『デモクラシー・ナウ！』のインタビューにて、2016年

●言葉
変人であれ（ステイ・ウィアード）

プッシー・ライオットの仕事を定義する必要に迫られたら、私はバカバカしい存在でいることだと言うだろう。**バカバカしくあることは真実を伝える最良の方法のひとつだ。**わかっているふりはしない。ただ尋ね、思い巡らし、提案している。すばらしき新世界を築くべしと他人に強いているわけではない。

　変わったふるまいをする人々は一部から病んでいるとか不具だとか呼ばれてしまうかもしれないが、彼らはほかの人々が見ようとしない何かを見ているだけなのかもしれない。たとえば、旧約聖書の預言者たちを見てほしい。彼らのふるまいは完全に変人だ。

　あなたがバカみたいなとき、真実を告げているとき、人々はあなたが狂っていると言うだろう。

　刑務所のほかにも、人を従順な家畜化されたペットに変える方法はいろいろある。そのうちのひとつが、心理学や精神分析や精神医学の治療を通じたコントロールである。

　向精神薬は過剰処方されている。診断名がついている人の数は急増しており、診断そのものもどんどん拡張している。不安、恐怖、孤独は疫病のごとく私たちを苦しめている。孤独はわれわれの世紀の病である──「孤独で死にそうになったら即すべきこと」を必死でググったら、そんな文章に行き着いた。

　しかし、私たちはこの疫病の背後にどんな理由があるのか本気で調べようとはしない。私たちは自分の問題を抱えて孤立し、その問題をちょっとした個人的なものとして受け取っている。さらに言えば、生産性を低下させているという理由で自らの不安と恐れに罪悪感を覚え、パフォーマンス強化薬を服用することになる。なぜこんなにもたくさんの人々が調子が悪いと感じているのか。そしてなぜ治療の目指すところが、何百万人もを惨めな気持ちにさせている構造的問題を解決することでなく、患者を規範に従わせることになってしまっているのだろうか。

この病を爆発的に広げているのが特定の社会経済的な潮流なのだとしたら？　手段を選ばない成功の追求と競争こそがこの社会のイデオロギーとなっているのだとしたら、この絶望的な孤独感の蔓延はそれほど驚くには値しないのかもしれない。**競争的な連帯など存在しない。競争的な愛も然りだ。**連帯や愛、ヘルスケアや新鮮な空気、きれいな水といったものを得る権利のように、この世には競争に向かないものがあるのだ。しかし、今日の最も強大な勢力である民営化と規制緩和は、あらゆるものの競争化を基盤としている。つまり、これほどまでにたくさんの人々が騙され踏みにじられていると感じているのであれば、実際に彼らは騙され踏みにじられているのだ。それはまるでいいカモだ。カモのように泳ぎ、ガーガー鳴く。

　現代医療の狂気の治療に関して科学的中立性とされているものは、実のところ、伝統的なブルジョア倫理観に対する異議申し立てを抑制する役目を果たしていた。そうした倫理観は狂気を精神疾患と捉え、それを客観的で議論の余地のない科学的発見として提示した。しかし、それはまったくもって中立的ではない。**違う考えかたをする者に精神障害者のレッテルを貼り、強制投薬をおこない、病院に閉じ込めるのは、強力な管理手段の一部だ。**実際、それは最も危険な管理のかたちである——科学の承認のうえに現れたやり口である。科学的権威というものは、人に自分を小さく無力な存在だと感じさせるようにできている。「科学者たちはお見通し」、私たちはそう考えるよう教え込まれてきた。だけど、言っていい？　次に科学には逆らえないと感じたときには、優生学のことを考えてみて。優生学者は自分たちの運動が科学であると主張しながら、科学の名のもとに何百万人もの無実の人々を虐殺した。だから私は専門家の人たちは苦手。私は専門家を信じない。

(!)

　反精神医学運動は1960年代から70年代に盛り上がりをみせた。反精神医学運動の中心にある考えかたとは何か？　精神科治療は患者の助けになる以上に、むしろ害を及ぼしていることが多いということ。古典的な例としては電気ショック療法や、インスリンショック療法、ロボトミー手術などが挙げられる。反精神医学運動はたくさんの成果を上げ、治療法は変わってきたものの、だからといって市民社会はもう精神医学の世界で起こっていることをチェックするのをやめてのんびりしていていいというわけでは決してない。今日の大きな憂慮のひとつに、子どもたちへの精神治療薬の処方が明らかに増えていることがある。大手製薬会社は超強大な力を持つビジネスであり、企業と医師の儲けになるというだけの理由で薬が処方されているケースが多々あることに注意しなければならない。実際、精神科医が決める診断名がどんな根拠や理由に基づいているのか私たちがこれまでほとんど尋ねてこなかったのは、本当に不可解だ（どう見ても尋ねるべきでしょ）。

　ドストエフスキーは自らのてんかんの発作について、「幸福は普通の状態においては考えられないものであり、それを経験したことのない人には想像がつかないものだ……私はそこで自分自身、そして全宇宙と完全に調和した状態にある」と友人に語った。『白痴』に登場するムイシュキン公爵は、てんかんの持病と発作が起こる直前の一瞬について次のように説明する。「それが病にすぎなかったとして、なんだというのか？　脳の異常な緊張、あの瞬間を思い出して分析すると、至上の調和と美のひとつだったような気がするのだ──底しれぬ感覚、限りない愛と歓喜があふれ出す瞬間、恍惚的熱情、完全なる人生」。ムイシュキンはほかのどの瞬間よりも自分が生きていると感じ

た。「あの瞬間のために全生涯を捧げてもいい」と、彼は言うのだ。

　しかし権力構造が最終的に目指しているのは、天啓や喜びや恍惚的熱情を促すことではない。権力が目指すのは市民たちを想定内に収め、御しやすくすることだ。ミシェル・フーコーは、奇妙なふるまいをする人をただ病んでいるだけと見做し、病人として社会から隔離するのは、19世紀以降の比較的新しい考えかたであることを明らかにした。

　先に言及したベルギーの臨床心理学教授で精神分析医のポール・フェルハーヘは、こうした現代西洋社会における精神病理学の爆発についての刮目すべき著作『私はどうなの？　市場社会におけるアイデンティティをめぐる闘い』（2012）を書いた。彼は精神医学のハンドブック『精神障害の診断・統計マニュアル（DSM）』が版を重ねるたびに障害／疾患の数を増やしていることについてこう記す。「第2版では180項目、第3版では292項目、第4版では365項目、そして最新版のDSM-5ではごく標準的な人間の感情やふるまいにも診断名が与えられている。こうした診断の大半が単純なチェックリストに基づいて出されており、医学的にはほとんど意味がない。公的な統計には薬の利用の爆発的な増加が示されており、精神医療が目指すところは、患者たちを社会規範に無理やり適応させる方向へ急転換している。統制する、と言う方が正しいかもしれない」

　「現代医薬品は健康の否定である。それは人間の健康のためになるのではなく、ひとつの制度となったそれ自体に仕えている。それは人々を癒やす以上に人々を病気にさせているのだ」と書いたのは、オーストリア生まれのキリスト教アナキスト、イヴァン・イリイチだ。イリイチは名著『脱病院化社会──医療の限界』（1976）で、「医療の権威は健康への脅威となっている」と批判した。彼は言う。「このプロセス、私が『命の医療化』

と呼ぶものは、はっきりと政治的に認識されて然るべきである」。
医薬品はときに深刻な副作用を起こし、服薬前よりも悪い状態
をもたらすものだが、私たちは健康についての絶対的真実をわ
かっている（はずの）「専門家」から入手しているという理由
から無条件で信用してしまう。しかし、それによって私たちは
報いを受けることになる。

　考えてみれば、経済的な不平等こそが私たちにたくさんのス
トレスをもたらしているのは明白だ。それに対して医師たちは
診断を出したり、抗精神薬を飲ませたりする。ワーキングプア
や多くの中間所得層の家庭は、持ち家や賃貸住宅にかかる費用
の増加、物価上昇、停滞する賃金によって絶え間なく経済的な
ストレスに苦しんでいる。慢性的なストレス状態が幅広い健康
問題につながるのは避けられない。

　これまでに述べたすべてと言い忘れたことをまとめてみよう
──どうやら私たちは矛盾に満ちた状況を生きているようだ。

1. 恒常的な経済不安と貧困化は文字どおり私たちの気を
   狂わせている。
2. 私たちは値の張る医者にお金を払い、診断名を付けら
   れ（何百万種類のうちのひとつだ。あなたを含め、病
   状のない人は誰ひとりとしていない）、処方箋をもらっ
   ている。
3. 私たちは高価な処方薬を買い、それに頼ってジャンキー
   になり、命尽きるまで（あるいはお金が尽きるまで）合
   法ドラッグのために製薬会社にお金を払いすぎている。

　この邪悪なサイクルから抜け出すための出口を見つけなけれ
ばならない。

　たとえば平静を失って、孤独で、悲しい、クソみたいな気分になったとしても、絶対に薬を飲まなければいけないわけではない。同じ気持ちを経験している人を見つけて、自分の問題について話し合い、考えを整理して、それを解決することもできるかもしれない。

　学生ローンを返済するお金がないとき、あなたには悲しみ、怒り、クソみたいな気分になる権利がある。一日中働いているのに家賃を払うお金がなければ、あなたには錯乱する権利がある。でも薬に頼らないで。眠りに落ちる助けにはなるだろうけど、問題そのものは解決しないのだから。

　人に助けを求め、また人に手を差し伸べよう。

(!)

　2012年5月、プッシー・ライオットの取り調べでモスクワ女性刑務所に座っていたとき、突然、精神医学が地平線上に姿を現した。私は死ぬほど怖くて、パニックを起こしていた。若き日に反精神医学運動を学んできた人間として、懲罰的精神医学の恐怖についてはよく知っていた。あなたも『カッコーの巣の上で』を読んだか映画を観たことがあると思うけど。そういうわけで私たちはカシュチェンコ精神科病院で精神鑑定を受けた。ソビエト時代には精神医学の政治的悪用に深く関わっていた施設だ。私は自分ができる限り普通に見えるよう努めた。担当医師は私と私たちの動機に心底同情しているように見えた。優先事項について質問され、私が自由、シスターフッド／ブラザーフッド、平等を挙げたときも、彼はあたたかくほほえんでいた。

　しかし、私たち3人は全員「混合性パーソナリティ障害」だ

と診断された。ではその症状とは何か。「人生への積極的姿勢」「自己実現への意欲」「自分の意見を固持」「反抗的態度の傾向」「抗議行動癖」。すべて私たちの医学鑑定書に書かれていたことだ。正直、私はそんなふうに説明されてもまったく構わない。**彼らはこれを異常な状態だと定義したのだろうけれど、私としては、単にまだ生きている人間の特徴にすぎないと思うから。**

　この鑑定書の言葉遣いは、ソビエト時代に反体制派を診断する際に使われていたものにとてもよく似ている。懲罰的精神医学はソビエト連邦において管理と抑圧のイデオロギー的武器として広く利用されていた。ソビエト市民は疑問を呈することなく服従しなければならなかった。圧政に対して何かを言ったり独立性を示したりした者は疑わしいトラブルメーカーと見做され、日常生活を脅かす脅威とされたのだ。

想像力にパワーを

　私があるロシアの教室で聞いたこと。

　　子どもたち：わたしたちは正義を求める。
　　校長先生：それでは正義とはなんでしょう？
　　子どもたち：いまわたしたちが持っていないもの。

　私たちはふたたび子どもになることを学ばなくてはならない。自らの想像力を使って、自らの手で創造し、自らの生活、行動、思考、製品の消費、アイデア、政治的概念、ニュース、社会的ネットワークを再構築し、これから作ってゆく未来の可能性を思い描けるような、別のやりかたを考えはじめるべきだ。
　私たちは、もうひとつの世界は可能だと信じようとしないことが多すぎる。これは「この道しかない」病とも呼ばれるもので、想像力の甚だしい危機である。「この道しかない」はマー

ガレット・サッチャーのお気に入りのスローガンだった。彼女の場合、これは主に経済にまつわる話だった。ローラ・フレッチャーは『ネイション』の記事（2013年4月12日）でサッチャーの「この道しかない」発言の含意についてこう述べた。それは「グローバル資本主義、いわゆる自由市場と自由貿易こそが富を築き、サービスを行き渡らせ、社会の経済を成長させる最良の道である。規制緩和は善を成す。たとえ神ではないにしても」ということを意味していた、と。

　「この道しかない」病は世界中に蔓延している。私たちはアクティビストとして、同胞のロシア人からこのお決まりの答えを返されるのに慣れっこだ。「そのとおり、われわれの政府は腐っている、法廷はエリートを守るためだけに存在している、警察は仕事をせずに賄賂を受け取るだけ、プーチンは泥棒、でもほかに道はないじゃないか」と。

　政府の統計はロシア人の圧倒的多数（80パーセント）がプーチンを支持していると主張している。いやまさか。ちょっと調べれば、プーチンがどれだけ腐っていて欲深いか、彼がいかにロシアの人々から金と権利を剥ぎ取り、少数のお仲間で資源を独占しているかにはっきり気づいている市民がたくさんいることは明白だ。私たちは自分が民主主義からかけ離れた金権政治、寡頭政治の最中に生きていることに気づいている。しかしここで「この道しかない」症候群が介入する。「プーチンじゃなかったら誰がロシアを統治するんだ？」と私は言われる。「おまえだよ！」と私は言う。品位も国への愛も仲間である市民への敬意も、プーチンよりあなたのほうがたくさん持っていると保証する。これはまぎれもない真実だ。私たちは違うやりかたができる。ロシアにはプーチンがやっているよりうまく事を運べる、情深く賢い人々がたくさんいるはずだ。

　同じことがアメリカについても当てはまる。『暴政』の著者

ティモシー・スナイダーは「必然性の政治は自ら招いた知性の昏睡状態です」と述べる。「共産主義体制と資本主義体制の競争がある限り、またファシズムとナチズムの記憶が残っている限り、アメリカ人は歴史に注意を払い、別の未来を想像することを可能にさせる思想を保持しなければなりませんでした。しかし、いったん必然性の政治を受け入れると、歴史はもはやなんの役にも立たないのだと私たちは思い込んでしまいました。過去のあらゆるものごとがよく知られた趨勢によって決定されているのだとしたら、細かいことを知る必要はなくなるからです」

「この道しかない」はエリートを助けるが、私たちを助けはしない。 私たちは自分たちの夢のために闘うことを選ぶ。力なき者にならないことを選ぶ。

●行動
オルタナティヴ──新しい法執行システムは可能だ

政治犯を刑務所に入れるのは間違いだ。それは彼らをより強く、その信念をより確かにさせるだけ。もしあなたが大統領や議員になろうと思っているのなら、どうかこの教訓を忘れずに、アクティビストを刑務所に入れることによって沈黙させようとしないでほしい。単純に効果がないのだから。彼らは法廷や監房からコミュニケーションを取る方法を見つけるだろう。彼らは負けるどころか刑務所での経験からさらなるパワーを獲得する術を見つけるだろう。

(!)

プーチンと彼のチームは私たちを収監するという過ちを犯した。彼らは当然の報いを受けた。いまや私たちに彼らの邪魔を

させないようにするのはそう簡単ではなくなった。

　当局曰く、プッシー・ライオットのパフォーマンスは攻撃的で論争を招くそうだ。プッシー・ライオットの動画はすべて「過激派」とレッテルを貼られ、ロシアにおいては法廷の判断によって視聴が禁止されている。理由は明白。私たちは彼らの権力の正当性に疑問を突きつけているからだ。

　しかし私は、政府のケツを蹴っ飛ばすことは自分の基本的人権の一部だと信じている。そして私は自分のやることすべてに全身全霊を捧げる。

(!)

　もし当局をすごくムカつかせた挙げ句に収監されたら、そのことを名誉の証（バッチ）として受け取ってほしい。刑務所はあなたを弱くさせることも壊すこともできない。あなたがそうさせない限りは。**たとえ彼らに自由を盗まれても、力はなおあなたの決断と意志のうちに宿る。**獄中で自分の信条のために誇らしく立ち上がることほど、あなたを閉じ込めた連中にとってまずいことはない。それは残酷なゲームだ。彼らが目指すのはあなたの精神を公に無きものとすることだけれど、あなたは（この状況において期待されているとおりに）縮こまって死んでゆくどころか、密かに勇気を育み、自分自身を成長させる道を探る。

　刑務所で過ごした時間は、勝者であると同時に敗者でもあるという信じ難く矛盾に満ちた切ない感情を私にもたらした。私たちは刑務所にいたけれど、裁判の過程で、政府を派手な色のドレスとふざけた帽子の3人の女を恐れる、近視眼的で欲深くケチなオリガルヒと元KGB諜報員の烏合の衆として印象づけるのに貢献していた。

　「この刑務所において、私はきわめて重要なものを身につけ

た。現代の国家体制と階級社会への深い憎しみの感覚である」と獄中からの手紙に書いたのは、2012年のロシアにおける抗議運動に関する政治的思惑ででっち上げられたアホらしい刑事事件の責任を問われて収監されてしまった反ファシストでアナキスト、政治科学博士でありボクシングコーチでもあるディミトリ・ブチェンコフだ。「それは革命家にとってきわめて重要なことだ。以前から持っていたこの感覚を論理的に理解した。いまそれは深く感情的な苦悩としてある。私を革命家としての最終段階に至らせてくれたすべての調査委員会と担当警官に感謝したい。私にはこの細かな部分が欠けていた——この刑務所で私は、ジャンキーからビジネスマンまで、ロシア社会を構成している自分とはまったく違う人々と出会う機会を得た。これほど短い期間で、あんなにもたくさんの観察と政治的考察をおこなうことは、ほかの場所では誰にもできないだろう」

　ディミトリ・ブチェンコフは、2012年5月6日にモスクワで開催された違法集会に参加していたとして収監されることになった。ディミトリはその日モスクワにはおらず、どんな集会にも参加できっこなかった。しかし警官はお構いなしだった。彼らはこの男が相当嫌いで、彼が賢く有能なオーガナイザーだったから閉じ込めておきたかったのだ。

（!）

　私たちは2013年12月に釈放された翌日、「ゾーナ・プラヴァ（Zona Prava）」（権利の領域）を設立することに決めた。代表は、私たちがキャンプにいたときに弁護してくれたすばらしいロシアの弁護士、パヴェル・チコフが務めることになった。

　この監獄改革イニシアチブの使命は、現在の法執行制度、すなわち人々をすり潰し棺桶を吐き出す邪悪なシステムを見直し、

壊れたシステムの代わりとなるものを提示することだ。現代ロシアにおける無罪率はわずか1パーセントである。これは実際のところ何を意味しているのか。いったん警察署に連れていかれたら、そこから出るのはほぼ不可能ということだ。このシステムの内部で働いている人々だって現状に満足しているわけではない。私は品位と自尊心を大切なものと見做している警官たちの存在を知っている。収監者の権利を守るために私たちと一緒に働いている元取調官や元検察官もいる。

　警察の留置場で毎日人が死んでいる。刑務所では毎年何千人もが死んでゆき、その半数は現在の医学では死ぬはずのない病気の結核と、外の世界ではもはや死刑宣告には相当しないHIVによるものだ。ゾーナ・プラヴァでは刑務所職員と警察官たちに再教育をおこない、拘留者と受刑者たちを人間と見做すように棒にぶら下げたニンジンを使って教えている。囚人たちが苦情や嘆願書や訴状を書く手伝いもおこなっている。ロシアの法廷や欧州人権裁判所で刑務所長たちを相手取った訴訟に携わり、重病の囚人たちに仮釈放が認められるよう手助けしている。私たちの医師は囚人流刑地を訪問し、独自にがん患者とHIV感染者を対象にした健康診断を実施する。

　プッシー・ライオットが釈放された年、ゾーナ・プラヴァはロシア各地で20〜30件、欧州人権裁判所で10件あまりの事案に取り組んだ。

　私たちは囚人流刑地で働きはじめており、受刑者たちが奴隷化されている状態に抗議する合法的な方法を見つけるのを手助けし、プーチン主義政治体制への不満を伝えたいと思っている多くのロシア市民のためにできることはまだまだあると自信を持っている。私たちは苦情と提案の本を編纂したけれど、いまのところ市民がこの本を手に取ることはできない。

　囚人たちのほとんどは麻薬撲滅キャンペーンによって収監さ

れていた。マリファナの所持だけで8年の懲役をくらう場合もある。ドラッグ関係で刑に処されている人々の次に大きな集団は、家庭内暴力の被害者たちだ。夫または家族の誰かに殴られ、人によってはそれが何十年にも及び、もう我慢できなくなった女性たち。彼女たちにいったい何ができただろう？ 警察に駆け込んでも、「まだ殺されてないじゃないか！ 死んだら戻っておいで」と言われてしまうであろう状況に置かれている知り合いが私にもたくさんいる。大げさに言っているわけじゃない。これは典型的な事例だ。まるで家庭内暴力を告発しに来た人に対する特別な応対マニュアルが存在しているかのようなのだ。

　政府の協力なくして一瞬でロシアの法執行制度を変えることはできない。そしてロシア政府は、当然だが、刑務所と法執行機関の改革を阻むためならなんでもやる。私たちにできるのは、情報と弁護士を提供し、市民による監視によって安全域を確保することだ。私たちは、誰にとっても有益な別のやりかたを人々が想像するのを手伝うことができるのだ。

オルタナティヴ──新しいメディアは可能だ

　2013年末、プーチンはウクライナでの革命的抗議行動に対して深く反感をおぼえていた。彼の理屈は明白だった。もし最も身近な隣国で革新的な変化が起これば、ロシアにおけるプーチンの権力は彼が望むほど盤石とはいかないだろう。ウクライナに混乱を引き起こし、ロシアの人々がウクライナ革命を人民の力を通じてエリート層を変える好例と考えないようにすることは、プーチンにとって名誉の問題だった。プーチンは3つのステップを踏んだ。（1）クリミアの併合、（2）東ウクライナを秘密裏に侵略、（3）ウクライナと、ロシアにあってウクライナ侵攻に批判的な発言をする人々に対する大っぴらなメディア戦争。もうこれ以上は悪くなりようがないと思っていたら、な

んとプーチンは隣国に兵隊を送り込んだ。ワオ！　しかも「兵隊はいない」と主張している。目撃者は大勢いるし、写真の証拠もあるのだけれど。レベルの違うガスライティング〔加害者がささいな嫌がらせをしたり誤った情報を与えたりすることで、被害者を惑わせ自分自身を責めるように仕向ける心理的虐待の一種〕だ。

　アメリカに住んでいる人々は、2016年の大統領選の最中に、ロシアのメディア戦争の影響を感じる不運な機会があった。しかし私たちロシア市民はもうかなりのあいだ、それこそプーチンが最初に大統領となった2000年から、この現実を生きてきた。

　2014年のロシアによるウクライナ侵攻で何が起こっていたのか真実の情報を提供しようというあらゆる試み（親ロシアもしくは親ウクライナの立場を広めるのではない、ただ正直な報道だ）は、その報道に携わった人物を危険に晒すことになった。ジャーナリストと編集者は解雇され、脅され、本物の報道を提供した勇気あるメディアの投資家や広告主は脅迫を受け、反逆者たちと協働するのをやめるよう説得された。

　「トロール工場」もたくさん仕事をした。政府が出資する、インターネットに歪んだ情報を撒き散らすことが人生における唯一の役割になっている人々の巨大ネットワークが存在する。彼らはプーチンとその仲間の権力に疑問を呈するYouTube上の動画を根こそぎ「低く評価」することで金をもらっている。いい大人たちが、そう、プッシー・ライオットのミュージックビデオに「低評価」を押してロシアの納税者たちの金を懐に入れているのだ。冗談でしょ？

　政府に批判的な記事を掲載するウェブサイトへのDoS（サービス妨害）攻撃もよくある手だ。DoS攻撃によってウェブサイトは一定期間ダウンする。できる限り早く人々にニュースを届けるのが責務のメディア発信者にとって、これほど迷惑なことはない。そしてまた別の手段もある。法廷と政府は自分たちが

嫌いなサイトをブロックし、ロシアの全ユーザーが利用できないようにするのだ。

　私たちが釈放された翌年は、メディアにとって冬の時代だった。政府の圧力を受けてメディアは次から次へと崩れていった。2014年、ロシア政府が自ら先導するメディアプロパガンダは、信じられないぐらい無謀になった。それは典型的なフェイクニュースだった。私たちはテレビ画面がどれだけ悪い嘘を伝え得るのかを目にする滅多にない機会を得たのだ。

　私たちが2014年にインディペンデントメディアを立ち上げたのはそういう理由からだ（すでにお気づきかと思うが、私たちは楽に生きようとは思っていない）。その名は『メディアゾーナ（MediaZona）』。

　検閲から完全に自由なオルタナティヴ情報源を提供するというのが、私たちのメディアゾーナの肝である。

　何が起こっているのか気づいている市民は簡単に騙されはしない。私たちの役目は信用に値する通信社となることだ。コラムや評論の類は掲載しない。なぜなら私たちは読者一人ひとりが自分自身の結論に至るべきだと信じているからだ。私たちはメディアゾーナのオーディエンスを信じている。どちらの側につくかは読者の判断に任せられている。

　大手のメディア、つまりクレムリンの管理下にあるメディアが発信する情報がメディアゾーナの記事に言及しているのを見ると手応えを感じる。文字どおりクレムリンのために働いている人々ですらも、メディアゾーナは信頼できるとわかっているのだ。私たちは死ぬほど真剣にファクトチェックに取り組んでいる。オーディエンスからの信頼を得るのは難しい。たったひとつのフェイクニュースで信頼は失われてしまうものなのだ。

　立ち上げ当初、メディアゾーナは主に法執行の問題を扱っていた。ロシアにおける政治の場は、議会から法廷や監獄に移っ

ていた。政治に参与している者が最終的にブチ込まれるはめになるところだ。私たちは法廷からのオンラインレポートを掲載して現代ロシアの法執行システムを支配するバカバカしさと残酷さと不正を暴いた。めちゃめちゃ笑える記事もあれば、泣ける記事もあった。私たちは囚人と元囚人たちのストーリーを伝え、政府が黙らせたがっている人々に声を与えた。

メディアゾーナが誕生してから3年以上の時が流れた。私たちはどんどん拡張しており、現在ではより幅広い問題を扱って、ひとつのロシア生活百科事典となりつつある。ロシアでのリアルな生活はどのようなものか。それが私たちの主な問いである。

私たちは、プーチンが子どもをハグしたり牧歌的な教会の鐘の音に感極まったりしているようなテレビ画面の公式プロパガンダには興味がない。私たちが集めるのは、たいていは人目に触れないまま終わってしまう、大都市の外でおこなわれる抗議行動についての情報である。炭鉱労働者やトラック運転手のストライキ、刑務所でのハンガーストライキ、怒れる教師たちが組織する集会。私たちは元役人たちだけではなく、検察官、裁判官、警官、刑務官など、いま現在この制度の内側で働いている人々にも語りかける。ときには彼らから実状についての垂れ込みがある。たとえば刑事事件をでっち上げるための5つのステップ、証拠を残さずに囚人を拷問する方法、賄賂を受け取る方法トップ10などだ。

(!)

「パトカーを燃やす準備はいいか？」2008年の左派アクティビスト会合ではじめて会ったとき、セルゲイ・スミルノフはそう言った。現在、彼はメディアゾーナの編集長だ。メディアゾーナについてセルゲイにもっと詳しく語ってもらおう。

これまで数年にわたって、私たちは進行中のできごとを注視してきました。そしてしばらくすると、私の見解では最重要事件の数々（たとえば、プーチン批判派のアレクセイ・ナワリヌイの件など）が法廷に持ち込まれました。政治、本物の政治が都市の広場から法廷へと移ってきたのです。訴訟が次から次へと起こりました。そして新しい制約的な法的措置が大量に導入されました。法廷での手続きが、権力を握る者と抑圧された者のあいだの新たなコミュニケーションのかたちであることが明らかになったのです。そして何が起こっているのか誰もがはっきりと理解するようになりました。そうだとしても、ひとつの問いが残ります。では次に何をすればいいのか、という問いです。ひとつ考えられる反応は、何もしないことです。

　私たちはそれを報じることにしました。これが人々にとってほんの少しでも面白いものになるかもしれないなんて幻想は抱いていませんでした。警察官がどんなふうに人を殺しているかとか、たくさんの人が長年にわたって収監されているなんて話を人々が突然読みたがるようになるとは決して思ってはいませんでした。無論、これは人気がある類の情報ではありません。しかしそれでも重要なことなのです。

　これは奇妙な発想かもしれませんが、メディアゾーナの使命は常に変わり続けます。私たちにはたくさんの目標があります。そのうちのひとつは、訴訟や法廷、そしてこのシステムの問題への関心を高めることです。メディアゾーナは法廷からオンライン中継をおこない、法廷が実際のところどのように機能しているのかを見せます。

　実を言うと、私はメディアゾーナの使命について、もうひとつかなり奇妙な考えを抱いています。私は19世紀につ

いての記事を何本か書くうちに、ある考えに至りました。10年後、または15年後、もしかしたら20年後に、いまのロシアについて調べる人々にとってメディアゾーナのウェブサイトが理解の助けになったなら、私たちはとても幸せです。彼らは法廷からの生中継のアーカイヴ資料を読み、ここで実際に何が起こっていたのかを理解し、いまがどんな時代だったのかを掴むでしょう。

　もちろん、私たちが提供できるのは全体図のごく一部にすぎません。しかしこの瞬間、いま起こっていることを捉えるのは重要です。ロシアを研究する者にとって、10年後ないしは15年後に何が重要になるのかはわからないし、現時点で重要なものと重要でないものを見分けることができないのも確かです。しかしだからこそ、未来の研究者たちがメディアゾーナの報道の一部を参照することになれば上出来です。奇妙な考えではあります。これはどうやって社会を理解するかの話なのです。

　現行の法およびシステムにおいて最も深刻な問題のひとつは、すぐに人を収監することでしょう。たとえば、麻薬犯罪についての（ロシア刑法の）条項228。これは（a）刑事事件化し、（b）容疑者に対する公訴件数のノルマを達成し、（c）決められた期間内に一定の件数の刑罰を処するためだけに利用される法の典型的な例です。刑法が犯罪を罰するためにあるのだと信じている人は実際のところ誰もいません。麻薬取締法はそれ自体が大問題で、刑務所に閉じ込められている人の3割から4割はドラッグ関連の罪で服役しているのです。

　おそらく全体の半数の事件で、人々は捜査官が事件化して法廷に持ち込む必要に迫られたから刑務所に入れられているのであって、つまり検察は自分たちの統計とノルマの

ためにドラッグ絡みの筋書きを利用しているのです。これは大問題です。そしてこれらの機関は監査を受けません。検察は基本的に事件簿に書きたいことをなんでも書けるのです。

　これこそが問題の核心です。彼らはもはや仕事のやりかたをわかっていません。法廷でおこなわれている仕事のレベルからもそれが見て取れます。捜査官はどう捜査を進めればいいのかわかっていないのです。彼らは捜査のやりかたを教えられていないし、真の敵対者もいません。すでに完全に破綻したシステムなのです。若い捜査官たちが入ってきても、訴訟に及ぶやいなや、自分たちが事件簿に何を書こうが関係ないのだとすぐに悟ります。私はこれまで手続きのうえで発生する大量のナンセンスを見てきました。そうして結局、いざ本物の犯罪事件の容疑者を探す必要が生じても、彼らにはどうしたらいいかわからないのです。すべての段取りが定められたシステム内で働くことに慣れきってしまっているからです。

　裁判官にもたくさん会ってきましたが、彼らの多くはただただ自暴自棄になっています。彼らは自分が誰にも無罪を言い渡すことができない、つまり処罰を与えるにあたって自分自身の考えを告げることができないとわかっているのです。もし自分で判断する自由を手に入れたら、裁判官たちは本当に喜んで、元気になるんじゃないかと私は思っています。いや、本当に。

　人類が想像力を使っていなかったら、電球は発明されていなかっただろう。

だからあなたの想像力でオルタナティヴを創り出してみよう。警官を殺人者兼武装窃盗犯としてではなく、ソーシャルワーカーとして想像してみよう。無料の医療を想像してみよう。単によく売れるためだけではない、アートのために作られるアートを想像してみよう。服従させるための教育ではなく、創造性と洞察力を育む教育を想像してみよう。

●ヒーロー
アレクサンドラ・コロンタイ

　アレクサンドラ・コロンタイはフェミニストでアクティビストであり、ロシア初の女性の大臣および大使だった。

　コロンタイは1872年にサンクトペテルブルクに生まれた。彼女の母親は最初の結婚で3人の子どもをもうけ、後にアレクサンドラの父親となる男性と結婚するために離婚したが、それは容易なことではなかった。アレクサンドラ自身はお見合い結婚を拒否し、遠縁の親戚と結婚したが、その相手はどうやら結婚に向かない一文無しの男だったらしい。

　ロシア革命が起こると、コロンタイは彼女が到来しつつあると考えた共産主義社会の女性たちに向けて、ジェンダーにまつわる力関係と平等について書いた。1921年の論考「性的関係と階級闘争」では、女性は男性の所有物ではないと記した。女性はもっと簡単に離婚できるようになるべきである。結婚は自由、平等、友情に基づいているべきである、と。コロンタイは仲間のボリシェビキたちに対しても激怒していた。

　コロンタイの関心は平等にあった。彼女の文章はすごく現代的で、100年前に書かれたものとは思えない。「性的関係」で、彼女は社会的偽善についても書いている。男性がしがない料理人と結婚しても誰も何も言わないけれど、女医が召使いに興味を示すと、彼女は軽蔑されるのだ（「たとえ彼が美男であろうと」

とコロンタイは書き添える)。

その後、1960年代から70年代には、コロンタイの継承者が続々登場することになった。たとえばアクティビストで幻視者のシュラミス・ファイアストーン (1945-2012)。ファイアストーンの発想は、フェミニズムとマルクス主義および精神分析批判を大胆に混ぜ合わせたカクテルだった。25歳のときに書いたベストセラー、『性の弁証法──女性解放革命の場合』で、彼女は平等を達成する唯一の道としてジェンダーを完全になくすことを主張した。「性階級制度」の廃絶に向けて、子どもが「人工生殖」で生まれることになれば、シングルマザーへの依存はなくなるだろうと綴った。彼女は「個人間の生殖器の違いは、もはや文化的になんの問題にもならない」と記し、労働も性別によって分配されることはない、なぜなら労働というもの自体も(「サイバネティクスを通じて」)廃絶されるからだ、と書いた。ファイアストーンは、平等な社会では性と生殖はもはや重要事項にはならないと述べた。

彼女の没後、『アトランティック』に掲載された記事で、エミリー・チャートフはこう書いている。「ファイアストーンは以下の廃絶を望んだ。性役割、子づくりセックス、ジェンダー、子ども時代、モノガミー、母としての育児、世帯、資本主義、政府、そして何より妊娠出産という生理現象」

資本主義社会のもと、女性は労働と育児を強いられており、それは不可能な話である、とコロンタイは書いた。女性は職場

において男性と対等の立場にあるべきで、彼女たちがそこで生きるよう強いられている家庭のくびきではなく、その仕事に依って立つべきである。彼女は『共産主義と家庭』（1920）で、職場における平等が実現すれば女性たちには料理や掃除や繕いものをする時間がなくなると書いた。それらは来るべき社会では非生産的な仕事だった。この新しい社会では、家族を持つ必要はまったくない——労働者は共同キッチンで食事をとり、洗濯も済ませ、国家が子どもを育てるのだ。これは20世紀の最初の四半世紀に書かれた、空想的でユートピア的なラディカルフェミニズムのちょっとした一場面だ。コロンタイは新時代が到来する前に新時代の空気を感じ取る、きわめて繊細で直感の鋭い思想家とアーティストだけに許されたものの見方でもって、実際に第二波フェミニズムが訪れる数十年前に第二波フェミニストになってみせた。

　1926年にロシア語で出版された『性的に解放された女性の自伝』で、コロンタイは、女性労働者を味方につけようと努めていた彼女に対するボリシェビキ党の姿勢に早々に失望したと綴っている。こうした闘いは1917年に革命が起こるずっと前、1906年から始まっていた。コロンタイは女性局を設立しようと試みたが、その努力は阻まれた。彼女はこの件について書いている。「ここで私は、私たちの党が労働者階級の女性たちの運命をほとんど気にかけておらず、女性の解放にはまったくもって関心が乏しいことにはじめて気づいた。（略）ボリシェビキ党の同志は、私と女性の同志たちが『フェミニスト』で、女性限定の問題を重視しすぎていると責めた」

　コロンタイはフェミニストとしてしぶとく異議申し立てを続け、1908年12月には全ロシア女性会議の設立に影響を与えた。この件の余波で彼女はロシアを離れてドイツに向かうことを余儀なくされ、そこで社会民主党に加わった。彼女はローザ・ル

クセンブルク、カール・リープクネヒト、カール・カウツキーといったヨーロッパの第一線の社会民主主義者たちとつるんでいた。彼女は大義のためにヨーロッパ各地を訪ね、パリの主婦ストライキなどに参加した。

　彼女はレーニンと知り合ってボリシェビキになった。1917年、彼女は保険人民委員に就任し、ロシア政府の役職に就いた初の女性となった。しかしレーニン主義者たちにとって、女性の人権はコロンタイにとってそうだったほど重要ではなかった。私たちはボリシェビキに女性の人権を強く要求した人物として、コロンタイを讃えるべきである。なぜならレーニン、トロツキー、スターリンその他の男たちは強く要求されるのが好きではなかったから。党内で保守勢力が優勢になってくると、コロンタイはふたたびロシアを追い出されることになった。彼女は1923年にソビエト大使としてノルウェーに駐在した。再び彼女はこうした類の仕事に就いた最初の女性となった。長く波乱に満ちた生涯を生き、コロンタイは1952年に亡くなった。

　「両性間の関係についての新たな概念はすでに現れつつある」と、彼女は100年前に書いた。「それらは完全な自由、平等、真の友情というまだ目新しい考えかたに基づいた関係をいかに築くかを教えてくれるだろう」

　時代の制約を超えて考える能力は、クリエイターにとってこのうえなく価値のあるものなのだ。

ビー・ア・(ウー)マン

フェミニズムは男性、女性、トランスジェンダー、トランスセクシュアル、クィア、Aジェンダー、誰もが使える解放のツールである。フェミニズムのおかげでそう言える。私は自分が好きなように、自分が感じるままにふるまい、性役割を脱構築して戯れ、自発的にまぜこぜにする。性役割は私のパレットであり、私を縛る鎖ではない。

男も女もありません。あなたがたは皆、キリスト・イエスにおいて一つだからです。
　　　　──使徒パウロ、ガラテヤの信徒への手紙 第3章28節

キッチンの床掃除からオーガズムを得る女はいない。
　　　　──ベティ・フリーダン『新しい女性の創造』

虐げられた者たちは常に自身について最悪のことを信じるはめになる。
　　　　　　　　　　　　　　　　──フランツ・ファノン

●言葉
誇り高き魔女と あばずれ

「ロシアのフェミニズムは、当然、ロシアにとっては自然な

ものではなく、根拠もない」と、ロシア正教会を代表する主席司祭ドミトリー・スミルノフはYouTubeの説教動画で述べた。「フェミニズムはキリスト教の規範を破壊しようとしている。フェミニズムは女性を男性と同じレベルに置こうとし、女性としての美点を奪う。フェミニズムは家庭を荒廃させる。男たち、女たち、子どもたちそれぞれに与えられる権利は家族を崩壊させる。われわれは洗礼を受けた者として、フェミニズムを社会と家族の心に侵入し人々を不幸にする毒と見做さなければならない」

　私はいつもスミルノフ大司教のYouTube動画を楽しんでいる。彼はプッシー・ライオットの着想の源のひとつだ。私たちは彼の説教を見て驚きのあまり椅子から転げ落ち、そこでフェミニストパンクバンドをやろうと思いついたのだった。

　スミルノフ大司教はフェミニズムによって破壊されつつあるという女性の美点について語る。おなじみの策略だ。毎度おなじみの話。よく知られているように、セクシストは女性をご大層な台座に乗せ、実のところ自分らは彼女たちを助けているのだと主張する。しかし、もちろんその台座の上には、いかなる創造的な仕事もキャリアも自己実現も存在しない。この台座が意味するのは、誰かに仕える使用人もしくはただ美しいもののひとつでいるということだけだ。**そして誰かのスカートの中を覗くには、台座の上に立っているほうが都合がいいというわけだ。**

　スミルノフは低い声で言う。「学校は子どもたちが大人の家族生活を送る準備をするにあたっての支えであるべきだ。ああ、25年前、われわれの学校は、西側から吹いてくる風の影響を受け、教育を拒絶して子どもたちに知識を注ぎ込むだけになった。もうひとつ別の問題もある。われわれの教師のうち99パーセントは女性なのだ。心理物理学的資質の観点からすれば、彼ら……

教師は男性であるべきだ」

「フェミニズムは女たちに、夫から離れ、子どもたちを殺し、魔術をおこない、資本主義を破壊し、レズビアンになるようけしかけている」と述べたのは、パット・ロバートソン──こちらもどうやら頭がおかしくなっている様子のキリスト教保守派テレビ宣教師で、アメリカ合衆国出身のメディア王。1992年に『ニューヨーク・タイムズ』に引用された、寄付金を募る手紙でのことだ。

「フェミニズムはモテない女性たちが世の主流に近づきやすくなるために作られたものだ」と1988年に『サクラメント・ユニオン』に書いたのはラッシュ・リンボーだ。リンボーは「フェミナチ」という語を広め、性的関係における合意という考えを認めないことで知られている。

ドナルド・トランプは自分が若い女性たちに性暴力を振るったことを平然と自慢してきた。『エスクァイア』1991年5月号のインタビューではマスコミに叩かれようがお構いなしの姿勢だった。「若く美しい女性のケツが手に入る限り、マスコミにどう書かれようがたいした問題じゃない」と彼は言った。

『コムソモリスカヤ・プラウダ』によれば、ロシアの指導者ウラジーミル・プーチンは「本物の男は常に挑み続けるべきであり、本物の女は耐えるべきなのだ」と言った。

ロシアでは、内閣の女性率はたったの10パーセントである。私たちロシア人の状況は、政治や公的生活への女性の参与に法的および宗教的な制限が設けられているアラブ世界やアフリカの最貧国よりはましという程度なのだ。そして統計によれば、ロシア市民の4分の1が、政治には女性の居場所はない、あるいは政界の女性の数はもっと減らされるべきだと信じている。私の政府は最近、女性たちを家庭内暴力から守る代わりに、家庭内暴力を合法化する法案を可決した。

セクシストは私たちに混ざって生きている。国会やテレビにいるだけではない。私たちの裁判では、投獄されたプッシー・ライオットのアクティビストのひとりであるカットの父親の声明が使われた。「カットの父親はトロコンニコワが娘をフェミニスト運動なるものに引き込んだと認識している。このつながりにおいて、彼はロシアにおけるフェミニズムそのものを繰り返し強く非難している。なぜなら彼は、ロシア文明は西洋文明とは異なっているゆえに、この運動はロシア文明には合わないと信じているからだ」。この俗な声明はプッシー・ライオット裁判の評決に引用され、私の「矯正」には社会からの隔離が必要不可欠であると法廷が示すのに使われた。

　「フェミニズムとフェミニストは忌むべき、汚らわしい言葉だ」と、プッシー・ライオット裁判において「負傷者」のひとりとされた救世主ハリストス大聖堂の警備員は述べた。もしそうであるならば、可能な限りこの忌み言葉を吐こう。呪え。汚らわしくあれかし。

　「フェミニズムはすでにすべてを達成している！　これ以上何を求めるんだ？」あなたはこの質問をしょっちゅう耳にしているだろうか。私は毎日がこの質問から始まっているように感じてしまう。ここまでに列挙した諸々のすべてを思えば、フェミニズムが勝利を祝福し穏やかに引退できる日はまだまだ遠そうだ。

(!)

　プッシー・ライオットは自分たちを第三波フェミニズムの一部であると考えている。第三波はジェンダー二元論の概念を脱構築する。ジェンダーがスペクトラムであるならば、ジェンダーを基盤とした差別はバカげたものとなる。私たちは「男性／

女性」の二極モデルそのものを拒絶する。ジェンダーをそれとは別のかたちで考える。「男性」と「女性」の二極のあいだに引かれる線では捉えられない無数のジェンダーが存在しているのだ。

私は固定した性的アイデンティティを持たず、自分自身をクィアパーソンと呼ぶ。なんであろうと「私はあれとかこれとかを絶対にやることはない」と言う理由はないと考える。

上の世代がすべてを整えてくれて、性役割が自分に都合のいいものだったらよかったのにと望んでも仕方がない。**おちんちんやら何やらをもって生まれてきたことだけが自分に課された任務であって、それによってすべてが決まるなんて思わないこと。男の子は右に進み、軍の制服を着てピストルを振り回す一方で、女の子は左に進み、レースを身に着けてピンセットで眉毛を整える、なんて考えないことだ。**

性役割は場所、時代、文脈次第で変わる。歴史的に普遍的な、永遠の男性役割と女性役割があるなんてたわ言はこの先もずっと無責任なガキの話でしかない。さまざまなジェンダーの概念と一連の性役割が、人類史のあらゆる時代、あらゆる階級、あらゆる職場、あらゆる年齢と人種においてそれぞれ異なるかたちで定められている。**例の女らしさの神話にまつわるたわ言について話したければ好きなだけ話せばいいが、私は19世紀のロシアで奴隷制のもとに生きていた下層階級の女性たちが死ぬほど強かったこと、あのレディたちは現代のいかなる男性ニューヨーカーをも腕相撲で打ち負かすに違いないことを知っている。**たとえば3種類のジェンダー、4種類のセクシュアリティが標準となっている「伝統的な」社会はこれまでも存在したし、現在もしている。たったの2世紀遡れば、ヨーロッパの貴族のシス男性たちは厚化粧をしてかつらをかぶっていたのだ。

こうした「弱く傷つきやすい女性」あるいは「弱い性」にま

つわるすべてが単なる迷信でしかない。この迷信は私たちの歴史に組み込まれてきたけれど、ある特定の時代と文化に生まれたものであり、いつか死ぬときが訪れるのだ。砂に描かれた顔のように消えてゆく。

私にとってフェミニズムとはいったいなんなのか？ **フェミニズムとは、ジェンダーや性役割に基づいて人々に向けられる「どのようなふるまいをするべきか」の行きすぎた期待を取り除くこと。**フェミニズムとはあなたに課されたあらゆるジェンダー役割の系譜と歴史を理解すること。フェミニズムは選択の自由と、情報に基づいた選択肢を持つことだ。

私には弱い性でいることに甘んじている暇なんてない。人生は有限だ。実際のところあと何年生きられるかもすごく限られているわけだし、私はたくさん学び、試み、達成し、変え、感じ、立ち向かい、負け、勝ちたい。時代遅れのゲームをやっている時間はないのだ。ご存じのとおり、まっすぐに生きることを望んでいない人々もいる。でも人生はたった一度きりで、これが最初で最後だとしたら？ 単純に私は自分にこれから余命が何千年も残されているとは思えない。

私は7、8歳の頃からアクティビストでフェミニストだった。はじめてフェミニズムとはなんなのかを理解したのは8歳のときだった。筋の通った話だから、即、フェミニストになると決めた。学校に通えば、そこで習う作家も科学者も男ばかりだということに気づく。そこで自問自答するのだ。「なんで？ これまでの歴史で何が起こったの？」そうして私が自分はフェミニストだと宣言すると、ある日、保育園からの友達が近寄ってきて、本気で私のことを気の毒がり、心底悲しそうに言ったのだった。「大丈夫だよ、心配しないで、8歳の子は誰でも自分はフェミニストだって言える。けど、それでいいんだ、君もそのうち気が変わって男が好きになるよ。14歳ぐらいになったらね」

まるで私が病気を患っているかのような口ぶりだったけれど、彼は私を励まそうとして、いつか克服できると伝えようとしていたのだった。

　私は幼い頃からガリ勉だった。あるとき、物理教師がクラス全員の前で「ナージャはすごくいい子ね！　いつも最高得点を出している」と言って私を困らせたことがあった。彼女はさらに私が将来すごい成功者になって大統領と結婚するかもしれないと語り続けた。私は10歳だったけれど、その意味を十分にわかって激怒したのを覚えている。私自身は大統領になれないわけ？　**誰かの妻になるのが本当に女の子にとっての最高の成功だっていうの？**

　私がフェミニストになったのは、ロシアの男たちが手を差し伸べようとしなかったからだ。ロシアの男は女と握手しない。それが悩みの種だった。私のアートコレクティブにいたある男は、女にはアートを作る力量がないとしきりに主張した。彼は「本物のアートを作った唯一の女性はレニ・リーフェンシュタールだ」と付け加えすらした。それがますます私を悩ませた。

　私は18歳のときにシモーヌ・ド・ボーヴォワールに出会った。「人は女に生まれるのではない、女になるのだ」と彼女は言った。ボーヴォワールは実際に私にいくらかの希望をもたらした。また私はジュディス・バトラーの助けを得て、幸運にもクィア理論と演技としてのジェンダーを発見した。**私は18歳で、何が自分の人生の主な問いとなるのかを悟った。すなわち、どうしたら効果的に規範というものを再定義できるのか、という問いである。**あなたを海賊、放浪者（ノマド）、あるいは反逆者にするのはいったいなんだろう？

⟨!⟩

大都市にはミソジニーの悪臭が漂うが、村やこじんまりした工業の町、あるいは刑務所のようなおおよそ閉じられた小さな社会にいるとき、それはさらに強く臭いはじめる。刑務所でも美人コンテストで競わされることを知った。参加しなければ仮釈放が認められないのだ。「ミス・チャーミング」コンテストで競わないということは、彼らがあなたの人物調査票に「前向きな姿勢を見せない」と書くことを意味する。私がコンテストをボイコットしたので、刑務所は私が前向きな姿勢を見せなかったと判断した。美人コンテストで競わなかったという理由で、法廷は私の仮釈放を認めなかった。

　矯正コロニーは、中性的な見た目を好んでいた私の友達のことも、彼女が刑務所のコンサートにヒールの低い靴を履いて出演し続けたという理由で仮釈放には時期尚早と判断した。コロニーの見解によれば、ヒールの低い靴でステージに立つことは男性的すぎたのだ。女はハイヒールを履かなければならない。私の友達はハイヒールで演奏し、したがって女性のあるべき定型への忠誠が証明されたということで、ようやく仮釈放を許可された。

　「向こう7年はシャバに出られないだろうな」と看守は私をなじった。「おまえは若い美人だが、ここを出るときには29歳のババアで、誰もおまえとヤりたがらないだろう」

(!)

　「あばずれ」とは、その核心において、パワーにまつわる言葉だ。それはときには畏怖とともに、またときには憤怒とともに発せられ、世界を見据えて自分の欲しいものを手に入れると決心した女性たちについて言う言葉だ。それは悪いことだと見做されてしまうことがあまりに多い。女性は他人を優先するよ

うに教えられる。だから私たちはこの言葉を取り戻す。

　私は誇り高き売女でオマンコだ。歴史を通じて、悪者のレッテルを貼られてきた女は、パワフルで強い女だった。魔術や魔女狩りのことを考えてみて。

　私がこれまで会ってきた人々のうちかなりの数、主にヘテロセクシュアルの男たちは、フェミニズムを支持しないと主張する。しかし彼らが「フェミニズムとは何か？」と自問することはほぼない。彼らの拒絶は恐れや幻想に根ざしているのだ。了解、別の定義を紹介させて。「フェミニズムとは性差別をなくし、性差別的な搾取と抑圧を終わらせる運動である」。ベル・フックスによるこの説明は私のお気に入りだ。

　フェミニズムは男性のためにもなる。フェミニズムはトランスジェンダーの人々のためにもなる。フェミニズムはためになるのだ。

　どういうことか。もしあなたが本物の男で、泣いたり、嘆いたり、あるいは愛したりするにはタフすぎるのだとしたら、負けるのはあなただ。フェミニズムはあなたが自分の感情と和解する助けになるだろう。感じることは間違いではない。それこそが「人生」である。つまり、何かを感じることが。

　想像してみてほしい。あなたが男で、ロシアに住んでいて、18歳だったら、軍隊に入らなければならない。本物の男なら銃を撃ち戦うべきだと彼らは言う。男性には兵役が義務づけられているが、女性はそうではない。子ども時代、女の子たちは遊び場であなたと同等の存在だったはずだ。軍のような機関があなたの心のジェンダーギャップを深くしているのだ。１年の兵役から帰ってくる頃には見事に洗脳されていて、あなたはもう女性を仲間や相棒や同僚や協力者とは見做さない。本物の男は女性を別の種として扱うものであり、女性は（a）崇められ守られる、もしくは（b）抑圧され殴られる人々なのだ。もしあ

なたが軍隊に入らなければならない18歳男性なら、女性たちの勢力に加わって、自分は国家の奴隷ではないし入隊は任意であるべきだと要求してみては？

　しかし、異議申し立てされるべきは本物の男だけとは限らない。多くの女たち（だいたいヘテロセクシュアル）もまた、フェミニズムは必要ないといまだに信じている。私たちの生存は、何千年にもわたって支配的な文化との従属的でマゾヒスティックな結びつきを基盤としてきたのだから、こうした呪縛を断ち切るのが難しいのもよくわかる。女性たちは不安を感じる。そして、それこそがプーチンやトランプのようなミソジニストのクソ野郎に投票してしまう女性が存在する理由だ。それこそが強力な手を切望する女性がいる理由だ。足かせを外すのはときに難しいこともあるが、やってみる価値はある。**あなたに施しを与える手を噛んでみるのはいいアイデアだ。真に平等な立場になったとき、あなたはもはやその手を必要としない。支配はお断り。その相手と一緒に食べる。ただ食べものを分かち合うのだ。**

　一部の女性（だいたいヘテロセクシュアル）が、いまだにパートナーの獲得をめぐって競い合うことこそが自分の最優先すべきタスクだと信じているのも知っている。つまり人権のためにではなく、チンコのために闘わなくてはならないのだ、と。それっていまの支配的な文化にとってあまりにも都合が良すぎる！　生き残れるか否かは男性による承認次第だと考え続けている限り、私たちは簡単に利用されてしまう。おなじみのやり口だ。ある集団の集合意識と連帯感を失わせ、それから弄び、利用し、操作する。私たちの生きる力が男性の承認に基づいているという考えは、これまでの歴史に根ざしている。実際、女が経済的には完全に男に依存していた時代があった。そうでない女たちは社会の除け者や魔女の烙印を押され、焼き殺されて

しまった。時代はそこからほんのちょっと変わったのだ。

(!)

　ロシア正教会の総主教は中絶を禁止したがっている。スター
リンは1936年に出生率を上昇させる目的で中絶を禁じ、それは
1955年まで続いた。ソビエト連邦の経験は、中絶の禁止が上昇
させるのは出生率ではなく、別のふたつの指標だということを
示している。すなわち違法中絶による母体死亡率と嬰児殺しの
発生率だ。

　プーチンと先夫遺伝理論（子どもは母親のそれまでの性的パ
ートナー全員の特徴を受け継ぐことがあるという考え）を支持
していることで知られるアンナ・クズネツォヴァは、2016年に
子どもの権利コミッショナーに就任した。子どもは豊かな感情
や情動を持っているのに加え、シャイで、はにかみがちで、適
切な質問をすることができない。だからこそ子どもには、女性
器が記憶を持つと信じている人物よりもましな代弁者が必要だ。
セクシュアリティは活力とインスピレーションの力強い源泉で
ある。どうしてそれを抑えつけるのか？　うまく使うよう教え
ることだってできるというのに。

　女性のセクシュアリティは発見され、解き放たれようとして
いるところだ。クリトリスをどう扱えばいいのかてんでわかっ
ていない男たちがいまだにたくさんいることは、私の個人的な
事例研究によって証明されている。もし私とファックしたいの
にクリトリスのパワーを知らないのだとしたら、お話にならな
い。そいつがベッドで男根中心主義《ファロセントリズム》がすぎるとわかったが最後、
私は起き上がり、服を着て、そこを立ち去る。服を着ているあ
いだに男根神学ロゴス中心主義《ファロセオロゴセントリズム》の誤った認識について講義をし
てやるかもね。

自身のセクシュアリティを探求する女性は汚名を着せられる。売女、あばずれ、娼婦。なんの話かあなたもわかるだろう。私は長いこと、自分の考えには優先順位があり、官能にまつわることはすべて罪深いと信じ込まされてきた。なので肉体と意識の結びつきを取り戻すのにたいへんな努力を要した。いまも努力し続けている。この結びつきがついに確立されてから、人生の質はかなり向上した。

（!）

　あるフランスの女性ラップグループはクリトリスを舐めることについての曲を録音した。フランスのYouTubeはこの曲のビデオを規制した。世界中の男性ラッパーたちが私たちにチンコをしゃぶれと言ってるっていうのに、この動画にポルノが含まれてるって？　なんでクリトリスはポルノだとされてペニスは違うわけ？

完璧でなければならないという怪物

　10代の頃、私の好きなふるまいの型は「女性的」と認められるものからほど遠いことに気づいた。私はハイヒールを履いてみた。しかし半年もするとヒールは時計仕掛けのように斜めにすり減り、それから折れてしまった。若い女性らしいとされるふるまい、おとなしく座って洗練された身のこなしを磨くということが私にはできなかった。私は学校の廊下で大声で歌い、ガチョウみたいによたよた歩いていた。

　なんで自分が若い女性に期待されるふるまいをなぞらなきゃいけないのか、正直理解できなかった。それになんのメリットがあるのか。メリットがないなら、どうしてそんなことを自分に強いなきゃならないのか。ハンドバッグを握ってハイヒール

でお上品にちょこちょこ歩くのが面倒くさいことは目に見えていた。

　ハイヒールの女性を見るたびに同情で胸がいっぱいになって、おんぶしましょうかと申し出たくなる。ハイヒールを履く男性たちは素敵だと思うけど。伝統によって義務づけられているわけではないのにハイヒールを履く彼らは私のヒーローだ。私は彼らが歴史上の抑圧されてきた女性たち全員を称えるためにそうしているんじゃないかと想像する。

(!)

不完全でいることにはパワーがある。常に完璧でいようとしないこと――実際そんなの退屈だし。

　完璧でなければならないという怪物はすごく現実的な存在だ。プロデュース過剰のアートに限った話ではない。人間そのものもまたプロデュース過剰なのだ。手入れされ、飼い慣らされ。これについて私がどう思うかといえば、プロデュース過剰の人々は私の心を動かさない。

　刑務所から出たとき、私たちはすぐに正常化（ノーマライゼーション）の力は笑いごとではないと理解した。あなたが行動的に、はっきり声を出すようになればなるほど、この正常化の力も大きくなっていく。黒いスカートの下に白いタイツを履くべからず（またはその逆）。髪色を暗くしろ。体重をいくらか落とすべき。発声の訓練をしろ、鼻声すぎるから。ビル・クリントンとステージに立っているときに「ファック」と言うな。もっと社交的になれ。なんでおまえたちロシア人はほほえまないんだ。スニーカーを履くな、ヒールを履け。その怪物は私をものすごく怖がらせた。私は口紅、ハイヒール、ヘアアイロンを買った。しかしそれでも自分はまだ完璧ではないと感じた。正直、クソみたいな気分だった。

私はクリントンの催しで「ファック」と言わないように心がけたけど、スピーチを始めて5分後にはやっちまっていた。

しかし、私は森でフクロウを怖がるように育てられたわけではない。 真実の瞬間はCNNのスタジオでスタッフに5層も塗り重ねるメイクをされていたときに訪れた。政治の話をするのに死体かマネキンみたいな見た目になる必要なんて別にないよな、と思ったのだ。私は拭き取ってくれと頼んだ。

メイク自体は嫌いじゃない。ときどきなら楽しい。もっとたくさんの男性がメイクをするのを見たいと思う。

私は美しいと言われることも、美しくいることさえも別に構わない。しかしただ美しくいることで手一杯にはなりたくないのだ。それは自分のやるべきことじゃない。

私はこの本を英語で書いていて、それはものすごく恐縮してしまうことなのだ。まるで自分が犬みたいに感じることがたびたびあった。頭ではわかっているのに、それを表現する人間の言葉が見つからない。それは失敗だけれど、いい失敗だ。翻訳者をつけたり、代筆者を立てたりすることもできただろう。もしかしたらそうした方がもっといい本になっていたかも。そこのところは申し訳ないけど、私はDIYの原則を手放さない。何かを（理論上は）自分でできるとわかっていたら、自らやる。この原則によって、私の人生が挑戦でいっぱいになるのは確かだ。しかしそれこそが、自分を自分自身の人生から疎外しないための方法なのだ。

私は完璧性というものを試みのうちに、あるいは前進や危険を犯すことのなかに、そして、そう、失敗のうちに見出す。**私の人生における最大の失敗、すなわち懲役刑を受けることがなかったら、私は自分の政府や国、そしてそこに暮らしている驚くべき人々についてこんなにたくさんのことを学びはしなかっただろうし、今日私が持っている声を持つことも決してなかっ**

ただろう。

(!)

　刑務所から釈放されたとき、私は混乱した。

　基本的なことをたくさん習得し直さなければならなかった。どうやって道路を渡るか。どうやってお金を遣うか。どうやって棚に並んだ大量のボトルに気を散らされることなしにシャンプーを買うか。

　私は新しい友達だけでなく、たくさんの人々に会った。プッシー・ライオットとのエロティックな写真撮影に1,000ドル出すと言ってきた人々。監獄から出てきたばかりの人は経済的な困難を抱えているに違いないと見込んでぺてんにかけようとする詐欺師たち。私は政治警察にどこであろうとしつこく尾行され、電話での私的な通話はYouTubeで暴露され、数週間に一度は機動隊員と自警団員の気まぐれで殴られた。

　また私は、自分が刑務所で見出した明快な思考法を維持するやりかたを身に着けねばならなかった。

　はみ出し者に囲まれていること、また自分自身がはみ出し者でいることに、それ以前は知らなかった奇妙で単純な美しさを発見した。私は社会の最底辺にいてもなおほほえむ勇気を持つことに、明晰さや誠実さを見出すようになっていた。地獄の最暗部の人々の輪、平均的な市民の目からは恥ずべきものとして隠されている輪にも命があるということを理解したのだ。

　刑務所の腐った土壌から華々しく咲き誇る生きものが堂々と育つのを目にすることほどハッとさせられることはない。それは止まることのない生命力の純粋な現れ。へし折られることをよしとしない女たちであり、喜びと笑いを選ぶ女たちなのだ。刑務所生活の惨めさ、絶望、死との毎日の闘いを引き受けた彼

女たちが備えているその気品に、私は深い敬慕の念を抱いた。

　刑務所で持ち得る最もかけがえのないものは自尊心だ。所持を認められるものはそれがほぼすべてと言っていい。衣服や食べもの、金銭はもちろん、自分を守るためのナイフ、シールド、銃も持つことができない。安全と幸福は自尊心によってのみもたらされるのだ。自尊心を失うことは致命的である。いったん失ってしまえば、ふたたび床から拾い上げるのは難しい。私たちは週7日、毎日24時間、自分の自尊心を大切にしなければならない。自分自身の信条とふるまいと性格が一貫して筋が通っているのはすばらしいことだ。パニックを起こしたり、優柔不断になったりしている暇はない。行動は言葉に忠実でなければならない。さもなくば、安っぽい嘘つきで、弱く、簡単に攻撃され、騙されやすい人物と思われてしまうだろう。

　出所するにあたって、私たちは標準化と無菌化^{サニタイゼーション}をくぐり抜けねばならなかった。あることを言い、別のことは言わないように期待された。新たに生まれた自由が空気に溶けてゆくようだった。

　私たちは日々の生活において、何かが異世界からやってくることをしょっちゅう期待する。魔法の薬や新しい靴は、私たちをより幸せに、あるいはより安全に感じさせる。でもたいていの場合、それは幻想だ。私にとって幸せへの鍵は、自分の仕事のうちに見出される尊厳と自尊心だ。制服を縫う囚人でいるときも、アートを作る自由な女でいるときも、それは変わらない。釈放後、私たちを取り囲んだ人々の多くに、人生がいかに単純明快なものかを説明するのはほぼ不可能だった。

(!)

　もしあなたが自分自身に忠実であるならば、自らが見出した

啓示を捨て去ることはできないはずだ。

　プッシー・ライオットがハーバード大学で講演をした際、警察は観衆のひとりを自分の意見を述べたかどで逮捕した。ハーバードはウラジーミル・プーチンを公然と支持している公人をもてなすべきではない、というのがその男性の見解だった。この大学が過去にやっていたことだ。

　私たちはそのまま講演を続けるよう期待されていた。だが、私たちは予定されていたイベントをキャンセルし、豪勢な晩餐会に出席する代わりに警察署に行って、男性が釈放されるまでそこを離れないことを選んだ。彼らの顔ときたら！ でも彼らは、私たちがほかにいったいどうすると思ったのだろう？ そもそもプッシー・ライオットが過去に選んできたのが豪勢な晩餐だったら、彼らは私たちと同席したいなんて決して考えなかっただろう。なのに、そこでがっかりするのは矛盾だということが彼らにはわからないようだった。

●行動
革命は私のガールフレンド

　　牢獄は甘く、つらくない
　　シャバの夫へ手紙は送らない
　　彼は決して知ることがないだろう、わたしがマルーシュカ・
　　ベロヴァを愛していることを
　　　　　　　　　　　　　　──ディナ・ヴィエルニ
　　　　　　　　　「レズビアン・ウェディング・ソング」

　実のところ、監獄で恋している時間は刑期のうちに入らない。なぜなら監獄が刑罰でなくなるからだ。みんなそれを知っているから、多くの囚人たちは恋に落ちる相手を探す。

インスピレーションは常に降ってくるものではないけれど、あなたは荷物をまとめて、発見と冒険に満ちた宝物探しの旅に出ることができる。インスピレーションが訪れたら、身を委ねよう。そういうやりかたで生きていけば、あなたの人生は映画の筋にだってなる。

(!)

ナターシャは興奮した様子で、このキャンプでいちばんのダイク、ニーナについて話す。「ニーナが近づいてきて、まるで『ヤってみる？』って感じなの」

私はナターシャの向かいに座って縫製作業をしている。彼女はおしゃべりで、しなやかで、すばやい。このラインで最速の縫製作業員だ。みんなナターシャとお風呂に行くのが好きだった。なぜなら彼女は細身だけれどおっぱいが大きくて、まるで絵の中の人みたいだったから。みんな驚いて見つめた。

「ヤる？」

「そう、ヤってみるって。え、意味わかんないの？ ファックしようって物置小屋に誘ってきたのよ」

「そう、あなたのニーナはクールね。で何、断ったの？」

「うん」

「どういうこと？」

(!)

ニーナは包みからタバコを２本取り出すと、両方を唇に挟んで、火をつける。火のついたタバコのうち１本を差し出し、もう１本は自分用にする。彼女はグレーのダウンショールを羽織っている。それを羽織っているとき、彼女はその大きな鼻のお

かげで、まるで羽を持つ鷲のように見える。ショールはニーナに恋している女たちのうちのひとりから贈られたものだ。

ニーナは9年にわたって収監されている。ここに送られてきたとき、彼女は若かった。このキャンプで彼女は少年<ruby>少年<rt>ボーイ</rt></ruby>になった。才能、気質、そしてストリートでの教育が彼女をトムボーイ〔男の子のような女の子〕にした。よじ登って窓から出たり入ったりする子だ。ニーナは黒い髪と喫煙者らしいかすれ声、それに長いまつげを持っている。彼女には脚、気品、背丈、体格がある。そして女性的な特徴が完全に抜け落ちている。その代わり、彼女はボーイッシュで攻撃的な欲望と、欲しいものを手に入れる能力を持っている。

ニーナはわざと粗暴な足取りで歩き、頭を高く上げ、大股で闊歩する。彼女はネッカチーフを地下世界の流儀でまとい、あのロシアの有名なチョコバーのパッケージに印刷された小さなアリョンカのように端を正面で結ぶのではなく、ジャック・スパロウとかそういう感じにうしろで結ぶ。

ニーナはシンプルな男性用コロンをたっぷり自分に浴びせる。香水やコロンはアルコールを含むため刑務所では禁止されているが、大金を払えば信用に足る経路から手に入る。それは外の世界でドラッグを買うより難しい。

夜の9時だ。モルドヴィアの村に夜の帳が下りる。牛たちは鳴くのをやめ、ザワークラウトを積んだ荷馬車も稼働を終えている。

私たちの正面には灯りのついた機械室の窓がある。女性囚人たちは、身体的な愛嬌が著しく欠けていた場合そこに送られる。「おまえは機械室に行け」と彼らは言う。機械室では野郎どもが4人働いていて、全員がアル中だ。機械室を訪れて、バラシェヴォにあるモルドヴィア囚人収容所病院での出産に至る女性たちもいる。

縫製工房の外は寂れている。視界に人影はまったくない。工房を離れるべきではない時間だ。私たちは離れた。私たちはぶらついてタバコを吸う。

　「なんで私のためにドアを開けるの？」工房から湿った３月の吹雪のなかに出て、私はニーナをもっと知ろうと尋ねる。「女たちのためにドアを開けようと決めたのはいつ？」

　「覚えてない」彼女は肩をすくめる。

　ニーナとのジェンダーについての議論は、まるで最初のデートで男性にどうして花束を贈ってきたのか尋ねるのと同じぐらい無意味だった。彼はただ贈っただけだ。贈らなかった可能性もある。それだけの話であって、伝統は説明できない。

　ニーナは私の傍らに現れる。女たちを誘惑し恋に落ちることが、刑務所での９年間で彼女が見つけた生きかただった。そして私は死と退屈に打ち勝つ彼女のやりかたを学ぶことに興奮し、感謝する。

　収容所の粗悪な腐った木製フェンスの向こうは暗い森と沼地だ。９年間。腐ったフェンスのなかの９年間。

　しかしこの瞬間、私はこのフェンスの内側で退屈していない。

(!)

　私たちはインスタントコーヒーを飲んでいる。これまで飲んだうちでいちばん濃い、アブサン級に効くコーヒーだ。このあと、収容所でそういうコーヒーを飲むのが毎朝の日課になる。ニーナは私にチョコレートバーをふるまい、私は靴下からスニッカーズを引っ張り出す。製造作業地帯の門のボディチェックをくぐり抜けて持ち込んだのだ。

　「覚えが早いね」。ニーナは笑う。彼女は歯が欠けているのを恥ずかしがって、出所したら差し歯を入れたいと願っている。

でも欠けた歯は彼女の無骨さを際立たせていて、全然悪くない
と私は思う。

　私はほとんど喋らない。自分の言葉を恐れている。ニーナと
会話するには、私の言葉は平坦で標準的すぎる。それらは教育
による言葉だ。彼女の言葉が気性の激しいイタリア語なら、私
の言葉はまるで死んだラテン語みたいだ。私の話に耳を傾ける
とき、ニーナは自分の話しかたを恥ずかしがった。彼女はそれ
が単純で下品だと思ったのだ。でも私は、ニーナの語りの方が
よっぽどいきいきしていて、より多彩な意味の陰影があると思
う。決定的な要素はイントネーションだ。同じ言葉でもイント
ネーションが異なれば、意味が変わってくる。

　隣の作業場のヴェラが、ニーナを尋ねてくる。ヴェラは若く
て女性的だ。彼女は豊かな長い茶色の髪、女の子っぽいふるま
い、華奢な体つき、Ｄカップの胸を持っている。ヴェラはプラ
スチックカップのコーヒーを持って座り、何時間もニーナを見
つめている。ヴェラはのちに、収容所に６年間いて誰にも恋し
たことがないと私に言うのだけれど、嘘だろう。

　ニーナはヴェラのような優美な女の子が好きではない。一緒
にトラブルに巻き込まれることができるタイプの女の子が好き
なのだ。ニーナはときどき別の作業場の年季の入った囚人、ラ
イザと猛烈なセックスをする。ライザは赤く焼けたブロンドの
カーリーヘアとどら声の持ち主で、収容所で最もふてぶてしい
目つきをした囚人のひとりだ。その噂がニーナのステディなガー
ルフレンドである、私の雑居房の室長カーチャの耳に入ると
大爆発が起こる。皿やベンチ、花瓶が宙を舞う。

(!)

　私は収容所の保安部に呼び出されていた。

「雑誌が届いてるけどあなたには渡さない」

「なんでですか?」

「同性愛を奨励しているから」女性の保安警官はビシッと言う。彼女は虹色の表紙に印刷された「ファゴット」〔男性同性愛者を指す侮蔑的な言葉だが、当事者が否定的な意味を肯定的に転じようとしてあえて用いる場合もある〕の文字を引っ掻く。「トロコンニコワ、この収容所では同性愛の理論だけでなく実践も禁止されていることはわかっているか?」

こうしてすべて終わった。私とつながりを持ったことで、ニーナは2週間にわたって独居房に入れられた。彼女がそこを出てから、私たちはもう二度と会話を交わさなかった。

理論と実践の弁証法。

●ヒーロー
ベル・フックス

ベル・フックスはポストコロニアル・フェミニズムのゴッドマザーだ。彼女は人種分離政策下にあったケンタッキー州の故郷の町を出て、奨学金を得てスタンフォード大学で学んでいた19歳の頃に最初の著作を書きはじめた。彼女はカリフォルニア大学サンタクルーズ校、イェール大学、オーバリン大学、ニューヨーク市立大学シティ・カレッジで教え、20冊以上の著作をものしている。

インターセクショナル・フェミニズムのパイオニアである彼女は、この言葉が広まるはるか昔、1980年代からこれを使いはじめた。1984年、彼女は爆弾を落とした。『ベル・フックスの「フェミニズム理論」──周辺から中心へ』と題された本だ。1989年にもうひとつ。『口答え──フェミニストの考えかた、ブラックの考えかた』。ベル・フックスは、フェミニズムは性別のみを焦点とするのではなく、人種、経済、ジェンダーの交差性に

も注視するべきであると、いちはやく指摘したひとりだ。

『フェミニズムはみんなのもの』(2000) で、彼女はこう記している。「私たちがみんな私たちでいられる世界、平和と可能性の世界に生きていると想像してみてください。そんな世界はフェミニスト革命だけでは作り出せません。私たちはレイシズム、階級エリート主義、帝国主義を終わらせねばなりません。(略) フェミニスト運動を活発におこなっている女性たちの多くが、政治的に大胆な視点を持っておらず、こうした現実と向き合おうとしません。とりわけ、彼女たちが個人として、既存の構造の内部で経済的な充足を獲得している場合には」

私は、ちゃんとしたアーティストでいるためには、うまく名前を与える技術を習得しなければならないと常に思っていた。雄弁に、的確に、ありきたりになることなくありきたりになる可能性を持たねばならない。名前を与えることで、簡潔な言葉の用法について学ぶのだ。

フックスはグロリア・ワトキンズとして生まれた。その筆名は彼女の曾祖母に敬意を表したものだ。フックスは自分の名前よりも仕事に、自分の人物像よりも考えに注目してほしいという想いから、名前を大文字で綴らなかった。フックスの名前は彼女の書くものを完璧に表現している。ヒエラルキーがなく、詩的で、爆発的。**包摂性はエリート主義に打ち勝つ。すべての文字は平等なのだ。**

フックスの著作のタイトルを見て。完璧な詩じゃない？
『アメリカ黒人女性とフェミニズム──私は女ではないの？』
(1981)
『パンを分かち合う──造反黒人知識人の生活』(1991、コ

ーネル・ウェストとの共著）

『フェミニズムはみんなのもの──情熱の政治学』（2000）

『私たちの立つところ──階級は重要である』（2001）

『俺らマジでクール──黒人男性と男らしさ』（2004）

『ソウル・シスター──女性たち、友情、成就』（2007）

　2000年にフックスが発表した『オール・アバウト・ラブ──愛をめぐる13の試論』はクソ最高だ。この著作は、階級分析、連帯と思いやりを求める歌うような呼びかけ、精神分析、ポストコロニアル・フェミニズム、他者に奉仕することの高潔な喜び、シスターそしてブラザーフッドの叫びを見事に結びつけてみせる。共同体精神の称賛と個人的な自由の切望が手と手を取り合っているのだ。

　愛は性的関心抜きの愛だ。フックスは精神科医M・スコット・ペックによる愛の定義を、彼の著作『愛すること、生きること』（1978）から引用している。彼はエーリッヒ・フロムの仕事に共鳴し、愛を「自身あるいは相手の精神的成長を促すことを目的とした自己拡張の意志」と定義する。

　個人的なことは政治的であり、したがってフックスは性的快楽についての問いから根源的な政治的変革のメカニズムの分析へとやすやすとジャンプする。そして事実、自分の周りの人々を愛し、その愛ゆえに自分自身を犠牲にする心構えなしに成功した大きな人民運動は存在しない。ニーナ・シモンがマーティン・ルーサー・キング・ジュニアの死についての曲で、いかに彼を褒め称えたかをお忘れなく。「愛の王が死んでしまった」と、彼女は歌う。

希望は絶望から生まれる

歴史における現段階において、ふたつのうちどちらかが起こり得る。ひとつは民衆が自らの運命の主導権を握り、他者との連帯や思いやりや気遣いを重んじる価値観に導かれて共同体に関わってゆく道。そしてもうひとつは、誰にも制御不可能な滅びの運命だ。

——ノーム・チョムスキー『チョムスキーとメディア
マニュファクチャリング・コンセント』

革命を買うことはできません。革命を作ることもできません。唯一あなたにできることは革命になること。それはあなたの精神のうちに存在します。それ以外のどこにもありません。

——アーシュラ・K・ル・グウィン『所有せざる人々』

　危機はこれ以上ないほどに逼迫している。私たちは自らと地球を破壊してしまうかもしれない。だから既存の限界を超えて考える必要がある。現行の体制を疑う必要がある。私たちは政治的想像力を必要としている。

　質問を尋ねる前から答えを知ることはできない。私たちは答えを見つけるために集合的な努力をしなければならない。実際、海賊行為が横行する国際水域に入ったら、なんであろうと完全な知識を備えていることを期待できる人なんて誰もいやしない

のだ。未知の領域に入りつつあるときに変更不可能なルールなんてない。あるべきなのは、活発な生きた精神、まっすぐな心、そして善意だ。

　私は非難してくる人々に対しても心を開いて理解ある人間でいようと誓い、審判を下す前に必ず疑わしきは罰せずの原則を適用しようと自分自身に約束した。**人のことは性急に裁かない。なぜなら火あぶりの刑に処されるのは魔女の証だということを経験上知っているからだ。**私はスケープゴートとして利用されたとき人がどんなふうに感じるかを知っている。それは恐ろしい。はみ出し者だと決められたら最後、そこに対話はない。話す権利や考える権利、あるいは喜びや痛みを感じる権利、つまり生きる権利を奪われる。あなたは非人間化され、敵として描かれ、モノとして扱われるのだ。

　私は愚者でいることを選ぶ。ドストエフスキーの小説に登場する、どんな状況でも心を広く、同情的に、周りの人々に優しくあり続けようと自分に誓う人物だ。私たち誰もが探し求め、常に尋ね、決して完璧にはなれず、登っては落ち、痛みに耐え、ときには痛みを引き起こしもする。もっと言えば、それが誰かを傷つけかねないことに気づかないまま書く、あるいはバカなことをする。それについては申し訳ない。

　子どもっぽく聞こえても構わない。私は試み、リスクを取って、燃やす方を選ぶ。子どものように生きることを選ぶ。子どもは自分が知らないことを認めるのを恐れず、終わりなき好奇心と学ぼうとする意志を持っている。私の娘は私を傷つけることをしたとき、私のところにやってきて「ハグして」と言う。**私を叩きのめしたがっている、あるいは破壊したがっている人々の多くは、本当のところはただハグが必要だっただけだ。**私は、ロシア政府が私を物理的に傷つけるために雇った自警団員と対峙したことがある。彼は私の目を焼いた。私は彼の正面

に立ち、優しく尋ねた。「どうしてこんなことを？　痛いんだよ。苦しいんだよ。あなたは私の目を傷つけた。どうして？」そこで私は彼の目の奥にひとりの人間を見たけれど、彼は混乱し、この質問への筋の通った人間的な回答を見つけることはできなかった。

　あらゆる人間は自分には尊厳があると信じたがっている。非人間化にさらなる非人間化で答えれば、相手はたやすくあなたの言葉と感情を無視し、汚名を着せ、刑務所に入れ、あなたの命を奪うだろう。

　憎しみ、嘘、偽善のハリケーンを目にすると身体が痛む。目下の政治がそうだ。人を欺き、不誠実で不透明でいることが常態化している。捕まりさえしなければ平気なのだ。それどころか彼らは捕まっても気にしない。

　二重思考にはもううんざりだ。ホワイトハウスに座って聖書を引用するくせに、人を裁くな、誠実に正直であれというキリスト教の美徳をちっとも重んじていないあの人たちは、卑劣な嘘つきだ。

　嘘にはもううんざりだ。真実はたしかに、ある種の存在論的・実存的優位性を備えている。だからこそこんなにもたくさんの人々がバーニー・サンダースを支持しているのだ。彼はただ自分の尊厳を売り渡すのを拒む政治家でいるというだけで、倫理にまつわる政治革命を起こしている。自分の言葉どおりに行動し、企業やお友達や彼自身のポケットにではなく、実際に人々に仕える。政治家がするべきことを彼はしている。正直に筋の通った仕事をしている政治家が例外的な存在だなんて、病んでると思わない？

　この現状から脱出するには奇跡が必要だ。そして奇跡は現実に存在する。私にも起こったことがある。たとえば無条件の愛、または連帯、勇敢な集合的アクションといったかたちで。奇跡

は、真実は偽りに打ち勝つという子どもっぽい信念を持つ者の
うちに、相互扶助を信じ贈与経済とともに生きる者の暮らしの
うちに、いまこの瞬間、常に起こっている。革命はお金で買え
ない。あなた自身が革命になるしかない。

　あらゆる腐敗した権力構造は嘘のうえに築かれている。ヴァ
ーツラフ・ハヴェルを引用すれば、「権力を支えるイデオロギ
ーが有効なのは人々が嘘の内側に生きることを望んでいるあい
だだけだ」。私たちは選択を迫られている。嘘の内側に生きて
はいけない。

(!)

　ここで、私が政治的芸術行動_{ポリティカル・アーティスティック・アクション}をすることを通じて学ん
できた（あるいは学ばなかった）ことをいくつか、あなたにお
伝えしておきたい。

・禅と意志の力と穏やかさと粘り強さの合わせ技

　武術の使い手はこの精神の力について熟知している。闘って
いるときは、恐れや怒りの罠にはまったり隠れたり逃げたりす
るのではなく、リング上で穏やかにチェスをしたい。あなたは
自分の才覚で勝利したいのだ。

・他人が自分に激怒しても平気でいること

　私はあなたが想像する以上にたくさんの人たちをいらつかせ
てきた。政治的アクションをする者にとって、犯罪者や除け者
と呼ばれるのはなべて良い兆しなのだ。

　激怒するのは敵対者だけとは限らない。あなたが扉を叩いて
人々に参加を求めれば、失せろと言ってくる人もいるだろう。
それでいい。それなら自分で勝手にやるまでだ。リラックスし

て考えをまとめ、進み続ければいい。

・感謝の心を持ち、人生と周囲の人々に対する欲深い期待を捨て去ること

　ボランティアと協働すると、ものすごく役に立つ心構えを育むことができる。すなわち、誰に対しても、あなたやあなたの目的のために動いてくれるのが当然であるかのように期待しないこと。彼らがそうしてくれるなら、あなたはまぎれもなく幸福だ。私の取り組みに誰かが協力してくれるたびに、私は驚き、ありがたく思う。それは彼らが私を信用し、ともに働くことでインスピレーションを得ているということにほかならない。それ自体が何にも勝る報酬だ。もちろん闘いに負けることもある。何週間にもわたって準備していたアクションが通話を盗聴した警察によって中止させられることもある。そうした状況下で怒ったりいらついたりしないのは難しい。だけど、ねえ、このアクションに打ち込んでいるあいだ、たくさんの信じられないぐらい優しくて素敵な人たちに出会ってきたじゃない。

・アクションに身を捧げること

　権力を握り、私たちを締め付けるためにそれを行使する連中は、私たちに目を光らせている。あなたが粘り強さを見せない限り、やつらは一歩も譲らないだろう。

・自分自身でいることを恥じないこと

　みんなにどう思われているかを真剣に気にしていたら、私は何も成し遂げられないでいただろう。サカッたヒステリックまんこと呼ばれたかと思えば、次の日には、超重たい豪華な雑誌に「彼女は身体とセクシュアリティの問題を扱っている」と賞賛される。あなたは次第に、どちらも同じぐらいつまらないこ

とに気づく。

　以前、「フェミニストの旗を掲げるな」と言われたことがある。「そうすれば憎まれることになるだろう。なぜならロシアにはフェミニズムを理解する準備がまだできていないから。ロシア人はフェミニストを何年もヤッてなくて男を殺したがっている怒った淑女たちのことだと思っている」とかなんとか。彼らはバーニー・サンダースに言った。社会主義者だと名乗るな、アメリカの田舎は拒否反応を起こすから、と。しかしそれでも、共産主義者に対する冷戦プロパガンダから何世代も経たいま、アメリカの市民は社会主義者に票を投じようとしている。あなたは自分のやるべきことをやり続けて、世界にあなたについての見解を変えさせればいいのだ。

　自分自身を誇りに思わない限り、ほかの誰かがあなたを誇りに思うこともないだろう。

・自分のやっていることなんて他人にとってはどうでもいいことだという思考の罠にはまらないこと

　救世主コンプレックスは捨てよう。ひとりだけで世界の諸問題を解決することはできない。できると思っているなら、あなたはトランプだ。あなたのアクティビストとしての努力は唯一無二であり、グローバルな連鎖反応の重要な一部だ。だからこそ、やり遂げよう。グローバルに考え、ローカルに行動せよ。

・政治的ガスライティングを拒絶すること

　専門家、経済誌、シンクタンク、アイビーリーグ大学、議会の関係筋、プーチン。彼らはみんな政治的ガスライティングをおこなう。私たちの考えを操作し、間違っているのは自分の方だと思わせようとするのだ。彼らは問題などまるでなく、私たちが問題をでっち上げているのだと言う。彼らは、あなたが無

教養で、自分の意見を持ちそれに基づいた行動をするには無知すぎると思い込ませようとしている。だが人々の生活の実態について、誰が当事者以上にわかっているというのだろう？

・バカでいること

バーニー・サンダースも言っているように、もしバカでなかったら私は政治的な活動をずっと前にやめていただろう。「無駄だよ、君には絶対に変えられない」という言葉どおりに。だけど私はバカなのだ。だから、私は行動する。

(!)

すべてのルールは、このページに書かれたものも含めて、捨て去られる可能性がある（そうされて然るべきかもしれない）。これらのルールは、もうひとつのプッシー・ライオットのパンク・プレイヤーとして扱われるべきものである。つまり、奇跡に自分自身を開こうとして私がおこなった、革命でいることの（失敗した）試みとして。**それがどんなものであれルールやアドバイスを硬直的に解釈することは、自由の精神を殺す。それだけは避けねばならない。**

私たちはウィトゲンシュタインが『論理哲学論考』の最後に書いたことに従うべきだと私は信じている。

> 6.54. 私の命題は以下のとおりの説明としてはたらく。私が書くものを理解する者は誰でも、それらを乗り越えるべきもの——踏み段——として使用するうちに、次第に無意味なものとして認識するようになるだろう（言ってみれば、梯子を登りきったときには、その梯子を捨て去るだろう）。その人はこれらの命題を超越するに違いなく、そこで世界

を正しく見ることになる。

　ウィトゲンシュタインは自らの命題がある程度誤っているのを認めていたけれど、彼の命題はいまもなお有効活用できる。私はあらゆるルール表にこの考えを書き入れるつもりだ。

　集会に占拠、ペインティングに作曲、あるいは窃盗や動物園からの動物解放など、あなたがどんな市民的不服従の行動をおこなうとしても、**やってしまえ。服従の構造をずたずたに引き裂くのだ。**

　最後にこれを覚えておいて。トランプに反対するツイートをした全員が路上に現れてそこを動かなければ、トランプは１週間もせずに辞任に追い込まれるだろう。力なき者は力を持っているのだ。

74〜75 ページの回答

あなたの体は戦場である：バーバラ・クルーガー
我買う、故に我あり：バーバラ・クルーガー
音楽は私のホット・ホット・セックス：CSS

キム・ゴードン

　ナージャ、あなたに出会えて私たちはラッキーです。私たちはあなたとつながって、欲深く、力に飢え、権威主義で自己中心的な為政者の世に生きるあなたの経験を吸収しなくてはなりません。厳しい政治情勢のもとで育って学んだことを見せてください。そうすれば私たちは、日に日に恐ろしく大変なことになってゆく自らの状況にどう対処すればいいかを学べるでしょう。

　あなたがこの本で示しているとおり、アメリカとロシアの国粋主義的文化は合わせ鏡になっています。トランプはプーチンになりたがっている。プーチンはもっとプーチンらしくなりたがっている。あなたの本はガールスカウト（ここアメリカにあるこの組織は国粋主義と悪知恵を教えるけれど、DIY精神を育みもするのです）と革命的行動の手引き書の組み合わせです。大まじめだけれども、そこには任務がテープレコーダーで伝えられるテレビ版『スパイ大作戦』にも似た愉快さがあります。「そこで君の使命だが……なおこの録音は5秒後に自動的に消滅する」と告げるあの声。

　この本の最後であなたは、つまるところ私のルールに従うな、と言います。それらは入口かもしれないし出口かもしれない。あるアクションはそれだけでは完結しません。それは前進の始まりです。そして、あなたはウィトゲンシュタインを引用します。

　　6.54. 私の命題は以下のとおりの説明としてはたらく。私が
　　書くものを理解する者は誰でも、それらを乗り越えるべき
　　もの──踏み段──として使用するうちに、次第に無意味

なものとして認識するようになるだろう（言ってみれば、
　　梯子を登りきったときには、その梯子を捨て去るだろう）。
　　その人はこれらの命題を超越するに違いなく、そこで世界
　　を正しく見ることになる。

　誰もが次の文化革命を待ち望んでいます。パンクはシチュア
シオニスムと手に手を取って到来したけれど、そこにはヒッピ
ー文化から生まれたものもあれば、反ヒッピーから来ているも
のもあります。1960年代の音楽、パンク、ニルヴァーナ（イン
ディーの底から登場）など、人々は常に音楽に新たな潮流を求
めてきました。しかしそれも大衆的な動きとなった場合の話で
す。真に表現の自由にまつわるノイズや実験的な周縁音楽は、
メインストリームになろうとしたことはありません——いや、
あるのかも？　それは「アートのためのアート」の問題となる
のか、それともお決まりのソングライティングに対抗するアク
ションなのか？
　あなたの本の要点は、何かを待ち続けるのをやめてそれを起
こさせるのだ、ということのように思われます。過去を美化し
て憧れるのをやめろ——大切なことはアクションのうちにある、
それがいくらぶざまであろうとも。まるでセックスのように、
ときには気まずく感じられるかもしれない。しかしあなたがど
う考えるか次第で、それは変わるのだから。

この本によせて
オリヴィア・ワイルド

　私はジョージ・オーウェル原作の舞台『一九八四年』でジュリアを演じることになったとき、革命に本気で身を投じているわけではない軽薄でふしだらな人物だと思われてきたこのキャラクターをどう肉付けしたものか悩みました。彼女はいつもファックしたがり、コーヒーを飲みたがり、チョコレートを食べたがっていて、それはつまり彼女がオーウェルが書いた悲劇的に自己犠牲的な主人公ウィンストンほどには勇敢ではないことを意味しているのだと、私は愚かにも誤解していました。もちろん、いったんこの作品に深く潜って、ジュリアの反逆的な深度を理解するやいなや、私は自分の間違いに気づきました。また私は、自分の演技の主なインスピレーションとなる人物が誰かも悟りました。ナージャ・トロコンニコワです。そんなふうにして、ジュリアはまるで卵が割れるように現れたのでした。

　ナージャは彼女の存在すべてをもって真の反骨精神を体現しています。革命は一度きりのアクションのことではありません。それは存在のありかたなのです。一晩141分、週8回、私はそういう存在に入り込みました。あんなにも獰猛な独立心を持って生きることができるのだと知るのは爽快でした。それは単純にひとつの選択です。もし私たちみんながその道を選択したら、いったいどんなことが起こるでしょう？

　生きて呼吸する革命的アート作品としてのプッシー・ライオットは、管理の完全な拒絶を例示しています。彼女たちは生命やユーモア、色や喜びの息吹を自由のための闘いに吹き込みました。アルンダティ・ロイは『ウォー・トーク』でそれを次のように表現しました。「私たちの戦略には、帝国に立ち向かうのに加え、それを包囲することも必要不可欠なのだ。酸素を奪

うこと。面目を潰すこと。嘲笑うこと。私たちのアート、音楽、文学、頑固さ、喜び、輝き、純然たる厳しさ──そして私たち自身の物語を語る能力によって。私たちがそう信じるように洗脳されているものとは異なる物語たちを」。私たちは自分に自らの現実を作り上げる能力があることを忘れてしまいがちです。オーウェルが予言したように、私たちは自分たちの意識の管理を譲り渡すことで、自らを自分自身の抑圧者にしてしまったのです。

　おそらく、私たちにできる最も力強い営みは存在・す・る・こ・とでしょう。自分たちが無気力や悲惨に屈し、打ちのめされ非人間化されることのないように。もちろんハワード・ジンは「不確実性の楽観主義」というエッセイにおいて、これをうまく書きあらわしています。「この複雑な歴史において私たちが何を選択し強調するのかが、私たちの生を決めるだろう。最悪の部分だけを見ていたら、私たちが持っている何かをおこなう力を潰してしまうことになる。（略）未来は現在の果てしない連続である。私たちを取り巻くあらゆる悪への果敢な抵抗として、私たちが人間らしいと思う生きかたでいまを生きれば、それ自体がすばらしい勝利なのだ」。抵抗は楽観の行為です。彼らが何をしてこようと、私たちは自分たちの物語を作り出す力を捨ててはならないのです。

　ブロードウェイでジュリアを演じて半年が過ぎた頃、私はついに舞台を観にきたナージャに会いました。その夜、私は客席に彼女の存在を感じ、涙があふれるほどにエネルギーをもらいました。私は突然、私のジュリアは決してひとりぼっちではないのだと感じました。とりわけ、「私は生きている。実在している。いまここに存在している。私たちは小さな、秘密の抵抗行為で党を打倒する。こ・の・秘密の幸福」という台詞を言ったときに。ナージャはわかってくれたはず。私もついにわかったのです。

あるプッシー・ライオットの推薦図書リスト

Alexander, Samuel, Ted Trainer, and Simon Ussher. The Simpler Way. Simplicity Institute Report, 2012.

Alinsky, Saul. Reveille for Radicals. New York: Random House, 1969. (アリンスキー『市民運動の組織論』長沼秀世訳、未来社、1972年)

————. Rules for Radicals: A Practical Primer for Realistic Radicals. New York: Random House, 1971.

Ball, Hugo. "Dada Manifesto." July 14, 1916. Available at https://www.wired.com/beyond-the-beyond/2016/07/hugo-balls-dada-manifesto-july-2016/.

Barber, Stephen, ed. Pasolini: The Massacre Game: Terminal Film, Text, Words, 1974–75. Sun Vision Press, 2013.

Barthes, Roland. Mythologies. New York: Hill and Wang, 2012. (ロラン・バルト『現代社会の神話』下澤和義訳、石川美子監修、みすず書房、2005年)

Berrigan, Daniel. The Nightmare of God: The Book of Revelation. Eugene, OR: Wipf and Stock, 2009.

Black, Bob. The Abolition of Work and Other Essays. Port Townsend, WA: Loompanics, 1986. (ボブ・ブラック『労働廃絶論 ボブ・ブラック小論集』高橋幸彦訳、『アナキズム叢書』刊行会、2015年)

Breton, André. Manifestoes of Surrealism. Ann Arbor: University of Michigan Press, 1969. (アンドレ・ブルトン『シュルレアリスム宣言・溶ける魚』巖谷國士訳、岩波文庫、1992年)

Bujak, Zbigniew. Quoted in the introduction to "Václav Havel: The Power of the Powerless,"（ヴァーツラフ・ハヴェル『力なき者たちの力』阿部賢一訳、人文書院、2019年）

Bukovsky, Vladimir. To Build a Castle: My Life as a Dissenter. New York: Viking, 1979.

Butler, Judith. Gender Trouble: Feminism and the Subversion of Identity. New York: Routledge, 1990. (ジュディス・バトラー『ジェンダー・トラブル 新装版 フェミニズムとアイデンティティの攪乱』竹村和子訳、青土社、2018年)

——. Bodies That Matter: On the Discursive Limits of "Sex." New York: Routledge, 1993. (ジュディス・バトラー『問題＝物質となる身体 「セックス」の言説的境界について』佐藤嘉幸監訳、竹村和子・越智博美ほか訳、以文社、2021年)

——. Precarious Life: The Powers of Mourning and Violence. New York. Verso, 2004. (ジュディス・バトラー『生のあやうさ 哀悼と暴力の政治学』本橋哲也訳、以文社、2007年)

Chomsky, Noam. "Americanism." Available at https://www.youtube.com/watch?v=8basvBeZEL0.

——. The Essential Chomsky. Edited by Anthony Arnove. New York: New Press, 2008.

——. Language and Politics. New York: Black Rose Books, 1988.

Cone, James H. Black Theology and Black Power. New York: Harper & Row, 1969. (ジェイムズ・H・コーン『イエスと黒人革命』大隈啓三訳、新教出版社、1971年)

——. A Black Theology of Liberation. Philadelphia: J. B. Lippincott, 1970. (ジェイムズ・H・コーン『解放の神学 黒人神学の発展』梶原寿訳、新教出版社、1973年)

——. The Cross and the Lynching Tree. Maryknoll, NY: Orbis Books, 2011. (ジェイムズ・H・コーン『十字架とリンチの木』梶原壽訳、日本キリスト教団出版局、2014年)

——. God of the Oppressed. Maryknoll, NY: Orbis Books, 1997. (ジェイムズ・H・コーン『抑圧された者の神』梶原寿訳、新教出版社、1976年)

Davis, Angela Y. Are Prisons Obsolete? New York: Seven Stories Press, 2003. (アンジェラ・デイヴィス『監獄ビジネス グローバリズムと産獄複合体』上杉忍訳、岩波書店、2008年)

——. An Autobiography. New York: Random House, 1974. (アンジェラ・デービス『アンジェラ・デービス自伝』上・下、加地永都子訳、現代評論社、1977年)

——. Freedom Is a Constant Struggle. Chicago: Haymarket Books, 2016. (アンジェラ・デイヴィス『アンジェラ・デイヴィスの教え 自由とはたゆみなき闘い』浅沼優子訳、河出書房新社、2021年)

————. Women, Race & Class. New York: Random House, 1981.

Debs, Eugene V. Labor and Freedom. St. Louis: Phil Wagner, 1916.

————. Walls and Bars. Chicago: Socialist Party of America, 1927.

De Kooning, Elaine. The Spirit of Abstract Expressionism: Selected Writings. New York: George Braziller, 1994.

Dickerman, Leah. Dada. Washington, DC: National Gallery of Art, 2005.

Diogenes Laërtius. Lives of Eminent Philosophers: Books 1–5. Loeb Classical Library No. 184. Translated by R. D. Hicks. Cambridge, MA: Harvard University Press, 1925.（ディオゲネス・ラエルティオス『ギリシア哲学者列伝』上・中・下、加来彰俊訳、岩波文庫、1984-94 年）

Dostoevsky, Fyodor. The Idiot. Translated by Richard Pevear and Larissa Volokhonsky. New York: Alfred A. Knopf, 2002.（ドストエフスキー『白痴』1-4、亀山郁夫訳、光文社、2015-2018 年）

————. Letters and Reminiscences. New York: Alfred A. Knopf, 1923.

————. Notes from a Dead House. Translated by Richard Pevear and Larissa Volokhonsky. New York: Alfred A. Knopf, 2015.（ドストエフスキー『死の家の記録』望月哲男訳、光文社、2013 年）

Dworkin, Andrea. Heartbreak: The Political Memoir of a Feminist Militant. New York: Basic Books, 2002.（アンドレア・ドウォーキン『ドウォーキン自伝』柴田裕之訳、青弓社、2003 年）

————. Intercourse. New York Basic Books, 2002.（アンドレア・ドウォーキン『インターコース——性的行為の政治学』寺沢みづほ訳、青土社、1990 年）

————. Life and Death. New York: Free Press, 1997.（アンドレア・ドウォーキン『女たちの生と死』寺沢みづほ訳、青土社、1998 年）

Einstein, Albert. Ideas and Opinions. New York: Crown, 1954.

Fanon, Frantz. Black Skin, White Masks. Rev. ed. New York: Grove Press, 2008.（フランツ・ファノン『黒い皮膚・白い仮面』海老坂武・加藤晴久訳、みすず書房、1998 年）

————. The Wretched of the Earth. New York: Grove Press, 1963.（フランツ・ファノン『地に呪われたる者 新装版』鈴木道彦・浦野衣子訳、みすず書房、2020 年）

Figner, Vera. Memoires of a Revolutionist. DeKalb. Northern Illinois University Press, 1991.（ヴェーラ・フィグネル『遙かなる革命 ロシア・ナロードニキの回想』田坂昂訳、批評社、1980 年）

Firestone, Shulamith. The Dialectic of Sex: The Case for Feminist Revolution. New York: William Morrow, 1970.（シュラミス・ファイアストーン『性の弁証法 女性解放革命の場合』林弘子訳、評論社、1972 年）

Foucault, Michel. Discipline and Punish: The Birth of the Prison. New York: Pantheon Books, 1978.（ミシェル・フーコー『監獄の誕生〈新装版〉監視と処罰』田村俶訳、新潮社、2020 年）

————. History of Madness. Edited by Jean Khalfa. New York: Routledge, 2006.

————. Madness and Civilization: A History of Insanity in the Age of Reason. New York: Random House, 1965. (ミシェル・フーコー『狂気の歴史〈新装版〉古典主義時代における』田村俶訳、新潮社、2020年)

Friedan, Betty. The Feminine Mystique. New York: W. W. Norton, 1963. (ベティ・フリーダン『新しい女性の創造 改訂版』三浦冨美子訳、大和書房、2004年)

————. The Second Stage. New York: Simon and Schuster, 1981. (ベティ・フリーダン『セカンド・ステージ 新しい家族の創造』下村満子訳、集英社、1984年)

Fromm, Erich. The Art of Being. New York: Continuum, 1993. (エーリッヒ・フロム『よりよく生きるということ』小此木啓吾監訳、堀江宗正訳、第三文明社、2000年)

————. The Art of Loving. New York: Continuum, 2000. (エーリッヒ・フロム『愛するということ 新訳版』鈴木晶訳、紀伊國屋書店、2020年)

————. The Sane Society. New York: Holt, Reinhart & Winston, 1955. (エーリッヒ・フロム『正気の社会』加藤正明・佐瀬隆夫訳、社会思想社、1958年)

Gorbanevskaya, Natalya. Red Square at Noon. New York: Holt, Reinhart & Winston, 1971.

Goldman, Emma. Anarchism and Other Essays. New York: Mother Earth, 1910. (エマ・ゴールドマン『アナキズムと女性解放』橋本義春訳、JCA、1978年)

————. Prisons: A Social Crime and Failure. Alexandria: Library of Alexandria, 2009. Kindle.

Goodman, Amy, and Denis Moynihan. "How the Media Iced Out Bernie Sanders & Helped Donald Trump Win". Democracy Now, December 1, 2016, available at https://www.democracynow.org/2016/12/1/how_the_media_iced_out_bernie.

Havel, Václav. Open Letters: Selected Writings, 1965–1990. New York: Alfred A. Knopf, 1991.

————. The Power of the Powerless: Citizens Against the State in Eastern Europe. Edited by John Keane. New York: M. E. Sharpe, 1985. (ヴァーツラフ・ハヴェル『力なき者たちの力』阿部賢一訳、人文書院、2019年)

Hedges, Chris. American Fascists: The Christian Right and the War on America. New York: Free Press, 2006.

————. Empire of Illusion: The End of Literacy and the Triumph of Spectacle. New York: Nation Books, 2009.

————. Wages of Rebellion. New York: Nation Books, 2015.

————. War Is a Force That Gives Us Meaning. New York: PublicAffairs, 2002. (クリス・ヘッジズ『戦争の甘い誘惑』中谷和男訳、河出書房新社、2003年)

Hedges, Chris, and Joe Sacco. Days of Destruction, Days of Revolt. New York: Nation Books, 2012.

hooks, bell, ain't í a woman: black women and feminism. Boston: South End Press, 1981. (ベル・フックス『アメリカ黒人女性とフェミニズム──ベル・フックスの「私は

女ではないの?』大類久恵監訳、柳沢圭子訳、明石書店、2010年)

──. all about love: new visions. New York: William Morrow, 2000. (ベル・フックス『オール・アバウト・ラブ──愛をめぐる13の試論』宮本敬子・大塚由美子訳、春風社、2016年)

──. feminism is for everybody. Boston: South End Press, 2000. (ベル・フックス『フェミニズムはみんなのもの 情熱の政治学』堀田碧訳、エトセトラブックス、2020年)

──. feminist theory: from margin to center. Boston: South End Press, 1984. (ベル・フックス『ベル・フックスの「フェミニズム理論」──周辺から中心へ』野﨑佐和・毛塚翠訳、あけび書房、2017年)

──. soul sister: women, friendship, and fulfillment. Boston: South End Press, 2006.

──. talking back: thinking feminist, thinking black. Boston: South End Press, 1989.

──. we real cool: black men and masculinity. New York: Routledge, 2004.

──. where we stand: class matters. New York: Routledge, 2000.

hooks, bell, and Cornel West. Breaking Bread: Insurgent Black Intellectual Life. Boston: South End Press, 1991.

Hugo, Victor. Les Misérables. Translated by Julie Rose. New York: Modern Library, 2008. (ヴィクトル・ユーゴー『レ・ミゼラブル』豊島与志雄訳、岩波文庫、1987年)

──. Ninety-Three. New Jersey: Paper Tiger, 2002. (ヴィクトル・ユーゴー『九十三年』上・下、辻昶訳、潮出版社、2000年)

Illich, Ivan. Limits to Medicine: Medical Nemesis, The Expropriation of Health. London: Marion Boyars, 1976. (イヴァン・イリイチ『脱病院化社会──医療の限界』金子嗣郎訳、晶文社、1998年)

Kaminskaya, Dina. Final Judgement: My Life as a Soviet Defense Attorney. New York: Simon & Schuster, 1982.

Kant, Immanuel. Anthropology from a Pragmatic Point of View. New York: Cambridge University Press, 2006.

Kesey, Ken: One Flew over the Cuckoo's Nest. New York: Viking, 1962. (ケン・キージー『カッコーの巣の上で』岩元巌訳、白水Uブックス、2014年)

King, Martin Luther, Jr. The Autobiography of Martin Luther King Jr. New York: Warner Books, 1998. (マーティン・ルーサー・キング『マーティン・ルーサー・キング自伝』梶原寿訳、日本キリスト教団出版局、2001年)

Knabb, Ken, trans. "The Beginning of an Era," Internationale Situationniste 12 (September 1969). (『アンテルナシオナル・シチュアシオニスト6 一つの時代の始まり 五月革命の権力』木下誠監訳、インパクト出版会、2000年)

Kollontai. Aleksandra. The Autobiography of a Sexually Emancipated Woman. Translated by Salvator Attanasio. London: Orbach & Chambers Ltd., 1972.

—————. Selected Writings. New York: Norton, 1980.

Kropotkin, Peter. Kropotkin's Revolutionary Pamphlets. New York: Vanguard Press, 1927.

Laing, R. D. The Divided Self. New York: Pantheon Books, 1962. (R・D・レイン『引き裂かれた自己：狂気の現象学』天野衛訳、ちくま学芸文庫、2017年)

—————. Knots. New York: Pantheon Books. 1971. (R・D・レイン『結ぼれ』村上光彦訳、河出文庫、2024年)

—————. The Politics of Experience. New York: Pantheon Books, 1968. (R・D・レイン『経験の政治学』笠原嘉・塚本嘉寿訳、みすず書房、2003年)

LeGuin, Ursula. The Dispossessed: An Ambiguous Utopia. New York: Lucian. Harper & Row, 1974. (アーシュラ・K・ル・グィン『所有せざる人々』佐藤高子訳、ハヤカワ文庫SF、1986年)

Lucian. Selected Dialogues. Translated by C. D. N. Costa. Oxford: Oxford University Press, 2009. (ルキアノス『ルキアノス選集』内田次信訳、国文社、1999年)

Marcuse Herbert. The Aesthetic Dimension: Toward a Critique of Marxist Aesthetics. Boston: Beacon Press, 1978. (ヘルベルト・マルクーゼ『美的次元』生松敬三訳、河出書房新社、1986年)

Mandelstam, Nadezhda. Hope Abandoned. New York: Atheneum, 1974.

—————. Hope Against Hope. New York: Atheneum, 1970.

Mayakovsky, Vladimir. The Bedbug and Selected Poetry. Bloomington: Indiana University Press, 1975. (マヤコフスキー『南京虫』〔マヤコフスキー叢書13〕小笠原豊樹訳、土曜社、2017年)

Miller, Henry. The World of Sex. London: Penguin, 2015. (ヘンリー・ミラー『性の世界』吉田健一訳、新潮社、1953年)

Orwell, George. Animal Farm. London: Secker and Warburg, 1945. (ジョージ・オーウェル『動物農園』高畠文夫訳、KADOKAWA、2015年)

—————. 1984. New York: Harcourt Brace, 1949. (ジョージ・オーウェル『一九八四年』高橋和久訳、ハヤカワepi文庫、2009年)

Paine, Thomas. Rights of Man. Mineola, NY: Dover, 1999. (トマス・ペイン『人間の権利』西川正身訳、岩波文庫、1971年)

Pankhurst, Emmeline. My Own Story. New York: Hearst International Library, 1914.

Plutarch. Plutarch's Lives. Vols. 1 and 2. New York: Modern Library, 2001. (プルタルコス『プルタルコス英雄伝』上・中・下、村川堅太郎編訳、ちくま学芸文庫、1996年)

Proudhon, P. J. General Idea of the Revolution in the Nineteenth Century. Honolulu: University Press of the Pacific, 2004. (プルードン『プルードン 1：十九世紀における革命の一般理念』〔アナキズム叢書5〕睦井四郎・本田烈訳、三一書房、1988年)

Richter, Hans. Dada: Art and Anti-Art. 2nd ed. New York: Thames & Hudson, 2016. (ハンス・リヒター『ダダ 芸術と反芸術』針生一郎訳、美術出版社、1987年)

Rorty, Richard. Achieving Our Country: Leftist Thought in Twentieth-Century America. Cambridge, MA: Harvard University Press, 1998.（リチャード・ローティ『新装版 アメリカ未完のプロジェクト 20世紀アメリカにおける左翼思想』小澤照彦訳、晃洋書房、2017年）

————. Contingency, Irony and Solidarity. New York: Cambridge University Press, 1989.（リチャード・ローティ『偶発性・アイロニー・連帯 リベラル・ユートピアの可能性』斎藤純一・山岡龍一・大川正彦訳、岩波書店、2000年）

————. Philosophy and the Mirror of Nature. Princeton, NJ: Princeton University Press, 1989.（リチャード・ローティ『哲学と自然の鏡』野家啓一監訳、伊藤春樹・須藤訓任・野家伸也・柴田正良訳、産業図書、1993年）

Sanders, Bernie. Bernie Sanders Guide to Political Revolution. New York: Henry Holt, 2017.

————. Our Revolution. New York: Thomas Dunne, 2016.

Shalamov, Varlam. Kolyma Tales. New York: Penguin Classics, 1995.（ヴァルラーム・シャラーモフ『極北 コルィマ物語』高木美菜子訳、朝日新聞社、1999年）

Sloterdijk, Peter. Critique of Cynical Reason. Minneapolis: University of Minnesota Press, 1988.（ペーター・スローターダイク『シニカル理性批判』高田珠樹訳、ミネルヴァ書房、1996年）

Snyder, Timothy. On Tyranny: Twenty Lessons from the Twentieth Century. New York: Tim Duggan, 2017.（ティモシー・スナイダー『暴政——20世紀の歴史に学ぶ20のレッスン』池田年穂訳、慶應義塾大学出版会、2017年）

Solzhenitsyn, Aleksandr. The Gulag Archipelago 1918-1956: An Experiment in Literary Investigation I-II. New York: Harper & Row, 1973.（アレクサンドル・ソルジェニーツィン『収容所群島 1918-1956 文学的考察』1-3、木村浩訳、ブッキング、2006年）

————. The Gulag Archipelago 1918-1956: An Experiment in Literary Investigation III-IV. New York: Harper & Row, 1975.（アレクサンドル・ソルジェニーツィン『収容所群島 1918-1956 文学的考察』4-6、木村浩訳、ブッキング、2007年）

Stiglitz, Joseph E. The Price of Inequality: How Today's Divided Society Endangers Our Future. New York: W. W. Norton, 2012.（ジョセフ・E・スティグリッツ『世界の99%を貧困にする経済』楡井浩一・峯村利哉訳、徳間書店、2012年）

Streeck, Wolfgang. How Will Capitalism End? Essays on a Failing System. New York: Verso, 2016.（ヴォルフガング・シュトレーク『資本主義はどう終わるのか』村澤真保呂・信友建志訳、河出書房新社、2017年）

Tillich, Paul. The Courage to Be. 3rd ed. New Haven, CT: Yale University Press, 2014.（パウル・ティリッヒ『生きる勇気』大木英夫訳、平凡社ライブラリー、1995年）

————. Dynamics of Faith. New York: Harper & Row, 1957.（パウル・ティリッヒ『信仰の本質と動態』谷口美智雄訳、新教出版社、2000年）

―――――. The Shaking of the Foundations. New York: Charles Scribner's Sons, 1948.（パウル・ティリッヒ『地の基は震え動く』茂洋訳、新教出版社、2010 年）

Tzara, Tristan. On Feeble Love and Bitter Love: Dada Manifesto. San Francisco: Molotov Editions, 2017.

―――――. Seven Dada Manifestos and Lampisteries. Richmond, Surrey: Alma Books, 2013.（トリスタン・ツァラ『七つのダダ宣言』宮原庸太郎訳、書肆山田、2010 年）

Verhaeghe, Paul. What About Me? The Struggle for Identity in a Market Based Society. Melbourne: Scribe, 2014.

Villon, François. The Poems of François Villon. Translated by Galway Kinnell. Hanover, NH: University Press of New England, 1965.（フランソワ・ヴィヨン『ヴィヨン詩集成』天沢退二郎訳、白水社、2000 年）

West, Cornel. The Cornel West Reader. New York: Basic Books, 1999.

―――――. Democracy Matters. New York: Penguin, 2004.（コーネル・ウェスト『民主主義の問題 帝国主義との闘いに勝つこと』越智博美・松井優子・三浦玲一訳、法政大学出版局、2014 年）

―――――. Race Matters. Boston: Beacon, 1993.（コーネル・ウェスト『人種の問題 アメリカ民主主義の危機と再生』山下慶親訳、新教出版社、2008 年）

Wilde, Oscar. The Ballad of Reading Gaol. Leonard Smithers, 1898.（オスカー・ワイルド「レディング牢獄の唄」『オスカー・ワイルド全集 第三巻』西村孝次訳、青土社、1988 年）

Wittgenstein, Ludwig. Tractatus Logico-Philosophicus. New York: Harcourt Brace, 1922.（ルートヴィヒ・ウィトゲンシュタイン『論理哲学論考』丘沢静也訳、光文社古典新訳文庫、2014 年）

Zinn, Howard. A People's History of the United States. New York: Harper & Row, 1980.（ハワード・ジン『民衆のアメリカ史――1492 年から現代まで』上・下、猿谷要監修、富田虎男・平野孝・油井大三郎訳、明石書店、2005 年）

―――――. You Can't Be Neutral on a Moving Train: A Personal History of Our Times. Boston: Beacon Press, 1994.（ハワード・ジン『アメリカ同時代史』田中和恵・斎藤南子訳、明石書店、1997 年）

プッシー・ライオットの不朽の美学──
海賊であれ、そして誇り高き魔女とあばずれ(ビッチ)であれ

清水知子（東京藝術大学教授）

> アートは現実を映す鏡ではない。アートは現実をかたちづ
> くるハンマーだ
>
> ──ベルトルト・ブレヒト

プッシー・ライオットとは何／誰か

　本書は、ロシアのフェミニスト・パンク集団「プッシー・ラ
イオット」の生みの親、ナージャ・トロコンニコワ（1989年生
まれ）の著書『Read & Riot: A Pussy Riot Guide to Activism』
（2018年）の翻訳である。

　プッシー・ライオットと言えば、2018年にロシアで開催され
たサッカーW杯決勝戦に警官の格好をして乱入した出来事を思
い浮かべるひとも多いだろう。しかし本書は、過激な抗議活動
を繰り広げる“危険分子”のハウツー本ではない。腐敗した独裁
体制に抵抗するアプローチを試行錯誤し、権力の濫用を明るみ
に出し、悪夢のような現実にどう向き合ってきたのかを語りつ
くす、「文化労働者」としてのアーティストの実践と哲学の書
である。プッシー・ライオットの活動の根底にあるのは、フェ
ミニズム、同性愛者の権利、そして徹底したウラジーミル・プ
ーチン大統領のロシア体制へのあくなき批判だ。不正義への闘
い、そしてそれを実現する「魔法の杖」としてのアート。本書
は、政治的洞察力に満ちた、自由のための闘いのエッセンスを
10のルールに凝縮した珠玉の１冊である。

プッシー・ライオットが結成されたのは2011年10月のことだ。1990年代のRiot Grrrlのパンクジンに大いに触発されて誕生した。ロシアにはパンクもあったし、フェミニズムもあった。けれども、パンクフェミニズムはなかった。だから彼女たちはそれを"発明"した。

　パンクに定義など必要ない、とトロコンニコワは言う。なぜなら、パンクとは「ひとつの方法」に他ならず、「パンクでいることは自分自身のイメージを計画的に変えてゆき、得体のしれない存在であり続け、文化的・政治的な作法をサボタージュすること」だからだ。

　じっさい、プッシー・ライオットは、結成当初、だれひとり楽器を持っていなかった。まずはイギリスのOi!パンクの曲の一部を丸写ししようと、午前３時、ヤク中がたむろする雨降る児童公園の遊具の家（プレイハウス）に集った。あるいは、建築工事中のモスクワの教会の地下室で練習を重ねた。路上に放り出されると、タイヤの廃工場に練習場をつくった。お嬢ちゃん扱いして家に戻るよう声をかけてくる工場の警備員たちには、フェミニズムの歴史をみっちり説いて黙らせた。

　詩を書くのが嫌いだった彼女たちは、お気に入りの哲学者の言葉とニュースの見出しをカットアップして歌詞をつくった。反抗的で遊び心に満ちたそのスタイルは、まさにダダの精神そのものだ。最初の曲は「セクシストを殺れ（や）」。ライブはDIY。もちろん無料だった。

　猫におしっこをひっかけられた目出し帽（バラクラバ）、壊れたギター、酸をもらす自家製バッテリーからなる音響システム。プッシー・ライオットのバラクラバが色鮮やかなのは、黒一色のテロリスト集団と一線を画すためだ。どこか道化（クラウン）めいたそのスタイルは、ゲリラ・ガールズを想起させもする。トロコンニコワは言う。バラクラバをかぶると「ちょっとスーパーヒーロ

ーみたいな気分」で勇敢になれる、と。

　こうして誕生したロシアのパンクフェミニズムは、しかし、はじめから波乱万丈だった。

　プッシー・ライオットの国際的な知名度を一気に高めたのは、2012年2月、モスクワの救世主ハリストス大聖堂の女人禁制の祭壇前で「神の御母よ、プーチンを追い払って！」と祈願するパフォーマンス「パンク・プレイヤー」披露したことである[※1]。数日後、動画が公開されるや否や、トロコンニコワをはじめとするボーカルの3人（マリヤ・アリョーヒナ、ナージャ・トロコンニコワ、エカチェリーナ・サムツェビッチ）が取り押さえられ、「宗教的憎悪を動機とするフーリガン（暴徒）行為」の罪で2年の禁固刑という実刑判決を言い渡された。

　だが、ロシア政府によるこの"見せしめの裁き"は、プッシー・ライオットの解放を求める猛然たる批判を巻き起こした。このアクションはYouTubeで世界的に配信され、プッシー・ライオットは米『タイム』誌の表紙を飾った。エルトン・ジョン、U2、マドンナ、ポール・マッカートニー、オノ・ヨーコ、スティング、パティ・スミス、レディオヘッドなど100名を超える著名ミュージシャンが「フリー・プッシー・ライオット」運動に賛同し、支持を表明した。さらに「パンク・プレイヤー」は、英『ガーディアン』紙によって「フェミニストであり、明確に反プーチンであり、ゲイ・プライドの禁止と正教会の大統領支持に抗議している」と評され、21世紀最高のアート作品に選ばれた。

結成前夜！
　プッシー・ライオットの過激な抗議活動とパフォーマンスは、

その後も折に触れて物議を醸すことになる。プッシー・ライオットは、違法ライブ、寄稿と著作、スピーチ、ドローイング、ポスター、ミュージックビデオとつねに手法と媒体を変え続け、実践的なアートプロテストを多様化してきた。アイ・ウェイウェイとは「反国家で偽のアーティスト」として共鳴しあう同志である。路上、駅構内、戦車の上、赤の広場で不認可ライブを行ない、発煙筒を焚き、消火器を撒き散らす。一連のアクションはネット上で公開され、アーカイブ化される。彼女たちのパワフルで挑発的な行動は、しかし、けっしてたんなる思いつきではない。

　プッシー・ライオットには目を向けるべき独特の手法と特徴があり、その背景に脈打つのは、1980年代から90年代のモスクワ・コンセプチュアリズムとロシアン・アクショニズムと呼ばれるソ連時代の非公式芸術である。モスクワ中を裸で走り回り、犬となって人間に噛み付いたトロコンニコワのお気に入りのアーティスト、オレグ・クリーグをはじめとする、ソ連崩壊前後のアーティストらのアクションこそ、プッシー・ライオットを「生み育てた家族」である。

　警察からどう逃げるか、お金を使わずにどうアートを創るか、フェンスはどう飛び越えるのか、そして火炎瓶はどう調合するのか——その戦略や知は、プッシー・ライオットが結成される前から悪夢的な政治システムと闘うために蓄積されていた。

　というのも、トロコンニコワは2007年から2009年にかけて当時の夫ピョートル・ヴェルジーロフとともにストリートアナキスト芸術集団「ヴォイナ」（Война、2007に結成）のメンバーと

※1　プッシーライオット結成の秘話をはじめ、2012年の一連のゲリラ・ライブと逮捕劇、そして今なお続くロシアでの「矯正」労働の真相については、マリア・アリョーヒナの『プッシー・ライオットの革命 自由のための闘い』（aggiiiiiii訳、上田洋子監修、DU BOOKS、2018）に詳しいので、ぜひ手にとってほしい。

して活動していた[※2]。「ヴォイナ」はロシア語で"戦争"を意味する。屍と化した"ギャラリーアート"と保守極まる右派政府に挑む"戦争"だ。

警察車両をひっくりかえす《宮殿クーデター》（2010）や、5人の不法入国者と同性愛者をスーパーマーケットで模擬「処刑」する《デカブリストの記憶／スーパーマーケットでの公開処刑》（2010）など、過激なアクションを決行したヴォイナだが、何より知られているのは、代表作《KGBに捕捉されたペニス／ヴォイナの65メートルのチンポ》（2010）だろう。

2010年6月14日、チェ・ゲバラの誕生日に、旧KGB前の跳橋に描かれた巨大なペニスが高さ65メートルに跳ね上がり"勃起"した。このグラフィティはロシア政府そのものにファックユーを突きつけるアイロニーとユーモアに満ちたアクションとして知られ、ある種の名所となった。ちなみにこの作品は、ロシア文化省から現代美術のイノベーション賞を授与されている。もちろんロシア文化省が言祝いだわけではない。審査を担当したフランス、ドイツ、ロシアのインディペンデントキュレーターらが候補から外すように命令するロシア文化省を徹底して拒んだゆえの受賞だった。

犯罪すれすれ（いや、犯罪か）の祝祭性をともなう、ゲリラ的なアクション、そして活動資金をネットのドネーションで賄い、絶妙なタイミングでロシア政府に真っ向から挑むヴォイナのスタイルは、今日のプッシー・ライオットにも受け継がれていると言えよう。

監獄という名の拷問島を滅ぼせ！

とはいえ、このような挑発的なゲリラ的アクションゆえに、ロシアのアーティストらは監獄での生活を余儀なくされた。囚人服を着せられ、沈黙を強いられ、刑務官からの暴力に脅かさ

れ、１日16〜18時間というありえない労働ノルマを課せられる。すべてが罰則の対象となる劣悪な日々。悪名高いモルドヴィアの刑務所で過ごしたトロコンニコワは、非人間的な労働条件に抗議してハンガーストライキを決行し、囚人パンクバンドとともにシベリアの労働キャンプを回るツアーを行なった。獄中で交わされた哲学者スラヴォイ・ジジェクとの手紙の往還は『志を同じくするものの挨拶状』として出版されている。

事実、トロコンニコワの抗議により、この21世紀の奴隷労働システムを考案した所長ユーリ・クプリヤノフは有罪を言い渡され、執行猶予付きの禁錮２年の刑に服した。"社会復帰"を名目に掲げる刑務所制度の現実について、トロコンニコワは次のように述べている。「現代ロシアおよび現代アメリカに存在する刑務所制度をくぐり抜けてきた人々の瞳のなかに見てきたのは、皮肉と残酷を伴う絶望だ」、と。

注目すべきは、こうしてボロボロになりながらも、2013年に釈放されたのち、アリョーヒナとともに囚人の権利を守るための団体「Zona Prava（権利のゾーン）」を設立したことだろう。「ロシアや合衆国、中国、ブラジル、インドその他多くの国々に存在する現代の刑務所制度は、ひとまとまりの合法化された拷問島として、滅ぼされるべきである」というトロコンニコワの訴えは、黒人解放運動を牽引し、監獄の撤廃を訴えるアメリカのマルクス主義フェミニスト、アンジェラ・デイヴィスの言葉と響きあう。

さらに2014年９月には、政治ジャーナリストのセルゲイ・スミルノフと協力して、ロシアの汚職、裁判、刑務所の問題を報じる独立系ニュースサイト『Mediazona（メディアゾーナ）』を立ち上げた。当初、運営資金はトロコンニコワやアリョーヒ

※2「ヴォイナ」については以下を参照されたい。上田洋子「ロシア語で旅する世界（#11）アート・アクティヴィズムとポスト・ソ連のロシア社会」『ゲンロン12』2021年9月、455-468頁。

ナの講演、富裕層からの寄付によって工面していた。現在では「読者からの寄付」も受け付けている。2022年2月24日のロシアによるウクライナ侵攻以来、『メディアゾーナ』は『Republic』や『Snob.ru』、『プロエクト』といった他の独立系メディアとともに、ロシア当局によってアクセスを遮断され、現在ロシア国内で見ることはできない。

　また『メディアゾーナ』は2021年9月に、ナージャは同年12月にクレムリンからロシアでスパイを意味する"外国の代理人"に指定された。加えて2023年11月には『メディアゾーナ』の「元」発行人であり、プッシー・ライオットのメンバーでもあるピョートル・ベルジロフに対し、ロシア軍に対する虚偽情報を流布したという理由で、本人不在のまま懲役刑が下された。だが、『メディアゾーナ』はBBCロシア支局やボランティアと連携して、ロシア兵の死亡者数や家族の動向、ウクライナでの戦災状況について一般市民や避難民からの独自取材に基づいた記事を報じている。嘘と権力で塗り固められたロシアのマスメディアに対し、反体制ジャーナリズムとして重要な役割を果たしているのである。

　このような状況のなかで、プッシー・ライオットはウクライナ侵攻を批判するミュージックビデオを公開し、侵攻後に始まったロシアの子どもたちに対するプロパガンダ教育の廃止と、連れ去られた子どもたちの返還を求める声明を発表した。このニュースは、バルト三国ラトビアに拠点を置く独立系の露語オンラインメディア『メドゥーザ』によって伝えられた。ビデオのタイトルはロシアの作曲家チャイコフスキーのバレエと同じく「白鳥の湖」だった。このタイトルは、ソ連時代に指導者が死去した際に国営テレビが「白鳥の湖」を放送したことに由来し、政権が真実を隠しているという意味が込められている。

　プッシー・ライオットの批判の先はプーチンだけではない。2016年には、ドナルド・トランプに対して「Make America Great

Again」という楽曲をリリースし、トランプを痛烈に批判している。このセンセーショナルなミュージックビデオは世界中に拡散され、大統領選投票日前の11月3日にはSpotifyの「バイラルトップ50」でトップに躍り出た。

じっさい、プーチンとトランプはまるで映し鏡のように、不平等と構造的暴力を造り出し、他者をスケープゴートにし、女性を蔑み、嘘と裏切りが蔓延する父権主義（パターナリズム）に満ちた社会を加速させている。人々からお金を強奪し、資本主義の虜となった男たち。そんな政府には『読書と暴動』の「ルール4」を捧げたい。

> **ルール4：政府をびびらせろ**
> 権力者たちは恐怖のうちに生きなければならない。人々への恐怖のうちに。……メインキャラクターはこちら——権力、勇気、笑い、喜び、信念、リスク。加えてもしかすると、インスピレーション、公正さ、苦闘、異端者、魔女、尊厳、信頼、仮面、いたずら（79ページ）。

こうして、モスクワ大学で哲学を学び、18歳でシモーヌ・ド・ボーヴォワールに出会ったトロコンニコワは、その後にジュディス・バトラーの思想に感化されてクィア理論とパフォーマティヴなジェンダーの政治を見出し、ミソジニーが漂う街で「どうしたら規範を再定義することができるのか」という問いに向き合っていった。

フェミニズム・アクション・仮想通貨

知られるように、プッシー・ライオットのアクションの根幹をなしているひとつはフェミニズムの思想である。ただしそれは、いわゆる西洋のリベラルなフェミニズムとはいささか異なるものだ[※3]。「フェミニズムとは性差別をなくし、性差別的な搾取、

抑圧を終わらせる運動である」という、インターセクショナルフェミニズムのパイオニア、ベル・フックスの一節をふまえ、トロコンニコワは次のように述べている。

ルール10：ビー・ア・（ウー）マン

フェミニズムは男性、女性、トランスジェンダー、トランスセクシュアル、クィア、Aジェンダー、誰もが使える解放のツールである。フェミニズムのおかげでそう言える。私は自分が好きなように、自分が感じるままにふるまい、性役割を脱構築して戯れ、自発的にまぜこぜにする。性役割は私のパレットであり、私を縛る鎖ではない（237ページ）。

では、それを実現させる政治的芸術行動（ポリティカル・アーティスティック・アクション）にはどのような戦略が見出せるだろうか。

第一にダダに由来するカットアップのテクニックである。絵筆と絵の具よりもハサミと糊を使うのがダダイストだ。哲学者の言葉とニュースの見出しからパンクの歌詞をつくったエピソードもさることながら、トロコンニコワはダダの魅力について「芸術的な勇敢さ、自由なありかた、そして創作術」だけでなく、「世界それ自体の捉えかたにまつわる新しい手法の導入」にあるとし、次のように語っている。

　　私にとって、ダダのコラージュ術は美しく、反体制的で、遊び心にあふれ、からかい上手でコケティッシュだ。……

　　現実を芸術的に分類していく行為はいつでも私のいちばんのお気に入りだ。なぜならその不条理と狂気を通して、どんなかたちであれものごとを順序立てていく工程には、最初からバイアスがかかっている、という単純な事実が明らかにされるから。情報をランダムに分類する芸術的な試

みとしてのコラージュは、私たちがほかのタイプの分類、
つまり男らしいふるまい／女らしいふるまい、自由世界／
非自由世界、学識のある／学識のない、といったくだらな
い線引きを標準化し、慣れてしまわないための助けとなる
（63ページ）。

　既存の線引きを疑い、破壊し、書き換えること。秘密裏にプ
ロジェクトを進め、街で起きる出来事を利用して、不意打ちで
介入すること。潜在的なリスクを研究し、それに基づいて現実
を改変し、新たな意味を与え、文脈を置き換えること。そして
何より、それらを絶妙のタイミングで成し遂げること。プッシ
ー・ライオットのアクションを特徴づける第二の点は、まさし
くこのタイミングにある。
　プッシー・ライオットの突発的で祝祭的なアクションはメデ
ィアを動員し、注目を集め、議論に火をつける格好のタイミン
グを見事に掴んでいる。ここで想起するのは、時間が空間と同
様に社会変革についての介入を行なううえで非常に重要な要素
であり、その介入はつねに政治的、経済的に不安定な瞬間に行
なわれると論じた、キューバのアーティスト／アクティビスト
であるタニア・ブルゲラの「ポリティカル・タイミング・スペ
シフィシティ」という概念である。ブルゲラによれば、ポリテ
ィカル・タイミング・スペシフィック・アートは、自らのツー
ルで権力に立ち向かうだけでなく、権力者が他者から政治的な
ものを定義されることにどう反応すればいいのかわからなくな

※3 2020年5月、プッシー・ライオットは、チリ暴動を機にアルゼンチンのフェミスト・アート・
コレクティヴ、ラステシスと共同して警察の暴力とフェミサイドに抗議するシングル「1312」を
リリースした。このときの「警察に炎を」というフレーズによってのちにラステシスは訴えられ
てしまうが、これもまた警察当局がラステシスやプッシー・ライオットに脅威を感じている証左
だろう。岩間香純「ラステシスと私たち：現代のアクティビズムが紡ぐ傷みのコミュニティー」
『エトセトラ』Vol.6、2021年秋／冬号、96-100頁。

る一時的な分岐点を作り出す※4。それは、現在の政治問題によって生み出された感情的な資本を再利用するもので、政治的決定がいまだ確定し、実行されておらず、文化的に受け入れられていないわずかな瞬間に入り込む必要がある。ポリティカル・タイミング・スペシフィック・アートは、新しい政治的現実の想像と、その想像をコントロールする政治家たちのあいだの空間で生まれる。それは、権力者が反応するまでの時間のなかに存在するのだ。したがって、たんに政治的なテーマを表象するのではなく、公的空間において無許可で、しかもスピードが求められるゆえに日常的に伝わりやすい視覚言語やジェスチャーを使い、何か奇妙なことが起きているといった政治的な決定不能性をもたらすかたちで介入が実行されることになる。

　そして第三に、何より重要なのは、インターネット時代のアートアクティビズムであるということだ。ロシアの美術批評家ボリス・グロイスは、インターネットと現代美術の相性のよさとそれによって芸術のあり方がいかに変化しつつあるのかを論じている。ロシア文学・演劇研究者の上田洋子が指摘するように、現在の戦争を通して改めて浮き彫りになったのは、戦争が現実空間と情報空間の両方で行なわれているだけでなく、反戦運動もまた同様であるということだ。「ネット空間、特に行為者の姿が見えないSNSはある種の「ストリート」として機能」し、SNSへの反戦スローガンは、次々とシェアされることで街頭の抗議運動と同じくらい力を持つ※5。

　じっさい2022年2月24日、プーチンがウクライナに侵攻した際、トロコンニコワは即座に「ウクライナDAO（自律分散型組織）」というウクライナ支援基金を立ち上げた。じつは2004年の「オレンジ革命」以来、ウクライナの人々はトロコンニコワのインスピレーションの源であり、2014年に刑務所から釈放された直後も、彼女はウクライナに向かい、当時の民主化運動に

ついて学んだという。「ウクライナDAO」は、ウクライナ国旗の非代替性トークン（NFT）の共有所有権を入札にかけ、わずか5日間で約8億円の資金を調達した。その資金は、2014年以来ウクライナ軍に医療や弾薬などを支援してきた非営利団体「Come Back Alice」に寄付された。

またジョン・コールドウェルらとともに、女性やノンバイナリー、LGBTQ+のアーティストをNFTで支援する「ユニコーンDAO」を立ち上げた。さらにアメリカで中絶の権利を認める「ロー対ウェイド判決」が覆されたニュースを受け、ドネーションに特化したクリプト、Endaomentと連携して、誰もが匿名で安心して寄付できるようにLegal Abotion.ethも設立している。トロコンニコワがジャケット写真を描いたセイレム・イリースの曲「Crypto Boy」のNFTプロジェクトとともに50万ドル以上の寄付が集まった。

加えて2022年12月には、ジュディ・シカゴとタッグを組み、シカゴがディオールの2020年春夏オートクチュール・コレクションのランウェイショーで制作した大規模なインスタレーション《もし女性が世界を支配していたなら？》を基にした参加型アートプロジェクトを立ち上げた。ジェンダー平等や女性の権利向上に焦点を当て、Web3コミュニティの設立を目指したものだ。プロジェクトに参加するには、Web3プラットフォームDMINTIのトップページかプロジェクトページにアクセスし、「子育ては平等に分担されるだろうか」、「私有財産の概念は存

※4 Tania Bruguera, "Notes on Political Timing Specificity," https://www.artforum.com/features/notes-on-political-timing-specificity-243073/ また「ポリティカル・タイミング・スペシフィック・アート」については以下のクレア・ビショップの議論も参照されたい。Tania Bruguera & Claire Bishop, *Tania Bruguera in Conversation with Claire Bishop*, Fundación Cisneros, 2020.
※5 上田洋子「ネットとストリートの戦争と平和──ロシアの反戦アクティヴィズムについて」『ゲンロン14』2023年3月、81-99頁。

在するだろうか」といったバナーに書かれた問いに対して150文字以内の回答と画像を投稿でき、回答のなかから選ばれたものがNFT化される。

トロコンニコワは、かつて仮想通貨は富裕層の道楽にすぎないと考えていた。だが、彼女は今、仮想通貨が中央銀行や政府から独立し、企業買収の影響も受けない非中央集権的な性質を持つことで、世界的な取引や組織において重要な役割を果たすことを認識し、この特性に新たな可能性を見出している。

戦争とアートの未来

ところで、"戦争"と呼ぶことさえ禁じられ、公的空間そのものがハイブリッド戦争の舞台と化したロシアでは、国家、主権、領土、軍を軸とした論理による外交のあり方とは異なる、反戦を唱える「静かなピケ」が女たちのあいだで進行していた。大規模なデモではなく、一人、あるいは少人数で静かにメッセージボードを手にして公衆の場に立ち、SNSに投稿する。このアクションはそれぞれが無理のない持続可能なかたちで続けられた。もちろん2022年3月4日以降、こうした活動も厳しい統制下に置かれることになる。しかし、「静かなピケ」は、ロシアではつねに非合法、半非合法的なものとして展開されてきたものであり、今日の反戦運動の礎として対話を生む重要な契機となっている。

ロシア文学者の高柳聡子によれば、軍事侵攻が始まった翌朝、ロシア国内にはフェミニスト反戦レジスタンス（FAR）が登場し、「戦争とは暴力であり、貧困であり、強制的な移動であり、打ち砕かれた生活である、安全の欠如、未来の展望の消滅である。戦争はフェミニズムの本質と真っ向から対立している」と唱えるマニフェストを発表し、さまざまな活動を展開していた[6]。

なかでも興味深いアクションのひとつに、スーパーマーケッ

トの値札を反戦メッセージに差し替えるというものがあった。例えば、２万6000ルーブルの値札には「アフガン戦争では２万6000人のロシア兵が死んだ。ウクライナでの戦争を止めなければ何人が死ぬだろう」、あるいはゼロの値札には「わたしの知人たちはロシアの爆撃を逃れて地下鉄に非難している。彼らのゼロ人がナチです。戦争を止めてください」といった具合だ[7]。だが、2023年11月16日、ロシア当局は、反戦ステッカーを用いたこのアート・アクションを行なった、アーティストにしてLGBTQ+活動家であり、メンタルヘルスの擁護者で、オープンなレズビアンであるサーシャ・スコチレンコに７年の懲役を科した。

　こうした現状をふりかえりつつ、改めて思い起こされるのは、2022年３月14日に、ロシアの国営テレビ「第一チャンネル」の生放送中に、同局スタッフのマリナ・オフシャニコワが乱入し、反戦メッセージを掲げたニュースが報道された出来事である。番組中、オフシャニコワはスクリーンに「戦争反対」、「ロシア人は戦争に反対している」という英語の文言を表示し、それを挟むようにロシア語で「戦争を止めて、プロパガンダを信じないで、この番組はあなたたちに嘘をついている」というメッセージを記した。この恐れなき決死の行動はわずか５秒間だったが、世界中のニュース番組で報道され、人々の心を釘付けにした。

　この出来事は、情報統制が強まり、ストリートでの政治的な表現が難しくなったロシアで、国内外の人々に反戦と独裁者に対する抵抗のメッセージを伝え、戦争からの脱走を促す手段として、マスメディアを利用した試みとして捉えることができる。

---

[6] 高柳聡子「フェミニストはなぜ戦争と闘うのか」『現代思想』2022年６月臨時増刊号、219-226頁。
[7] 上田洋子、前掲、2023年、94-95頁。

政治的行動をアウトソーシングできると思うなかれ

　プッシー・ライオットは国内外に反体制的なメッセージを発信し続け、アナーキーな自由をけっして手放さない。とはいえ、トロコンニコワはすでにロシアを去った。アリョーヒナもまた、2022年にロシアがウクライナに侵攻したさい、配送ドライバーに変装して軟禁から逃れ国外へ脱出している。現在、メンバーは独裁政権を逃れ、世界各地で亡命し、ウクライナを支援する活動を行なっている。

　だが、プッシー・ライオットはいまも健在だ。2024年6月には、オーストリアのリンツにあるOK Center for Contemporary Artで美術館では初となるトロコンニワの個展が開催される予定である。またすでに2023年1月には、トロコンニコワはロサンゼルスのジェフリー・ダイチで初の個展を開催している。鑑賞者にはバラクラバを着用するように指示し、プーチンに対する長年の反対意見を「プーチンの遺灰」と題した新しいパフォーマンスのビデオで発信した。それにより、トロコンニコワは抗議アートNFT「聖母マリア、フェミニストになってください」とともに新たな刑事事件となり、ロシアの最重要指名手配犯リストに掲載された。

　2023年10月には、デンマークのルイジアナ近代美術館を皮切りに、マリヤ・アリョーヒナが監修した『ベルベットのテロリズム：プッシー・ライオットのロシア』展の巡回が始まった。プッシー・ライオットの12年にわたる反プーチン活動の足跡を記録した展覧会で、オープニング作品はプーチンの肖像写真に向かって放尿するビデオ作品だった。

　美術評論家・美術史家のバリー・シュワブスキーは、モントリオール現代美術館の『ベルベット・テロリズム』展に対して、アクティビズムが、明確な社会的、政治的目標を達成し、世界

ないし自分の国やコミュニティを変えるために行なわれるものだとすれば、果たして「彼女たちの活動をアクティビズムと捉えるのは適切なのだろうか」と問うている。そのうえで、「アクティビズムとしてのパフォーマンス・アートではなく、むしろ、真のアクティビスト的介入が不可能な状況における、アクティビズムのパフォーマンスのようなものだ」と述べている[8]。

たしかに、プッシー・ライオットのアクションによって「重大なことは何も起こらなかった」と言えるかもしれない。けれども、私たちが忘れてはならないのは、どれほどウィットに富んだ遊び心が織りこまれていても、そのアクションがつねに命がけのものであるということだ。トロコンニコワはこう言っている。「私の親族や友人は毒を盛られ、政府は私に死んでほしいと思っているが、後悔していることはひとつもない。プッシー・ライオットの物語が新世代の反逆者を鼓舞するのならば、すべては無駄ではなかった」

ここで改めて確認したいのは、プッシー・ライオットがアメリカから誕生することはなかったということである。なぜなら、そこではあらゆる抗議が商品化されなんのリスクもなく消費されてしまうからだ。ジジェクが指摘するように、「プッシー・ライオットがリベラルな視線にとって不穏なのは、スターリニズムと現代のグローバルな資本主義の隠れた連続性を可視化している」からであり、だからこそ、プッシー・ライオットの存在そのものが「日和見主義的なシニシズムが唯一の選択肢ではないこと、私たちには闘うに値する共通の大義がまだあるということを教えてくれる」のではないだろうか[9]。

※8 バリー・シュワブスキー「なぜ彼女たちは「悪魔とのダンス」を踊り続けるのか。プッシー・ライオットの個展が突きつける鋭すぎる問い」『ARTnews JAPAN』https://artnewsjapan.com/article/1934

※8 バリー・シュワブスキー「なぜ彼女たちは「悪魔とのダンス」を踊り続けるのか。プッシー・ライオットの個展が突きつける鋭すぎる問い」『ARTnews JAPAN』https://artnewsjapan.com/article/1934
※9 Slavoj Zizek, Nadya Tolokonnikova, *Comradely Greetings: The Prison Letters of Nadya and Slavoj*, Verso, 2014.

「希望は絶望から生まれる」とトロコンニコワは言う。文化労働者^{カルチュラル・ワーカーズ}としてのアーティストは、「不正や不道徳や憎悪や戦争犯罪に対する集団的感性を微調整するうえで重要な役割を担っている」、と。本書の「ルール9」はそれゆえの私たちへのメッセージである。

ルール9：オルタナティヴを創造せよ

抵抗するのに加え、非正統的かつ慣習に囚われない型^{モデル}、習俗^{モーレス}、機関を創り出そう。あなたの夢見る力、もうひとつの世界を思い描き、創り出す力を再生させよう。夢見ることができなければ、私たちは近視眼的になってしまう。今日において最もラディカルな抵抗の行為は、いかに夢を見るか、そしてその夢のためにいかに闘うかを学び直すことなのだ（211ページ）。

トロコンニコワにとって、アートは「社会に対して、社会がそれ自体について知らなかったことを明らかにする」ものである。ベルトルト・ブレヒトの言葉を借りれば、「アートとは現実を映し出す鏡ではなく、それをかたちづくるためのハンマー」である。だから、「アートと政治は切り離せない。私たちはアートを政治的にするのと同時にアートを発展させてゆくことで政治を豊かなものにしようとしている」と彼女は言う。

近年、アートアクティビズムについてさまざまな議論がなされているが、まず考えるべきは、「アートと政治を、アートとアクティビズムを切り離すことにしたのはいつ、そしてなぜなのだろう？」というトロコンニコワの問いではないだろうか。なぜなら「哲学者がそうであるように、アーティストはクリティカルシンキングの中毒者」なのだから。

結成当初、プッシー・ライオットは20代から30代前半の多様

な11名から構成されていた。しかし、今では何百人もの人々がプッシー・ライオットのコミュニティの一員であることを自認している。家父長制、LGBTQへの偏見、政治と宗教の癒着。それはけっしてロシアだけの問題ではない。「私たちはみんな、政治は日々の生活とは無関係だという奇妙な誤解の犠牲者」であり「政治的行動はアウトソーシングできない」というトロコンニコワの言葉を胸に刻みたい。

　最後に、トロコンニコワに、そしてこれ以上ないぴったりの日本語に翻訳してくださった野中モモ氏に感謝したい。そして、解説を執筆するにあたり貴重な助言をいただいた上田洋子氏にも御礼申し上げます。本書は、現代を生き抜くためにトロコンニコワが自身の生を賭けて見出した"実践的な知"と戦略である。そして「あなたはあなた自身のやり方を見つけなければならない」とトロコンニコワは言う。この本を手にした私たちはすでにそのバトンを受けとっている。それをどう受け継ぐのかは、私たち一人ひとりにかかっているのだ。

ナージャ・トロコンニコワ（Nadya Tolokonnikova）

アーティスト、アクティビスト。国際的フェミニスト・プロテスト・アート集団プッシー・ライオットの創立メンバー。2012年、モスクワの救世主ハリストス大聖堂でプーチン大統領とロシア正教会を批判するゲリラ・パフォーマンスを敢行。有罪判決を受け2年にわたって収監された。釈放後は囚人の権利のための非政府組織ゾーナ・プラヴァと独立系通信社メディアゾーナを設立。2022年にはNFTアート収集集団ユニコーンDAOを立ち上げ、ウクライナのために700万ドル以上を集めた。レノン・オノ平和賞およびハンナ・アーレント政治思想賞を受賞。現在では数百人の人々が自らをプッシー・ライオット・コミュニティの一員であると認識している。プッシー・ライオットは、ジェンダーの流動性、包摂性、母権制、愛、笑い、分散化、アナーキー、反権威主義を支持する。ロシア連邦シベリア連邦管区ノリリスク生まれ。

キム・ゴードン（Kim Gordon）

1980年代初頭よりソニック・ユースのベーシスト／ヴォーカリスト／ギタリストとして活動。ニューヨークのポストパンクおよびオルタナティヴロックのシーンを牽引した。ファッションデザイナー、女優、作家としても支持を集め、近年はヴィジュアルアーティストとしての活動に力を入れている。2019年に初のソロアルバム『No Home Record』、2024年にセカンドアルバム『The Collective』を発表。

オリヴィア・ワイルド（Olivia Wilde）

『The O.C.』『Dr.HOUSE』などの人気テレビシリーズや『トロン：レガシー』などの映画に出演。2019年、初めて監督した劇場用長編映画『ブックスマート 卒業前夜のパーティーデビュー』が高い評価を得る。2022年に2本目の監督作品『ドント・ウォーリー・ダーリン』が公開された後も、女優／監督として精力的に活動している。

野中モモ

東京生まれ。翻訳者、ライター。訳書に『音楽のはたらき』（デヴィッド・バーン、イースト・プレス）、『GIRL IN A BAND キム・ゴードン自伝』（キム・ゴードン、DU BOOKS）、『女パンクの逆襲──フェミニスト音楽史』（ヴィヴィエン・ゴールドマン、Pヴァイン）、『世界を変えた50人の女性科学者たち』（レイチェル・イグノトフスキー、創元社）などがある。著書に『野中モモの「ZINE」小さなわたしのメディアを作る』（晶文社）、『デヴィッド・ボウイ 変幻するカルト・スター』（筑摩書房）など。

清水知子

愛知県生まれ。東京藝術大学大学院国際芸術創造研究科教授。専門は文化理論、メディア文化論。著書に『文化と暴力──揺曳するユニオンジャック』（月曜社）、『ディズニーと動物──王国の魔法をとく』（筑摩選書）、共訳にジュディス・バトラー『アセンブリ』（青土社）、『非暴力の力』（青土社）、アントニオ・ネグリ＋マイケル・ハート『叛逆 マルチチュードの民主主義宣言』（NHKブックス）など。

読書と暴動
プッシー・ライオットのアクティビズム入門

2024年4月26日 第1版第1刷発行
2024年7月26日 第2版第1刷発行

著者	ナージャ・トロコンニコワ
翻訳	野中モモ
解説	清水知子
発行者	加藤一陽
発行所	株式会社ソウ・スウィート・パブリッシング
	〒150-0043 東京都渋谷区道玄坂1-2-3 渋谷フクラス17F
	TEL・FAX：03-4500-9691

編集	平岩壮悟
装幀	山中アツシ
本文組版	川名潤
DTP	勝矢国弘
編集協力	松下隆志
印刷・製本	TOPPANクロレ株式会社

Printed in Japan
ISBN978-4-9912211-4-9